第十五届中国廉政研究论坛献礼之作

廉政文化建设探索与实践丛书

主　编

颜晓红

廉政文化建设探索与实践丛书

苏南农村基层党组织党内法规执行力问题研究

于晓琪　牛玉兵　著

江苏大学出版社
JIANGSU UNIVERSITY PRESS
镇江

图书在版编目(CIP)数据

苏南农村基层党组织党内法规执行力问题研究 / 于晓琪，牛玉兵著. -- 镇江 ：江苏大学出版社，2022.8
(廉政文化建设探索与实践丛书 / 颜晓红主编)
ISBN 978-7-5684-1854-6

Ⅰ. ①苏… Ⅱ. ①于… ②牛… Ⅲ. ①中国共产党－农村－基层组织－党的纪律－研究－江苏 Ⅳ. ①D262.13

中国版本图书馆 CIP 数据核字(2022)第 154094 号

苏南农村基层党组织党内法规执行力问题研究
Sunan Nongcun Jiceng Dangzuzhi Dangnei Fagui Zhixingli Wenti Yanjiu

著　　者/于晓琪　牛玉兵
责任编辑/夏　冰
出版发行/江苏大学出版社
地　　址/江苏省镇江市京口区学府路 301 号(邮编：212013)
电　　话/0511-84446464(传真)
网　　址/http://press.ujs.edu.cn
排　　版/镇江市江东印刷有限责任公司
印　　刷/江苏凤凰数码印务有限公司
开　　本/718 mm×1 000 mm　1/16
印　　张/13
字　　数/232 千字
版　　次/2022 年 8 月第 1 版
印　　次/2022 年 8 月第 1 次印刷
书　　号/ISBN 978-7-5684-1854-6
定　　价/55.00 元

如有印装质量问题请与本社营销部联系(电话:0511-84440882)

目　录

绪　论

一、问题的提出及其意义

（一）问题的提出

在学术研究中，发现问题、提出问题向来占据着极为重要的地位。对此，爱因斯坦明确坦言，“提出一个问题往往比解决一个问题更重要”①。学术方法的研究者更是指出，提出研究问题是研究过程中最关键，也许也是最困难的部分……研究问题的建立能够使作者自信地选择研究策略和方法成为可能。由此来看，研究问题不仅关联着研究的重要程度，而且在相当程度上影响着研究方法乃至思路，甚至决定了研究的成败。鉴于问题本身之于课题研究是如此重要，“苏南农村基层党组织党内法规执行力”这一研究问题的提出，也就需要预先加以说明。在我们看来，“苏南农村基层党组织党内法规执行力”之所以成为值得研究的论题，固然与我们已有研究之基础、兴趣有关，但更与党在农村工作中的地位、作用，与当代中国农村社会变革发展的历史、现实和未来紧密相关。

1. 实现党对农村工作全面领导的现实需要

在当代中国，针对任何政治与社会问题的讨论都不能离开中国共产党这一核心。而如果我们把观察的目光沿着历史的轨迹向前延伸，实际早在1921年中国共产党诞生之日起，党便已经成为推动中国社会变革的极为重要的力量。西方学者在研究中国近代历史时指出，“研究中国社会的任何方面，如果不从中国共产党努力改造中国社会这一背景出发，那简直是毫无意义的”②。这一说法确实颇有见地。对于农村基层党组织党内法规执行力的研究，同样首先要从党与农村农民的紧密关系谈起。

事实上，正如我们已经知道的那样，在中国共产党的奋斗历程中，党从一开始便把自己的根基深深扎入工农之中，从土地革命到全民族抗战，从新

① 爱因斯坦，英费尔德．物理学的进化［M］．周肇威，译．上海：上海科学技术出版社，1962：66.

② 麦克法夸尔，费正清．剑桥中华人民共和国史．上卷：革命的中国的兴起：1949—1965年［M］．谢亮生，等译．北京：中国社会科学出版社，1990：14卷序．

民主主义革命到社会主义建设，党都同农村和农民血肉相连。中国革命和建设，如果没有农村和农民的支持，将是不可想象的。对此，毛泽东同志强调指出："我国有五亿多农业人口，农民的情况如何，对于我国经济的发展和政权的巩固，关系极大。"① 针对社会主义建设，邓小平则发掘了人民群众的创造力量。他明确肯定，"农村搞家庭承包，这个发明权是农民的。农村改革中的好多东西，都是基层创造出来，我们把它拿来加工提高作为全国的指导"②。江泽民同志提出，"农民问题始终是我国革命和建设的根本问题……农村稳定了，农民安居乐业了，也就从根本上保证了我们国家和社会全局的稳定。农业是国民经济的基础。……我们需要从经济上和政治上，从眼前和长远，从社会主义现代化建设的全局，从农村工作和农业在现代化建设中的战略地位，从把农业搞上去这个任务的极端艰巨性、复杂性等方面，来加深认识农村工作和农业的重要性"③。胡锦涛同志强调，"我们要坚持把解决好农业、农村、农民问题作为全党工作重中之重的战略思想，牢牢把握农村改革发展政治方向，坚持党在农村的基本政策，用政策武装农民，充分发挥广大农民建设社会主义新农村积极性、主动性、创造性"④。这些论述，清晰地呈现了农村工作之于党的重要意义，坚持党对农村工作的领导，不仅仅是党的优良传统，更成为党的工作的重大原则。在进入新时代之后，农村基层问题更是得到重视。"农业农村农民问题是关系国计民生的根本性问题。"⑤ 2019 年中共中央修订印发的《中国共产党农村基层组织工作条例》也强调，"农村工作在党和国家事业全局中具有重要战略地位，是全党工作的重中之重"。党对农村工作的领导进而发展为全面的领导。

在新时代，实现党对农村工作的全面领导，需要我们切实关注农村基层党组织党内法规的执行问题。

一方面，要加强党对农村工作的全面领导，就必须与时俱进，设法改进党领导农村工作的方式方法。在历史上，针对农村工作，党的领导主要通过政策、命令、指示等方式方法展开。这些方式方法与当时农村社会发展的实

---

① 毛泽东选集［M］. 北京：人民出版社，1977：379.

② 邓小平文选：第 3 卷［M］. 北京：人民出版社，1993：382.

③ 中共中央文献研究室. 江泽民思想年编（1989—2008）［M］. 北京：中央文献出版社，2010：51.

④ 胡锦涛文选：第 3 卷［M］. 北京：人民出版社，2016：91-92.

⑤ 习近平. 决胜全面建成小康社会 夺取新时代中国特色社会主义伟大胜利：在中国共产党第十九次全国代表大会上的报告［M］. 北京：人民出版社，2017：32.

际情况相吻合，发挥了积极的作用。然而，在新时代，随着社会变革的加剧，“社会价值深刻嬗变，社会关系逐步转型，‘神治’理念已经泯灭，‘人治’制度正在衰微，选择以‘法治’为主体的社会治理模式已是历史使然”①。故而在全面依法治国的背景之下，党内法规在党领导农村工作过程中的作用的重要性必然随之提升，加强农村基层组织和基层政权建设，保持党同农民群众的血肉联系，巩固和扩大党在农村执政的群众基础，愈来愈需要通过党内法规的执行方能实现。

另一方面，加强农村基层党组织党内法规的执行力，也是实现党对农村工作全面领导的重要途径。党的意志要贯彻到农村基层，需要依赖农村基层党组织战斗堡垒功能的充分发挥，需要基层党组织党员对党的政策方针的坚定贯彻。在这方面，国家法律当然能发挥其作用，但正如习近平总书记指出的那样，“在我们国家，法律是对全体公民的要求，党内法规制度是对全体党员的要求，而且很多地方比法律的要求更严格。我们党是先锋队，对党员的要求应该更严。全面推进依法治国，必须努力形成国家法律法规和党内法规制度相辅相成、相互促进、相互保障的格局”②。这种格局的形成，离不开农村基层党组织党内法规执行力的提升这一重要保障。

2. 农村基层党组织党内法规执行力研究的典型样本

“理解当代中国，必须从理解中国共产党开始。”③ 理解农村基层党组织党内法规执行力问题的由来，也当从理解党对农村工作全面领导的时代要求开始。前文的分析，正在于说明这一点。然而，仅仅如此，却还不足以充分说明本研究之问题由来的独特观察视角。对本研究而言，这一独特视角不仅在于“农村基层”，更在于“苏南农村”。

就前者而言，包括农村在内的“基层”日益得到人们的重视。习近平同志在参加党的十九大贵州省代表团讨论时强调，“办好中国的事情，关键在党。……党的根基在基层，一定要抓好基层党建”。在社会治理方面，十九大报告也强调社会治理的中心要不断向基层下移。“基层”的重要意义，在

---

① 刘同君，等．农民权利发展：新时代乡村振兴战略背景下的时代命题［M］．南京：东南大学出版社，2019：序言3.

② 中共中央文献研究室．习近平关于协调推进“四个全面”战略布局论述摘编［M］．北京：中央文献出版社，2015：11.

③ 姚洋，席天扬．中国新叙事：中国特色政治、经济体制的运行机制分析［M］．上海：格致出版社，2018：3.

党的建设，抑或社会治理等方面，均显露无遗。虽然从理论层面看，目前学界对于“基层”究竟何指仍多有讨论①，但毫无疑问的是，中国农村基层必然是党内法规执行的具体场域。在这一场域中，围绕党内法规执行所发生的种种纠缠、冲突、纷争，必然成为观察党内法规执行问题的重要窗口，而农村基层党组织党内法规执行力问题的考察分析，也必将为党内法规的研究带来新的启示。这是本研究限定于“农村基层”研究党内法规执行力问题的原因之一。

然而，即使是将观察目光限制在农村基层，这一问题的观察域也太过广阔。如以人口而计，第七次全国人口普查的数据表明，到 2020 年 11 月 1 日零时为止，城镇人口为 90 199 万人，占 63. 89%；乡村人口为 50 979 万人，占 36. 11%。乡村人口虽然较以往大幅度减少，但所占比例仍然颇大②。若以地域而论，中国基层农村遍布东部和中西部，不同农村地区的经济社会发展水平、文化心理状态、党建发展情况存在一定差异。例如，以村庄社会结构为核心指标，我国不同地区的村庄可以有“团结型”“分裂型”“分散型”等类型划分；以经济发展水平为指标，则可以有“东部地区”村庄和“中西部地区”村庄之别③。农村在社会结构与区域经济发展水平等方面的巨大差异，使得中国农村基层呈现出明显的不均衡特征。面对如此辽阔而又非均衡的现实，尝试全景式地描述农村基层党组织党内法规执行力问题，无疑是极为困难的和几乎难以完成的任务。

在此种情况下，我们尝试将观察的目光锁定在苏南地区。在这里，“苏南”一词所指的，不限于传统意义的“苏锡常”的“苏南”，而是涵盖了南京、镇江、常州、无锡、苏州在内的“大苏南”地区。以“苏南农村基层党组织”作为研究党内法规执行力问题的基本限定，是在前述对农村基层现实清晰认识基础上的最优选择。

一方面，众所周知，苏南历来是我国经济较发达的区域之一。中国的“三南”（苏南、浙南、岭南）是我国东部沿海较为发达的三个区域，由此

---

① 王乐夫．中国基层纵横涵义与基层管理制度类型浅析［J］．中山大学学报（社会科学版），2002（1）：122-127.

② 第七次全国人口普查主要数据情况［EB/OL］．（2021-05-11）［2022-01-06］．http：//www. stats. gov. cn/tjsj/zxfb/202105/t20210510_1817176. html.

③ 桂华．论我国农村基层治理的不均衡性：村级治理的区域类型建构［J］．北京行政学院学报，2018（4）：20-23.

形成的不同模式颇具代表特色①。仅就苏南而言，费孝通先生针对 20 世纪 70 年代以后苏南乡镇工业迅速发展、农村工业化颇具特色的实际，曾概括出“苏南模式”的概念，其核心在于“以发展工业为主，集体经济为主，参与市场调节为主，由县、乡政府直接领导为主”的农村经济发展道路②。依托于这一发展模式，苏南农村基层党的建设也就具有显著的地域特征，成为观察农村基层党组织党内法规执行的重要样本。例如，我们在调研中发现，苏南地区的基层党建与传统宗族文化疏离、与经济企业关联紧密等特点，不仅明显与其他地区存在差别，而且其对农村基层党组织党内法规执行也有重要的影响。诸多涉及农村党建的制度创新，也是首先发生于经济较为发达的地区。因此，详细剖解苏南农村基层党组织党内法规执行力问题也就具有了典型意义。

另一方面，更为重要的是，苏南作为经济发达地区农村基层党组织党内法规执行的重要观察对象，实际也具有指示性意义。今天，我国社会主义现代化国家建设仍在征程之中，但以城市化、工业化、信息化等为代表的未来发展趋势却已经展露无遗。对于中国广大的农村地区而言，农村空间形态的变迁、社会结构的变化，以及农村人口文化心理状态的转变，一定意义上正是以那些已经身处改革浪潮最前沿的地区为样板的。因而，即使今天不同农村地区在经济上仍有发达与否之别、人际关系上仍有“陌生人”与“熟悉人”的差异，但从长远来看，今日苏南农村基层的党建生态，或许正映射着其他农村地区党建发展的未来。苏南农村基层党组织党内法规执行，因而也就成为值得研究的、有益的典型样本。

当然，这里马上要补充指出的是，我们强调苏南农村基层党组织党内法规执行力研究的样本意义，绝不是试图提出一个放之国内皆可行的模板。苏南农村基层的典型意义，在于它提供了一个可供解剖的“麻雀”，而不是提供了可以不顾具体情况而“一刀切”的标准。这是我们不可不察的。

3. 农村基层党组织党内法规执行力对于乡村振兴的作用

党的十九大做出了中国特色社会主义进入新时代的科学论断，提出了实施乡村振兴战略的重大历史任务。对于农村发展而言，这是具有里程碑意义的重大事件。《乡村振兴战略规划（2018—2022 年）》（以下简称《乡村振

---

① 温铁军，等．解读苏南［M］．苏州：苏州大学出版社，2011：序言 1.

② 洪银兴，王荣．改革开放 30 年：苏州经验［M］．苏州：古吴轩出版社，2008：2.

兴规划》）要求，应把解决好“三农”问题作为全党工作重中之重，坚持农业农村优先发展，按照产业兴旺、生态宜居、乡风文明、治理有效、生活富裕的总要求，建立健全城乡融合发展体制机制和政策体系，统筹推进农村经济建设、政治建设、文化建设、社会建设、生态文明建设和党的建设。在这一过程中，保障和加强农村基层党组织党内法规的执行力，对于促进乡村振兴具有重要的作用。

第一，强化农村基层党组织党内法规执行力，是落实乡村振兴“党管农村”基本原则的必要途径。正如学者指出的那样，“当代中国的政治体制，是围绕着中国共产党及其延伸制度形成并运转的”①。乡村振兴的未来目标，同样需要在党的领导下才能完成。对此，《乡村振兴规划》中明确提出，“毫不动摇地坚持和加强党对农村工作的领导，健全党管农村工作方面的领导体制机制和党内法规，确保党在农村工作中始终总揽全局、协调各方，为乡村振兴提供坚强有力的政治保障”。这一论述，进一步明确了“党管农村工作”的基本原则。而原则如何进一步落实，仍需加以考量。仅就“党内法规”而言，此处所谓“党内法规”的健全，不仅仅指向制度本身的完善，更应包括党内法规的执行的完善。就制度完善而言，2017 年《中共中央关于加强党内法规制度建设的意见》指出，要按照“规范主体、规范行为、规范监督”相统筹相协调原则，完善以“1+4”为基本框架的党内法规制度体系，一个以党章为根本，以准则、条例等中央党内法规为主干，包含全方位、各领域和各层级党内法规的完备的党规体系将逐步建成②。而在制度完善之后，制度的执行问题将更加凸显。“制度的效用取决于制度的执行力”，“切实提高制度执行力、增强制度实效”③，也就成为包括党内法规在内的制度实践的重要内容。

第二，强化农村基层党组织党内法规执行力，是建构乡村振兴社会治理体制机制的必备内容。《乡村振兴规划》提出了建构现代乡村治理体制和治理体系的要求。《中华人民共和国乡村振兴促进法》（以下简称《乡村振兴促进法》）将这一体制和体系进一步上升为法律要求，其第 41 条规定，“建

① 姚洋，席天扬．中国新叙事：中国特色政治、经济体制的运行机制分析［M］．上海：格致出版社，2018：3.

② 欧爱民．中国共产党党内法规总论［M］．北京：人民出版社，2019：94.

③ 胡锦涛．建设科学严密完备管用的反腐倡廉制度体系 不断取得党风廉政建设和反腐败斗争新成效［N］．人民日报，2010-01-13（1）．

立健全党委领导、政府负责、民主协商、社会协同、公众参与、法治保障、科技支撑的现代乡村社会治理体制和自治、法治、德治相结合的乡村社会治理体系，建设充满活力、和谐有序的善治乡村”。在建立现代乡村治理体系过程中，党内法规的执行力是制度执行过程中的重要因素。按照《乡村振兴促进法》第 42 条的规定，“中国共产党农村基层组织，按照中国共产党章程和有关规定发挥全面领导作用。村民委员会、农村集体经济组织等应当在乡镇党委和村党组织的领导下，实行村民自治，发展集体所有制经济，维护农民合法权益，并应当接受村民监督”。这里农村基层党组织执行力的发挥，对于村民自治、乡村法治、社会德治等的有机统合具有关键作用。党内法规的有力执行，将能够在国家治理体制的预设目标和期待的效果之间搭建起畅通的桥梁，真正实现党内法规制度规范的生命。

第三，强化农村基层党组织党内法规执行力，是回应乡村振兴建设现实挑战的必要举措。推进乡村振兴战略实施，实现乡村振兴预期目标，离不开对现实问题的回应。当前，在我国乡村建设过程中，农村基层党建也正面临诸多挑战。已有研究指出，虽然我国农村基层党的建设取得了重要的成绩，但形式主义现象仍较为广泛地存在，被动地应付甚至回避农村基层党组织建设中新情况和新问题的情形也不断发生①。重经济而轻党建、重选举而轻监督、重人治而轻法治等，造成了部分农村基层党组织软弱涣散和农村政治生态的恶化②。在一些地方，基层党组织的功能甚至出现弱化、虚化、边缘化等倾向，组织设置不健全、不协调，带头人素质不高、能力不强，党员先锋模范作用发挥不充分，党内组织生活的活力不强，基层党组织软弱涣散等问题仍较为突出③。而我们在调研过程中也发现，经过改革开放 40 余年的发展，苏南农村基层经历了翻天覆地的变化，但苏南农村基层党组织中组织“空心化”、执政能力弱化、反腐态势严峻等问题，也在不同程度上存在。面对这些问题，如何在全面从严治党的要求下加强苏南农村党组织建设，以党章为根本遵循，发挥党组织党内法规的规范、指引、保障、评价、教育、强制等功能，从而有效回应当前乡村振兴建设的现实挑战，无疑是一个值得进

① 胡序杭，万慧进．农村基层党建领导体制与工作机制探析［J］．长白学刊，2008（4）：113-116.

② 董江爱，张嘉凌．基层党建视阈下的农村政治生态优化研究［J］．长白学刊，2016（6）：20-27.

③ 易新涛．基层党组织“三化”问题及应对之策［J］．理论探索，2019（4）：58-63.

行深入研究的重要问题。

（二）研究的意义

正是基于上述几方面的综合考虑，我们选择以“苏南农村基层党组织党内法规执行力”作为研究的问题，并紧紧围绕这一问题展开实践调研和理论分析。在我们看来，这一问题无论在理论层面还是在实践层面都具有显见之价值与意义。

在理论层面，对苏南农村基层党组织党内法规执行力问题的研究，首先有助于丰富马克思主义政党建设的理论宝库。马克思主义政党建设理论体系广博，内容丰富。“它是由一系列相互联系的基本观点构成的科学思想体系，具有鲜明的时代性、科学性、实践性和开放性。它主要是回答要建立一个什么样的党及怎样建设党的基本问题。它反映了党生存发展的客观规律。”① 本研究立足于苏南农村基层，观察和思考党组织党内法规的执行力问题，是在当前依法治国及全面推进法治国家、法治政府、法治社会一体建设的宏大背景下的具体研究，它有助于回答在经济快速发展、社会快速变迁的环境中，如何确保党的意志得以彻底贯彻、党的目标全面实现等一系列重要的理论问题，从而进一步推进党的建设的理论发展。

其次，对苏南农村基层党组织党内法规执行力问题的研究，要坚持以实践调研为基础，以执行力运行中的问题为导向，统筹运用各学科的理论和方法，系统研究农村基层党组织党内法规执行力，也可以为新时代实现乡村振兴提供理论支持，完善与丰富党的全面领导理论和乡村治理理论。

最后，考虑到当前我国针对党组织执行力的研究往往习惯于宏大叙事而缺少微观探讨、长于制度建构而相对忽视制度执行等现象，对苏南农村基层党组织党内法规执行力问题的研究，同样有助于弥补农村基层党建研究视角的缺失，从农村的、基层的、执行的角度，拓展基层党建研究的空间，推动党建研究理论的创新。

在实践层面，对苏南农村基层党组织党内法规执行力问题研究的应用价值则集中表现为对农村基层党组织的实践创新的推动与指导作用。马克思曾经说过，“哲学家们只是用不同方式解释世界，问题在于改变世界”②。对苏

---

① 陈登才，梁言顺．马克思主义经典作家关于马克思主义政党建设的基本观点研究［M］．北京：人民出版社，2017：引言 2.

② 马克思恩格斯选集：第 1 卷［M］．北京：人民出版社，1995：57.

南农村基层党组织党内法规执行力问题的研究，固然要尝试尽量去科学、合理地解释党组织党内法规的执行现象，挖掘其中隐藏的规律，形成体系化的理论建构，但更为重要的是，本研究更致力于通过理论的解析，为苏南农村基层党组织党内法规执行的问题提出对策，为中国农村基层党的建设提供理论参考。我们相信，理论是具有力量的，“正确的科学的理论的力量比权势的力量要大得多”①。针对苏南农村基层党组织党内法规执行力问题的研究，也将努力在认真、细致的农村调研基础上，不仅形成相应的理论体系，而且更期望发挥理论的力量，为农村基层党组织高效、规范的执行力机制建构提供思路，为农村基层党组织提升党内法规执行力提供切实可行的清晰路径，助力制度效用的实现，为实现党对农村工作的全面领导贡献智慧。

二、文献综述

任何理论研究都离不开前人提供的研究基础。只有对以往学者的成果加以总结和梳理，我们才能发现某一理论的历史的、逻辑的脉络，进而在理论的对话与辩驳之间寻找到新的理论增长点，推动学术研究的新发展。对苏南农村基层党组织党内法规执行问题的研究，同样也离不开这一基础而重要的功课。以下主要从国内层面，对与党内法规执行，尤其是农村基层党组织党内法规执行问题相关的文献进行梳理总结。这里主要从国内层面展开研究，是因为党内法规执行问题的相关文献主要集中在国内。近些年来，虽然国内也出版了有关拉丁美洲国家及法国、韩国、日本等国家政党法规和党内法规的译介②，但主要是介绍性的，而且其着眼点在于服务于国内党内法规问题的研究；国外虽然也有部分学者对中国共产党党内法规建设展开研究与评价，但主要是宏观的，缺乏深入性和系统性。

在国内，对农村基层党组织党内法规执行力问题的研究，是在党不断加强基层党组织建设、推进党内法规制度发展的背景下逐步发展起来的。在“超星发现”系统进行检索可以发现，有关“党内法规”的研究开始于20

① 陈先达．马克思主义十五讲［M］．北京：人民出版社，2016：25.

② 刘晋彤，苏雨荷，罗佳，等．拉丁美洲主要国家政党法规和党内法规选译［M］．北京：社会科学文献出版社，2020；肖琼露．法国政党法规和党内法规选译［M］．北京：社会科学文献出版社，2019；蔡永浩，朴大宪，崔慧珠，等．韩国政党法规和党内法规选译［M］．北京：社会科学文献出版社，2018；许营亚，孙正琼，李海鸥．日本政党法规和党内法规选译［M］．北京：社会科学文献出版社，2017；朱海迷，郑昊，杨春婷，等．德国政党法规和党内法规选译［M］．北京：社会科学文献出版社，2017；等等。

世纪 90 年代，2000 年以后相关研究开始增加，截至 2022 年 2 月，相关图书共 978 部、期刊论文共 14 270 篇、学位论文共 851 篇、会议论文共 140 篇，更有数量众多的报告及发表在报纸上的文章等相关成果，以党内法规为主题的各类基金近千项①，见图 1 至图 5：

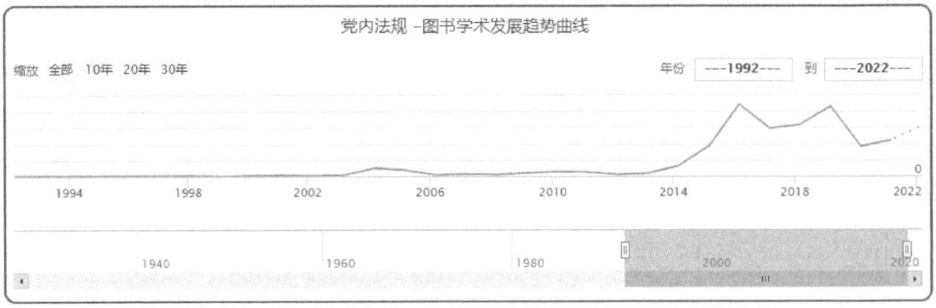

图 1　“超星发现”中检索的与“党内法规”相关的图书情况

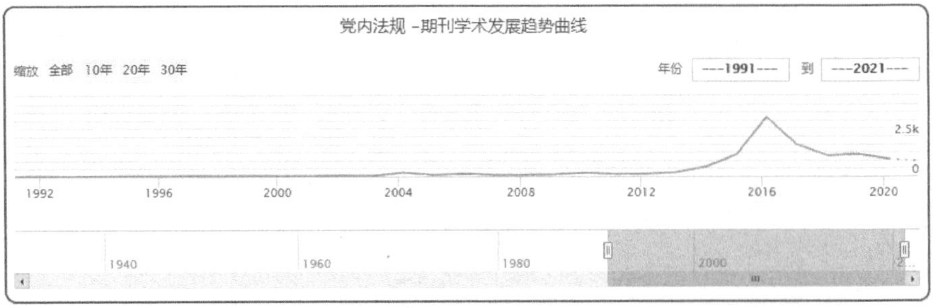

图 2　“超星发现”中检索的与“党内法规”相关的期刊论文情况

图 3　“超星发现”中检索的与“党内法规”相关的学位论文情况

---

① 相关数据来源于“超星发现”学术辅助分析系统，检索词为“党内法规”，检索时间为 2021 年 7 月 15 日。

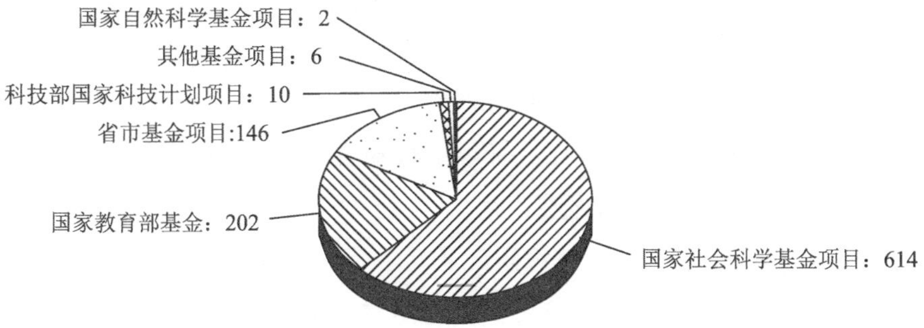

图 4　“超星发现”中检索的与“党内法规”相关的各类基金情况

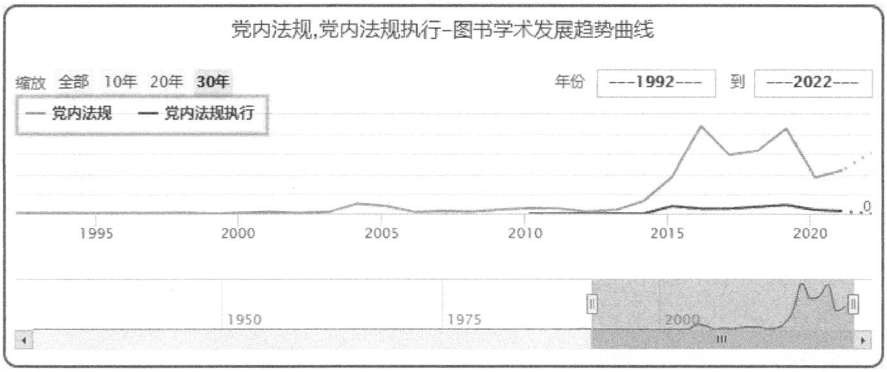

图 5　“超星发现”中检索的“党内法规”与“党内法规执行”主题图书对比情况

观察以上趋势图可以发现：第一，针对“党内法规”的研究长期以来呈平缓趋势，但 21 世纪以后数量增加，这可能和中央全面从严治党、全面依法治国战略的推进有关，与人们对党内法规地位和作用的认识的加深有关。第二，目前有关党内法规的研究仍处于高位状态，这说明这一领域仍旧是学界关心的重点。第三，如果采用主题对比的方法，相较于“党内法规”的研究，目前关于“党内法规执行”问题的研究，在成果数量和成果类型丰富程度上与前者均存在显著的区别。在“图书”这一类别上，如图 5 所示，直到 2010 年之后，才有直接以“党内法规执行”为主题的图书出版，而有关“党内法规”的研究自 20 世纪 90 年代以来一直持续。这种情况说明，有关“党内法规执行”问题的研究，仍旧是相对薄弱的部分。

以上是国内研究概览，说明了相关研究的整体情况。但在整体情况之外，仍有详细梳理内容分述之必要。从党内法规及其执行的要求来看，党内法规的执行力，实际属于党内法规的运行问题，但讨论运行问题，又不得不以党内法规的本体论为基础，同时也需要适当关注党内法规建设发展的趋势。考虑到研究的观察对象主要是苏南农村，所以对农村基层及苏南农村基层党的建设、党内法规等相关问题也加以关注。故下文以党内法规的本体论、运行论、发展论为逻辑主线，兼顾农村基层、苏南农村等对象、区域要求，对相关研究的内容加以综述。

（一）“党内法规”的本体论研究

“党内法规”的本体论，主要回答的是党内法规的概念、属性、功能、要素、结构、价值等基本原理性问题，解决的是党内法规究竟是什么、能够做什么等疑问。当我们讨论党内法规执行抑或苏南农村基层党组织党内法规执行问题时，对党内法规的本体论追问，必然构成整个研究的理论基础；有关党内法规的范围、属性、要素等问题的界定，甚至直接决定了党内法规执行研究中有关执行对象、执行措施、执行机制等的分析思路。因而，在绪论中对这一理论基础进行概括性描述是必要的，更为具体的理论分析留待后文详细展开。

事实上，近年来关于“党内法规”的本体问题，学界已经多有讨论。欧爱民的《中国共产党党内法规总论》，即较为全面地讨论了党内法规的概念，指出党内法规具有党性和法律性的双重属性，分析了党内法规在调整范围、对象、方式、权益配置、法治原则等方面的特征，论述了党内法规的分类与渊源、效力与功能，研究了党内法规关系主体、党内法规行为等理论问题①。王振民等的《中国共产党党内法规研究》及《党内法规制度研究》等论著，则围绕中国共产党党内法规这一主题，从理论到实践、从国内到国外、从历史到现实，全方位考察了中国共产党党内法规的产生、内容、性质、特点和功能，对党内法规的属性和运行规律进行了初步的、系统的研究探索②。章志远主编的《党内法规学原论》，从学科的角度，分析了党内法规学的理论体系构成、运行保障，以及党内法规与国家法律的协调与衔接等问题③。宋功德的《党规之治：党内法规一般原理》，也对党内法规的一般性理论问题进行了细致的讨论④。上述著作体系完整，内容详尽，具有较强的理论性，

① 欧爱民．中国共产党党内法规总论［M］．北京：人民出版社，2019.

② 王振民，施新州，等．中国共产党党内法规研究［M］．北京：人民出版社，2016；王振民．党内法规制度研究［M］．北京：清华大学出版社，2018.

③ 章志远．党内法规学原论［M］．北京：中国法制出版社，2020.

④ 宋功德．党规之治：党内法规一般原理［M］．北京：法律出版社，2021.

是研究党内法规的重要参考文献。除此以外，武汉大学党内法规研究中心编著的《党内法规通识》（新华出版社，2020 年）、秦强编著的《以党内法规扎紧制度笼子》（人民日报出版社，2019 年）、王勇主编的《党内法规教程》（中共中央党校出版社，2019 年）、欧爱民的《党内法规与国家法律关系论》（社会科学文献出版社，2018 年）、李军的《中国共产党党内法规研究》（天津人民出版社，2016 年）、李忠的《党内法规建设研究》（中国社会科学出版社，2015 年）、肖红的《中国共产党党内法规建设研究》（陕西科学技术出版社，2013 年）等论著，也颇具参考价值。

在上述讨论中，关于党内法规的一些基本问题逐步形成了一些共识。例如在党内法规的概念问题上，虽然有“非法论”“姓法论”“软法论”“广义党内法规形式论”等说法①，但“党内法规”作为独立的概念，仍旧得到了学界的认同：党内法规的提法“不仅源于马克思主义基本原理，而且符合中国共产党党情；不仅具备法的基本特征，而且符合语义要求”②。这就为党内法规的学术讨论奠定了最根本的基础。再如，针对党内法规的作用问题，学界认为党内法规具有保障和规范各级党委和党组织在宪法和法律范围内领导公共治理和社会管理创新，规范党的中央和地方组织之间、各机关等主体之间的关系，促进领导干部运用法治思维和法律手段治党治国理政等作用③；认为党内法规不仅对党内治理具有积极意义，而且可以促进党的民主性、团结性的提升④。有学者指出，健全党内法规体系是提升党的制度建设水平的基本要求，是推进党内民主、加强党内治理体系建设的现实需求⑤。党内法规体系法治化对国家治理现代化具有重要作用，是新时期增强执政合法性、提升执政能力的战略抉择⑥。

关于党内法规与国家法律的关系，学界也有相关的研究成果。总体来看，学界认识到党内法规是社会主义法律体系的重要组成部分，价值取向一

---

① 段磊，熊娜．党内法规概念的演变与发展：一种学说史的梳理［J］．中南民族大学学报（人文社会科学版），2021（7）：117-127.

② 操申斌．“党内法规”概念证成与辨析［J］．当代世界与社会主义，2008（3）：131-134.

③ 姜明安．论中国共产党党内法规的性质与作用［J］．北京大学学报（哲学社会科学版），2012（3）：109-120.

④ 冯浩．中国共产党党内法规的功能与作用［J］．河北法学，2017（5）：117-128.

⑤ 肖金明．论通过党内法治推进党内治理：兼论党内法治与国家治理现代化的逻辑关联［J］．山东大学学报（哲学社会科学版），2014（5）：14-22.

⑥ 戴焰军．两项党内法规：意义、特征和实质、要求［J］．理论探索，2016（2）：39-43.

致，规范对象相融，功能发挥互补，制度逻辑衔接①；党内法规具有一般法律规范的普遍特征，兼具规范功能和非规范功能②；针对依规治党与以德治党的关系，提出了让从德向善和遵规守纪相辅而行；要在顶层设计上统筹谋划布局，构建规制与德治相互转化机制③。

党内法规执行力问题是党内法规研究中的一个环节。这些讨论，对于我们加强对党内法规的认识，进而为认识基层党组织党内法规执行的重要意义、分析基层党组织党内法规执行力提升的可能途径等，提供了重要的知识和理论基础。

（二）“党内法规”的运行论研究

所谓党内法规的运行论，指的是党内法规在社会现实生活中生成、适用、实现的过程环节及其内在机理。党内法规作为一种社会规范，其运行问题至关重要。对此可类比于法律的运行来理解。在法学理论中，如果说法律本体论是从相对较为静态的角度来看待法律这种规范，那么法律运行就是在动态的层面展开分析。对于法律运行，法理学领域一向给予高度的重视，如有学者认为“法律只有运行起来，才能充分展现出法律的本质”，“法律只有运行起来，法律权利才能运动”，“法律只有运行起来，才能实现其价值”，等等④。法律运行如此，党内法规其实也一样。正是这一原因，党内法规问题的研究需要对党内法规的制定、解释、执行、适用等问题加以详细的解析，由此形成的即党内法规的运行论。本研究的主题“苏南农村基层党组织党内法规执行力问题”，其实也主要是在运行论的层面上展开分析。

---

① 付子堂．法治体系内的党内法规探析［J］．中共中央党校学报，2015，19（3）：17-23；马立新．党内法规与国家法规规章备案审查衔接联动机制探讨［J］．学习与探索，2014（12）：78-81；秦前红，苏绍龙．党内法规与国家法律衔接和协调的基准与路径：兼论备案审查衔接联动机制［J］．法律科学（西北政法大学学报），2016（5）：21-30；陈柏峰．党内法规的功用和定位［J］．国家检察官学院学报，2017（3）：105-117，174.

② 屠凯．党内法规的二重属性：法律与政策［J］．中共浙江省委党校学报，2015（5）：52-58；姜明安．论中国共产党党内法规的性质与作用［J］．北京大学学报（哲学社会科学版），2012（3）：109-120；周叶中．关于中国共产党党内法规建设的思考［J］．法学论坛，2011（4）：41-47；赵筱芳．论党内法规与国家法律关系的双维结构［J］．福建行政学院学报，2019（6）：39-47.

③ 孔庚，洪向华．改革开放以来制度治党的历史演进及未来展望［J］．党政研究，2020（4）：53-59；刘先春，王小鹏．论依规治党和以德治党相结合［J］．探索，2016（3）：85-89；杨德山，刘进伟．两部党内政治生活准则比较研究［J］．中国特色社会主义研究，2017（1）：93-99.

④ 孙振中．法理与法治论［M］．西安：西北大学出版社，2010：161-162.

在党内法规的运行论方面，主要的研究有：

（1）关于党内法规的制定，有研究者梳理了党内法规制定权限划分规范变迁的历史，认为党内法规制定权限划分的变迁呈现出横向拓展和纵向集中两大趋势。前者主要体现为明确党政机关联合制定党内法规，其内在逻辑是坚持和加强党的全面领导。后者则主要体现为加强党的中央组织的统筹地位、创制性地位和绝对优势地位，其内在逻辑在于坚决维护党中央权威和集中统一领导的政治逻辑①。有学者认为，党内法规的制定和修改，有着不同于国家法律的独特逻辑。在新时代，党内法规的制定应坚持问题导向和民主立法，要善于把“党言党语”和“法言法语”结合起来，把任务重点放在提高党内法规的执行力上②。还有学者针对地方党内法规的制定权限问题展开研究，认为地方党内法规制定主体应限定为有权地方党的代表大会、党委会及党委常委会；对于地方党内法规主体扩容现象，也应予以正确对待，指出地方党内法规制定权限应受到党的中央组织和党中央工作机关制定权限的限制，不违反重要事项保留的原则限制，接受审核和备案审查等机制的规制③。这些讨论，对于深入理解党内法规的制定，提升科学立规的水平，无疑具有重要作用。由于党内法规的科学性、民主性是后续党内法规解释、执行的基础，其与党内法规的执行力问题也就紧密相关，构成本研究的重要理论基础。

（2）在党内法规的解释方面，党内法规解释是党规制度的重要环节之一，党内法规解释机制的科学构建离不开法规解释权的合理配置④。廖秀健、雷浩伟的《党内法规制度解释问题研究》一书，讨论了党内法规制度解释的基本原理、理论分析、关系梳理，并进行了实证考察，较为详尽地分析了党内法规制度解释的概念、价值、现状、困境和创新等问题⑤。也有学者指出，现阶段我国党内法规解释权的配置初步实现了规范化和体系化，但在党章和

---

① 段磊，熊娜．党内法规制定权限划分的变迁及其政治逻辑［J］．学习与实践，2021（5）：42-51.

② 罗星．中国共产党党内法规制定和修改的逻辑探析：以党内政治生活两部《准则》为视角的探讨［J］．学术探索，2020（7）：16-23.

③ 秦奥蕾，张丁方．地方党内法规制定权限研究［J］．党内法规理论研究，2020（2）：144-163.

④ 王建芹，马尚．党内法规解释权配置若干问题探讨［J］．理论与改革，2020（1）：166-177.

⑤ 廖秀健，雷浩伟．党内法规制度解释问题研究［M］．北京：人民日报出版社，2019.

准则的解释权归属、受权解释主体范围的内涵与外延、被撤销机关的解释权承继主体等问题上，还有进一步完善的空间①。也有学者针对党内法规的解释权条款展开研究，认为需要从党内法规基础理论和制度建设实践等层面，进一步提炼党内法规制定技术规范，规范党内法规解释权条款和其他条款的设置及其表述，建立党内法规解释等具体的运行秩序②。

（3）在党内法规的执行方面，相关研究也较为丰富。鉴于本研究的需要，我们对此稍作重点分析。

为了解学界研究的概况，我们在“中国知网”以“党内法规执行”为关键词进行篇名检索，检出文献记录 59 条（如果进行主题检索，文献记录达 1692 条之多）③。以这 59 条记录进行计量可视化分析，得到图 6：

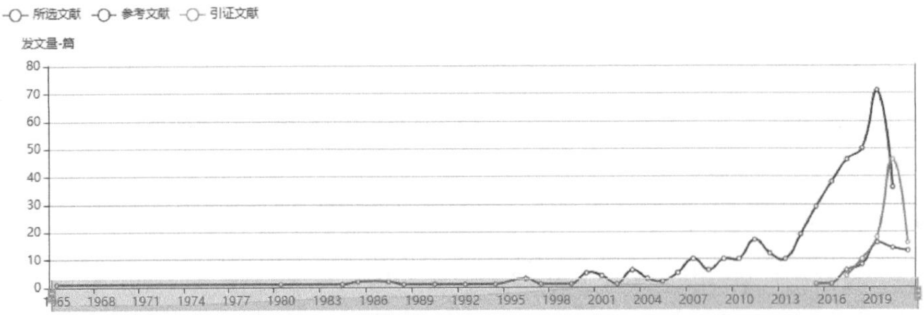

图 6　“中国知网”“党内法规执行”文献检索计量可视化图示

由图 6 可见，党内法规执行问题研究的文献脉络可远溯至 20 世纪 80 年代，其兴起则是自 2015 年始。这种趋势其实十分契合党内法规研究的规律，即在党内法规制度体系日益完备的情况下，执行问题已经成为党内法规研究的热点问题。

综合来看，目前已有研究均普遍认识到，党内法规的生命力在于执行，执行力问题对于党内法规意义重大；同时已有研究也对党内法规执行的问题进行了较为深入的分析。有学者指出，十八大以来，党内法规建设实践中的一个重要特色就是通过一系列制度创新加大党内法规的执行力度。如通过对《关于党内政治生活的若干准则》在党内执行情况的系统总结梳理，提出新

① 王建芹，马尚．党内法规解释权配置若干问题探讨［J］．理论与改革，2020（1）：166-177.

② 苏绍龙，高欣然．论党内法规的解释权条款［J］．党内法规理论研究，2019（2）：83-104.

③ 检索时间：2021 年 7 月 20 日。

时代党内法规执行力的提升，可以从科学立规、广泛宣规、统筹执规、严厉督规的角度进行推进①。也有学者立足于实现国家治理体系和治理能力现代化的角度，分析了党内法规与国家法律的衔接和协调机制，提出了完善党内法规备案审查机制、建立健全党内法规制定主体与国家立法部门互动机制等对策建议②。针对党内法规执行中存在的问题，学界指出主要集中于党内法规虚置、肆意取舍、敷衍了事、表面化、扩大解释等方面，存在“供给过剩”“程序缺失”“科层化执行”“监督不力”等弊端，限制了党内法规预期功效的实现③。

对于党内法规执行的相关具体要素，目前学界也多有研究。例如，针对党内法规执行主体，田丽等人分析了党员领导干部党内法规执行力问题，认为干部在特定权力结构中的地位对其执行党内法规的行为有直接影响，特别是在党内法规的监督检查环节，党内对于正职领导干部的权力进行监督和制约还存在不足④。禹竹蕊等人分析了党员在党内法规执行中扮演的遵规者、执规者和监督者三重角色，认为只有厘清不同的角色要求，才能真正促进党内法规执行力的提升⑤。蒙慧等人分析了党内法规执行的资源问题，认为党内法规执行资源在投入量、优化性和配置度等方面还存在问题⑥。对于党内法规执行的思维，庞鹏认为应以法治思维推进党内法规执行⑦。对于党内法规执行体系，禹竹蕊提出了系统治理的新视角⑧；施新州则提出应从党内法规执行理念、执行主体、执行体制机制、执行程序方式和责任追究等要素出发，建构一个由执行目标系统、执行主体系统和执行监督保障系统共同构成

① 罗星．中国共产党党内法规执行状况与经验启示：以 1980 年《关于党内政治生活的若干准则》为个案的研究［J］．学术探索，2019（11）：44-51.

② 郭世杰．党内法规与国家法律的衔接和协调［M］．北京：中国民主法制出版社，2019.

③ 肖金明．论通过党内法治推进党内治理：兼论党内法治与国家治理现代化的逻辑关联［J］．山东大学学报（哲学社会科学版），2014（5）：14-22；胡凯，杨竞雄．党内法治建设须规避制度供给过剩陷阱［J］．领导科学，2015（2）：4-6；陈光．论党内法规制度体系化视角下的党内立规协调［J］．理论与改革，2018（3）：101-112.

④ 田丽，梁瑞英．党员领导干部党内法规执行力存在的问题与对策：以某省领导干部为调查样本［J］．领导科学，2019（14）：11-13.

⑤ 禹竹蕊，官伟．党员在党内法规执行中的三重角色分析［J］．中共四川省委党校学报，2020（2）：49-55.

⑥ 蒙慧，李伟．党内法规执行资源问题研究［J］．学术探索，2017（1）：21-26.

⑦ 庞鹏．以法治思维推进党内法规执行［J］．延边党校学报，2018（3）：69-74.

⑧ 禹竹蕊．系统治理视阈下党内法规执行力问题［J］．社会科学家，2020（7）：106-111.

的系统，来为党内法规的执行提供保障①。除此以外，王里、双传学对于党内法规执行文化培育问题的讨论，陈莹莹对于党内法规执行机制的研究，廖秀健等对于党内法规执行力的逻辑生成问题的讨论，张树剑、刘先春等对于党内法规执行监督问题的分析，潘博、王立峰对于党内法规执行动力机制的分析，等等②，均已涉及党内法规执行力问题的相关侧面，可以为本研究提供重要知识基础。

特别值得注意的是，对于党内法规执行问题，目前研究的学理性正在不断强化。例如，郑智航提出了党内法规执行的政治势能问题，认为政治势能对于治理效能提升与公共政策执行具有重要意义。党主要通过党的临时机构、政治学习和监督检查等机制将党的政治势能转换成治理效能，推进党内法规的执行。政治势能对党内法规执行的影响主要体现在提升执行主体对党内法规的思想认识、净化党内法规执行的政治生态和推动党内法规向国家法律的转化等三个方面③。再如，宋雄伟提出了"行动者'漏斗效应'"的解释框架，认为党内法规执行的行动者受认知共同体、制度协同性、激励与约束，以及行动者知识等因素的制约，实践中层层失守的执行损耗，即与此相关④。这些论述视角新颖且颇有深度。

就基层党组织党内法规执行问题的相关研究而言，目前的研究总体还相对薄弱。例如，梁宇栋讨论了城市基层党组织党内法规执行问题，认为基层党组织在执行党内法规方面存在缺位、失位和形式主义倾向等问题，提出应从思想上重视党内法规立法与政策出台的协同性等对策建议⑤。张登科认为基层党内法规执行中存在着认识不高、监督不足、宣传培训力度不够、党员干部主动学习的意识不强等突出问题，提出了落实党委主体责任、健全和完

① 施新州．党内法规执行体系及其建设规律探析［J］．观察与思考，2020（9）：62-73.

② 王里，双传学．党内法规执行文化的培育［J］．广西社会科学，2020（6）：33-37；陈莹莹．党内法规执行机制研究［J］．法学评论，2020，（3）：139-146；廖秀健，张静馨．提升党内法规执行力的逻辑生成与实践指向［J］．理论导刊，2020（6）：28-35；张树剑，张正良．监督法治化背景下的党内法规执行监督机制探析［J］．党政研究，2021（3）：31-38；刘先春，葛英儒．全面构建党内法规执行的监督保障体系［J］．中共中央党校（国家行政学院）学报，2020（4）：54-60；潘博，王立峰．党内法规执行的动力机制研究：基于嵌入性理论的分析视角［J］．河南社会科学，2021（1）：57-67.

③ 郑智航．党内法规执行过程中的政治势能［J］．行政论坛，2021，28（3）：23-29.

④ 宋雄伟．行动者"漏斗效应"：党内法规执行问题的解释框架［J］．甘肃行政学院学报，2021（1）：104-114，127-128.

⑤ 梁宇栋．城市基层党组织党内法规执行的实践与思考：以D市为例［J］．淮南职业技术学院学报，2021（3）：50-55.

善执行党内法规的监督及惩处机制等对策，以期实现党内法规的价值功能和规范效力①。这些研究相较于党内法规、党内法规执行其他问题领域的研究，无疑仍旧是相对薄弱的。对于农村基层党组织党内法规执行问题的研究，就更为贫乏了。

（三）“党内法规”的发展论研究

所谓党内法规的发展论，主要是从历时性视角，对党内法规的历史、现状与未来发展等问题展开分析。对本研究而言，党内法规的发展论问题，不仅仅涉及党内法规执行问题的历史根基，更与党内法治执行的价值、目标指向等问题密切相关。基于这一原因，对党内法规发展论相关研究进行梳理，也就是必要的了。

就党内法规发展的历史来看，虽然在前述有关党内法规本体问题的相关研究中，已经有部分成果涉及党内法规的历史问题，但仍缺乏专题性研究。例如，钱震华、程维荣所著《新民主主义革命时期中国共产党党内法规》，即从历史的视角，结合当时的社会背景，针对中国新民主主义革命时期的党内法规建设问题，讨论了中国共产党党内法规的初创、党内监督机制的建构、土地革命战争后期党内法规的转折、全面抗战前期党内法规的初步体系化、全面抗战后期党内法规建设的积极推进、解放战争时期党内法规与迎接全国革命胜利等②，全面呈现了新民主主义革命时期党内法规发展的过程，具有重要的参考价值。李斌雄所著《扎紧制度的笼子：中国共产党党内法规制度的重大发展研究》，则以十八大以来全面从严治党战略的部署实施为背景，对党内法规制度建设过程、党的章程的历史发展、中国共产党地方委员会工作制度的发展、组织工作制度的发展、党内政治生活制度的发展、廉洁自律制度的发展、党内监督制度的发展、巡视制度的发展、问责制度的发展、纪律处分制度的发展等进行分别讨论，提出了健全党内法规制度实施常态化机制的具体设想③，对本研究讨论苏南农村基层党组织党内法规执行力问题同样具有借鉴意义。除这些专门著作外，近年来，尤其是作为对建党百年的时间节点的回应，有关党内法规制度建设探索历程和经验总结的研究也

① 张登科．基层党内法规执行中存在的问题及对策建议［J］．甘肃农业，2019（6）：94-96.

② 钱震华，程维荣．新民主主义革命时期中国共产党党内法规［M］．上海：上海三联书店，2018.

③ 李斌雄．扎紧制度的笼子：中国共产党党内法规制度的重大发展研究［M］．武汉：武汉出版社，2017.

不断出现。如有学者指出，中国共产党党内法规制度的发展为不同时期党的建设与发展提供了制度保障。在新时代，党内法规制度建设成为践行“党要管党、全面从严治党”的重要举措，开辟了体系化发展的路径①。有学者认为百年党内法规制度建设的历程，体现了中国共产党作为无产阶级政党的主体自觉和问题意识，保持了维护团结统一与制约权力的平衡，适应了从应时之需到体系建构的实践要求②。这些研究，对于从宏观上看待党内法规的发展，推动党内法规执行力问题研究向历史纵深发展，是具有重要意义的。

就党内法规的发展目标问题而言，目前也有一些研究成果。例如，董庆霞认为，政治性是中国共产党血脉的质的规定，是党的政治建设的目标。为达到此目标，应以“两个维护”为首要任务，以提高党的政治能力为关键任务，以严肃党内政治生活为重要任务，以完善政治制度为根本任务，通过推进政治建设工作责任制和构建政治规范体系等来逐步推进党的政治建设③。曾钰诚认为，党内法规的建设必须以良法善治为目标，应加强党内法规制度建设，以习近平依规治党思想为指导，使党内法规建设同人民群众美好生活需要相契合，服务于党的建设的实践需要，同时推动党内法规由义务性规范向义务与权利平衡性规范转变，加强党内法规与国家法律的衔接协调④。这些论述，对我们思考农村基层党组织党内法规执行力建设的未来目标及价值取向等问题，也提供了有益的启示。

总之，通过上述文献综述不难发现，目前我国国内研究者立足于各自的研究领域，在党内法规研究领域取得的成绩斐然。这些成果为本研究奠定了基础，但其中也存在明显的可改进的地方。比如，对于党内法规，既有研究多侧重于党内法规的制定及其制度体系问题，对于如何有效执行党内法规，尤其是如何在农村基层有效贯彻党内法规，实现党内法规的预设目的，仍缺乏讨论；既有研究较为倾向于宏观叙事，对于党内法规赖以展开的微观社会基础及其实际运作过程还缺乏有针对性的、细致的分析。本研究以苏南为例，针对农村基层党组织党内法规执行力问题展开讨论，正是试图对这些明

---

① 辛艺萱．党内法规制度建设的百年探索与时代启示［J］．天府新论，2021（4）：11-21.

② 陈家刚．中国共产党党内法规制度建设的百年历程及基本经验［J］．同济大学学报（社会科学版），2021（3）：12-22.

③ 董庆霞．新时代中国共产党政治建设的目标定位及优化路径［J］．行政与法，2021（6）：85-94.

④ 曾钰诚．新时代党内法规建设：目标、问题与路径［J］．中州学刊，2019（11）：28-33.

显的不足之处加以改进，以期推进党内法规尤其是党内法规执行问题的研究，助益于党的建设发展。

三、分析框架与研究方法

（一）分析框架

农村基层党组织党内法规执行力问题是党内法规研究领域的重要问题，是在基层推进党的建设的重要内容。在全面从严治党的整体战略下，农村基层党组织需要对基层党建乏力、党内法规执行力不足等问题予以深度解读，以便寻求使党内法规真正深入农村基层，促进农村基层党组织领导作用的充分发挥，促进农村基层治理能力和治理体系的现代化发展。要达到这一目的，就需要对党内法规及党内法规执行问题的基本理论进行系统地研究，研究不同时期党内法规执行面临的独特问题，对党内法规执行的经验予以总结；需要深入观察农村基层，尤其是苏南农村基层党的建设的实践情况，从中寻找出制约农村基层党组织党内法规执行力问题的各种因素，深入挖掘农村基层党组织党内法规执行面临的现实困境，分析其原因；在理论分析和实践总结的基础上，进一步立足苏南，提出具有一定普适性的农村基层党组织党内法规执行力提升的对策建议。

基于以上考虑，本研究以苏南农村基层党组织党内法规的执行力为研究对象，从5个方面渐次展开研究。

第一，作为党内法规执行力考察样本的苏南农村基层党组织。

这一部分的主要任务是对苏南农村基层党组织进行界定，重点描述苏南农村基层党组织建设的发展历程及现状，探讨党内法规执行力问题之于苏南农村基层党建的重要意义，以便为整个研究奠定基础。

本部分的研究表明，对于苏南农村的研究，可以在地理意义、文化意义和经济意义三个层面加以展开，每一个层面所提供的观察视角，均呈现了苏南农村所具有的独特性质。苏南所具有的独特地理区位、苏南所形成的“敏察善纳、务实进取、义利并举”的区域文化、苏南所具备的经济先发优势等，使得苏南农村成为中国农村现代化发展的典型样本。以这样的样本来观察农村基层党组织党内法规的执行力问题，无疑是恰当的选择。对苏南农村基层党组织建设历程的描述分析及特性归纳，更是进一步证明了党内法规的执行力问题实际已经成为苏南农村基层党的建设的关键所在，以苏南为样本的考察将可能为我们更为深入透彻地观察基层党组织党内法规执行力提升问题提供助益。立足于“苏南农村基层”这一特定场域的分析进一步表明，发达的市场经济环境、陌生化的快速社会关系变迁、苏南特殊的区域文化等对于党内法规执行力都具有重要的影响。

第二，苏南农村基层党组织党内法规执行力的解释框架。

这一部分的任务是围绕苏南农村基层党组织党内法规执行力问题展开理论分析，其重点是要提供相关的理论分析框架。之所以如此处理，是因为第一部分的分析主要是界定了我们所欲研究的对象的论域及研究意义，其所呈现的仅仅是研究对象的粗略边界，如欲深入边界之内，就必须依赖理论的指导。理论的作用可以有多个方面。在实证主义者看来，“理论是关于抽象概念之间关系的命题，涵盖了广泛的经验观察领域”，“理论的目的是解释和预测。”① 而在解释学看来，“理论”的意义则在于对研究现象进行具有想象力的理解②。虽然关于“理论”本身存在多种观点，但毫无疑问的是，对于对象的研究，没有一定的理论框架的支撑将是无法展开的。

正是基于这一考虑，第二部分重点对研究所采用的分析解释框架进行了细致的讨论。我们认为，在理论层面，对于农村基层党组织党内法规执行力问题的研究可以从内外两个层面观察。在内部，党内法规的执行主要涉及的是执行的要素及其结构问题，其要素可能包括执行的主体、执行的对象、执行的依据、执行的过程、执行的效果等各个方面。以执行力的相关理论为核心，讨论农村基层党组织党内法规执行的相关要素，分析这些要素之间的结构关系，分析不同的结构关系对于执行力所可能产生的影响，是讨论农村基层党组织党内法规执行力的基础性工作。在外部，党内法规的执行，可能涉及执行的环境、文化等方面的内容。可再作宏观、中观与微观的区分。宏观层面，党内法规执行赖以存在的背景是全面从严治党、全面依法治国等国家战略决策，其相互之间的关系有待于解析。中观层面，可能涉及党内法规执行与国家法律、社会规范等之间的关系。微观层面，则可能涉及农村基层，尤其是苏南农村基层这一更为特殊和具体的环境及其对党内法规执行的影响等问题。遵循上述思路，本部分的研究指出，在一般意义上，党内法规执行

---

① 凯西·卡麦兹．建构扎根理论：质性研究实践指南［M］．边国英，译．重庆：重庆大学出版社，2009：158-159.

② 凯西·卡麦兹．建构扎根理论：质性研究实践指南［M］．边国英，译．重庆：重庆大学出版社，2009：160.

力是一个由执行的力量之源、执行主体、执行内容、目标指向、执行流程、效果评估等要素组成的有机系统。党内法规的执行力，正是由上述要素所构成的闭环结构，是党内法规从制度文本到社会现实的运动过程。

第三，苏南农村基层党组织党内法规执行力的实践情况。

这一部分的任务，是深入苏南农村基层，经由调查访谈，归结苏南农村基层党组织党内法规执行的实际情况，以便描述苏南农村基层党组织党内法规执行力的现实样态，为后文的困境分析奠定基础。为达到准确呈现苏南农村基层党组织党内法规执行力实际样态的目的，我们组织展开了大量的社会调查，先后赴苏州、无锡、常州、南京、镇江等地的基层乡村，进行了访谈和现场问卷调查，同时通过问卷网进行了电子问卷调查，获取了较为丰富的一手资料。

在详细的调查研究基础上，这一部分进一步从苏南农村基层党组织党内法规执行的力量构成、执行主体、执行内容、目标指向等方面，深度描述了苏南农村基层党组织党内法规执行力的实际情况，总结苏南农村基层党组织党内法规执行中形成的具有启发意义的典型样本。针对实际情况的分析，以客观的描述为主，尽量不掺杂研究者的主观判断。而有关经验样本的分析中，则已经包含了研究者一定的归纳和判断。如，研究发现，在苏南农村基层党组织党内法规执行中，对于政治文化建设引领作用的重视、人才队伍建设之于党内法规的执行保障、政治势能之于党内法规执行的转化驱动，苏南农村基层党组织已经形成了具有一定特色的经验做法。这些经验做法不仅推动了苏南农村基层党组织党内法规执行力的实施及党建发展，也为苏南经济、社会、文化的持续发展提供了强大的助推力量。

第四，苏南农村基层党组织党内法规执行力的困境分析。

毋庸置疑，苏南农村基层党组织党内法规的执行在取得成绩、形成经验样本的同时，也正面临一定的困境和挑战。本部分的重点，即在于对这些困境和挑战进行深入分析。

本部分的研究表明，苏南农村基层党组织党内法规的执行力困境主要来自两个层面。其一，在静态层面，苏南农村基层党组织党内法规的执行与制度文本本身的完善程度、执行主体的配置情况等密切相关。其二，在动态层面，苏南农村基层党组织党内法规的执行与执行的过程及效果评估等密切相关。具体而言，在静态层面，当前我国有关党内法规的制度文本本身还存在系统化水平不够、文本衔接不到位、适用于苏南农村基层党组织的党内法规具体化程度不足等困境，这些困境虽然主要是制度层面的，但由于党内法规的有效执行依赖于制度本身的完善程度，因此制度的不足或许是我们在完善和改进苏南农村基层党组织党内法规执行力问题时首先要关注的内容。而在执行主体层面，苏南农村基层党组织党内法规的执行也面临着乡镇主体“分身乏术”、村级主体“人微力弱”、企业主体“机制不畅”等现实困境。在动态层面，苏南农村基层党组织党内法规的执行过程，存在着程序规范性欠缺、执行对象配合程度不够等问题，而激励机制、执行监督、评估机制等方面的不足，对苏南农村基层党组织党内法规执行力的效果也有一定的不利影响。

第五，苏南农村基层党组织党内法规执行力的提升对策。

这一部分的任务，是在前面理论分析、现实归纳及困境解析的基础上，提出进一步提升苏南农村基层党组织党内法规执行力的具体对策。其具体内容包括了固本培元、主体定位、内容优化、目标明确、流程优化等方面。

具体而言，提升苏南农村基层党组织党内法规执行力，其一，需要通过加强党员权利保障、完备规范制度体系等措施，建立起苏南农村基层党组织党内法规执行的制度基础，这是前提性条件；其二，应立足于苏南农村基层党组织实际情况，从执行能力的提升、主体责任的压实等方面，精确定位苏南农村基层党组织党内法规的执行主体；其三，应通过强化学习教育机制、严格执纪执规机制、规范有权解释等措施，优化苏南农村基层党组织党内法规执行力的具体内容；其四，应进一步明确苏南农村基层党组织党内法规执行力的目标指向，包括促进农村基层党组织善治、完善党内法规制度体系、促进法治政党建设等，从而为苏南农村基层党组织党内法规执行力提升指明方向；其五，应进一步优化农村基层党组织党内法规执行力的实施流程，以透明的程序、有效的激励、健全的指导、有力的监督，来为苏南农村基层党组织党内法规的执行力提升提供坚实保障。

经由上述 5 个部分的分析，农村基层党组织党内法规执行力所涉及的内外因素得到厘定，苏南农村基层党组织党内法规执行力的相关制度体系得到梳理。当下中国农村基层兼具农业化、工业化及部分后工业化等多种特征，以及城镇化完成时态和进行时态共存、经济发达地区和落后地区差距明显等特点，对苏南农村基层党组织党内法规执行力的影响等有具体的呈现。立足于苏南农村基层，结合其他农村地区党组织党内法规执行力情况，瞄准全面从严治党的战略目标，本研究所提出的提升农村基层党组织党内法规执行力的具体对策，不仅对当今农村基层市场化、城镇化、信息化等发展进程中农村基层党组织党内法规执行力的提升具有启发意义，对根据农村基层的现实情况，从全面从严治党的要求出发，进一步超越党组织党内法规执行的既有模式，建构起以农村基层党组织为领导、以农村党员为基础，形成多主体参与、体系清晰、结构明了、施行有力、效果明显的执行力提升机制，充分激发农村基层党组织党内法规执行所蕴含的巨大能量，也具有一定的实践意义。这正是本研究的目的与价值之所在。

（二）研究方法

根据研究对象与研究目标，选择适当的研究方法，对于一项研究的顺利完成至关重要。由于本研究是以苏南农村为对象，围绕农村基层党组织党内法规执行的综合性研究，故主要拟采用以下研究方法。

1. 结构功能主义方法

按照系统论的观点，事物都处于有机关联的结构之中。结构由要素构成，不同要素的联结方式不同，其功能也会产生差异。就农村基层党组织党内法规执行力问题的研究而言，执行力问题，其实可以看作党内法规制度结构所具有的功能的问题。有学者在讨论政治学中结构功能主义方法的时候指出，结构功能主义方法是对既定的政治体系所作的分析，它不是把政治结构作为分析的重点，而是着重分析各种特定政治结构的运行机制，分析各种政治结构之间的互动和关系，分析它们对于政治体系具有什么样的功能和应该具有什么样的功能①。如果我们把农村基层党组织党内法规执行力看作党内法规某种功能的体现，那么同样地，党内法规执行力问题的重点，或许也在于分析党内法规的运行机制、分析党内法规各要素所构成的结构的互动和关系、分析通过党内法规执行所应能达到的目标等内容。如此一来，农村基层党组织党内法规执行力提升的系统要素及各系统要素之间的层次和交互影响才能得到清晰呈现，党内法规执行力提升的机制模式才能获得较为坚实的理论支撑。

2. 文献与文本解读

如前所述，近几年来，党内法规正成为国内研究的重要领域，相关成果层出不穷。对本研究而言，对这些文献进行细致梳理是必要的。本研究围绕文献应做的工作主要包括：一是要对毛泽东思想、邓小平理论、“三个代表”

---

① 程同顺．当代比较政治学理论［M］．天津：南开大学出版社，2001：103.

重要思想、科学发展观、习近平新时代中国特色社会主义思想等深入学习，将党内法规执行问题放置于上述思想体系的宏观背景中加以理解。二是要细致梳理和研究毛泽东、邓小平、江泽民、胡锦涛、习近平等党和国家领导人针对党内法规所做的系列重要阐述，将其作为开展本研究的自觉的行动指南。三是要结合新时代要求，持续关注农村基层，尤其是苏南农村基层党组织党内法规执行力问题的相关文献，奠定构建本课题研究的理论基石。

除了文献分析之外，本研究还将采用文本解读的方法展开研究。文本分析法是指从文本的表层深入到文本的深层，发掘党内法规条文所蕴含的深刻内涵，揭示党内法规发展的一般规律①。这一方法针对的是党内法规的制度文本。制度文本是党内法规的依据，是党内法规规范的文字表达。考察党内法规执行力，当然需要从文本出发，需要以对文本的熟悉掌握为基础。为此，为有效开展党内法规学研究，必须全面收集党内法规的制度文本，对之加以全面细致的研究，发现蕴含其中的一般规律，并将之知识化、体系化，推动党内法规学的不断发展成熟②。本研究将对党内法规，尤其是对面向农村基层的党内法规制度规范进行详细的梳理，进行适当的体系化构建，进而在此基础上展开分析。

3. 社会调查与访谈

本研究以苏南农村基层党组织党内法规的执行力为研究对象，苏南农村的基本情况如何，苏南农村基层党组织党内法规的执行现状如何，农村基层党员、党组织对农村党组织党内法规执行所持有的认识、理解、信念等内在心理状况如何，这些信息唯有通过具体、细致的调研方能获得。故此，本研究将立足于苏南农村地区，重点在南京、苏州、无锡、镇江、常州等地选取6至10个农村基层村组分别进行较长时段的驻村田野调查，同时对江苏其他地区、省外其他地区的农村基层党建情况进行问卷调查，力争获取农村基层党组织党内法规执行力的真实情况；通过与农村基层干部、普通党员、群众进行半结构式访谈（座谈），了解基层党组织党内法规执行的实际情况；征询农村基层党组织人员的意见，确定研究的重点、难点，回应农村基层党组织党内法规执行的痛点，以开放的姿态拓展研究素材来源。

4. 对比分析法

对比分析方法是研究中经常采用的方法。对于本研究而言，对比分析方

① 欧爱民．中国共产党党内法规总论［M］．北京：人民出版社，2019：绪论第17页．

② 欧爱民．中国共产党党内法规总论［M］．北京：人民出版社，2019：绪论第17页．

法的运用也是必要的。对比分析主要在以下方面展开：

一是在文本研究时，注意对党内法规与法律进行比较，进而准确把握党内法规在根本目标、价值取向、规范内容和效力等方面的特性，处理好二者的关系，为通过法律制度助力党内法规执行力提升提供思考的基础。

二是要对党内法规在不同历史阶段的发展状况进行对比，以期发现不同阶段党内法规执行的任务目标、特点特性等的不同，进而明确新时代农村基层党组织党内法规执行力建设的重大意义，提出适应时代要求的农村基层党组织党内法规执行力提升的对策。这是在时间维度上展开的对比。

三是要对不同地区党内法规执行情况进行对比。这可能包括了对国内外党内法规执行情况的对比、对城市和农村党组织党内法规执行情况的对比、对发达地区（本研究重点聚焦苏南）与相对欠发达地区农村党组织党内法规执行情况的对比等。这是在空间层面上展开的对比。

总之，本研究希望通过上述方法，尽可能全面展现农村党组织党内法规执行力情况，确保研究顺利展开，为研究结论的科学性提供方法保障。

第一章

作为党内法规执行力考察样本的苏南农村基层

中国自古以来就是一个农业大国，农业人口众多，农耕文明悠久。近代以前，由于农业是国家财政的重要来源，土地制度和乡村社会管理秩序事关国家发展乃至政权的稳定，历代政府对乡村治理都十分重视。中国共产党自成立以来，就极为关注农民的作用，毛泽东同志即明确指出，谁赢得了农民，谁就赢得了中国①。在革命战争年代，党积极领导广大农村人民群众参与革命，为革命的成功奠定了坚实基础。在新中国成立以来的各个历史阶段，中国共产党始终关注农民生存发展和农村建设问题，尤其重视党在农村的组织建设问题。可以说，没有中国共产党带领和组织农民，没有中国共产党推动农村社会变革，中国革命和中国特色社会主义建设就不可能取得成功。

在中国特色社会主义建设过程中，苏南农村地区发生了翻天覆地的变化。苏南农村在共同富裕的目标下，以集体经济为依托，以乡村工业为主体，以农业为基础，建成农、副、工三业协调发展的农村社会主义商品经济体系。随着信息化、数字化时代的到来，苏南农村经济在传统发展的基础上迎来了新的腾飞，旧的生活方式和小农意识已被新时代的商业意识所替代，从事农业劳动的本地居民，有的已经成为经营决策者或农村企业家，有的已经成为拥有新技术、掌握新方法、具有新思想的新型农民。“苏南农村”成为观察中国农村社会发展变迁的重要窗口。

第一节　“苏南农村”与“农村基层”的界定

一、“苏南农村”的界定

（一）地域意义的“苏南农村”

苏南的地域空间划分，随着时间的推移和社会经济的发展有一定的调整

---

① 洛易斯・惠勒・斯诺．斯诺眼中的中国［M］．王恩光，申葆菁，许邦兴，等译．北京：中国学术出版社，1982：47.

和变化。20 世纪 90 年代左右，浙江出现了地域经济发展十分成功的“温州模式”，为了与此相对应，当时江苏提出“苏南模式”① 这一概念。从地域来说，此时的“苏南”主要是对环太湖的苏州、无锡和常州三个地级市的统一称谓②，既不包括位于长江以南、毗邻常州的镇江，也不包括省会南京——虽然其主体位于长江以南。自 2000 年下半年以来，随着行政区划的调整，“苏南”的范围也开始变化。在当时的政府文件和官方媒体中，“苏南地区”开始包括南京和镇江两市，即苏、锡、常、宁、镇 5 市③，这是以经济发展水平为基础、以地级行政区划为依托，兼顾自然环境所作的区域划分，已接近长江和苏北灌溉总渠这两条“柔性”界线④。因此，本研究所讨论的苏南地区，就是指 2000 年以来官方划定的“苏南”区域，包括苏州、无锡、常州、镇江和南京 5 个市域。

苏南地处东南沿海长江三角洲的中部区域，气候较为温和，雨量充沛，一年四季十分分明，年平均气温 16℃，无霜期有 200 天左右，日照 2000 小时以上，非常适合以水稻为主的农作物生长，明清时期这一区域的农业精耕细作就冠于全国。苏南地区东接上海，西与安徽接壤，南方紧邻浙江，东北依长江。这一区域内低山、丘陵、平原、江河、湖泊纵横交错，东部和中部为平坦的太湖平原，地势低平辽阔，水网纵横，是典型的“鱼米之乡”，自宋代以来就成为国家的粮食种植基地，素有“苏湖熟，天下足”之说。苏南

① “苏南模式”最早由经济学家费孝通提出，是指 20 世纪 80 年代以来，苏州、无锡、常州等地由政府主导，大力发展乡镇企业，推动经济快速增长的发展模式。

② 这一地区也属于传统的“江南”区域。学术界对于“江南”的范围有较大争议，部分学者认为明清时期的“江南”，即以环太湖地区的苏、松、太、常、嘉、湖五府一州为主，包括杭州、镇江的部分地区，当时的经济文化中心在苏州。较早自觉而明确地对江南，尤其是明清时期江南的空间范围专门做出系统论述的，先后有李伯重、周振鹤、徐茂明等学者。参见李伯重．简论“江南地区”的界定［J］．中国社会经济史研究，1991（1）：100-105，107；周振鹤．释江南［M］//钱伯成．中华文史论丛：第 49 辑．上海：上海古籍出版社，1992：141-147；徐茂明．江南的历史内涵与区域变迁［J］．史林，2002（3）：52-56，123. 他们给这样一种特定的区域空间赋予了越来越多的一致性含义，诸如地理上的完整性（或自然—生态条件的一致性）、经济上的一体性、地域认同的不变性、方言的相同或相似性（即吴语文化区）、民风习俗的相近性，以及在行政沿革上历史渊源的共同性，此外还有财政意义上的同一性，如“财赋江南”或“江南重赋”，简言之，即一个在地理、经济、行政、语言、文化、心理和历史等方面都高度统一和整合的地域共同体。参见夏明方．什么是江南：生态史视域下的江南空间与话语［J］．历史研究，2020（2）：148-171. 受历史的影响，新中国成立以后，基于方言和民风习俗的相近性，“苏南”一度只指环太湖流域的苏州、无锡和常州。

③ 另外，与“苏南地区”并列的是“苏中地区”和“苏北地区”。这时的“苏中地区”指南通、泰州、扬州 3 市，“苏北地区”则指徐州、淮安、盐城、连云港、宿迁 5 市。

④ 栾广高．江苏三大地域名称的演变［J］．中国方域，2004（4）：22-23.

地区不仅气候宜人，这里的生态环境也比较稳定，不像黄河流域经常发生大的洪灾。据黄宗智先生研究，从明惠帝建文三年（1401）至清光绪二十六年（1900）的500年间，长江三角洲地区只发生了20次大的洪水，而华北平原几乎年年洪水成灾①。同时，苏南农村素有“水乡泽国”之称，拥有中国五大淡水湖之一的太湖，以及阳澄湖和滆湖等丰富的水域资源，在历史上是水运交通十分发达的区域。改革开放后，为使交通运输助力当地经济发展，中央和地方各级政府先后在苏南地区投入了大量资金，建成了稠密的公路交通网和发达的铁路运输网，乡村公路畅通，实现了村村通公路。尤其随着高速铁路的普及，当下的苏南已经成为连接北京、上海、广东等南北地域的交通枢纽。因此，从地理意义上来说，苏南农村具有得天独厚的优势，可谓占据了天时与地利。苏南人民积累了数百年的农耕经验和改革开放红利，使得本地区人口稠密、经济富庶、农业发达，可以说这是一方风水宝地。

（二）文化意义的“苏南农村”

苏南地区具有优渥的地理环境，苏南人民在长期的社会经济发展过程中也表现出极强的进取精神，苏南乡镇企业发达就是这种地域性内在性格的直接结果。因为乡镇企业发达，该地区的人民安土重迁，“离土不离乡”，所以，该地区较少出现青壮年村民大量外出谋生的现象。同时，苏南地区具有深厚的历史文化积淀，是教育繁盛、人才辈出的“文荟之邦”，在文化上极具地域特色。

第一，在历史演进过程中，苏南地区形成了兼容并包的开放性文化。这里有两种不同的方言文化。环太湖流域的苏、锡、常地区，以吴方言为基础形成了吴文化圈，其中苏州是江南地区经济文化最为发达的区域之一。南京除高淳外的大部分地区、镇江市区和句容、扬中两个县级市都是江淮方言区②，这里以江淮官话为基础，形成了南北交汇、兼容并蓄、开放包容的金陵文化圈③。这里的文化源于泰伯奔吴带来的中原文明与本地文明的交融和碰撞，历史上多次的文化中心南移，使其精致温婉且开放包容，至明清趋于鼎盛。近代以后，西学东渐，东西方文明再次在这里碰撞，也造就了苏南文

① 黄宗智．长江三角洲小农家庭与乡村发展［M］．北京：中华书局，2000：42.

② 镇江是吴方言和江淮官话两种方言的过渡地带，历史上原属吴语区，因为西晋永嘉南渡及后来的历次北方移民迁入，沿江的市区方言逐渐转为同扬州话类似的江淮官话，而市区东南的丹徒、丹阳等地则仍讲吴语。

③ 周振鹤，游汝杰．方言与中国文化［M］．上海：上海人民出版社，1986.

化海纳百川的开放胸怀①。这种文化上的开放包容，有助于地域社会的团结，更有利于树立积极的地区形象，对进一步汇集人才、机构、技术、资本、管理等高等级生产要素起到重要作用。

第二，历史上的“江南”从唐宋以后就是文化中心，所以苏南地区文化繁盛、教育发达，形成了悠久深厚并具有鲜明特征的历史文化积淀。明清两代，江南科举仕进者人数众多，苏州府有“苏人才甲天下”② 之说，“科第往往取先天下，名臣硕儒亦多发迹于斯”③。据范金民先生研究，“江南进士不但数量在全国独为翘楚，而且其科试名次在全国最为显赫。号称‘天子门生’的状元，明代 89 人，江南八府，苏州 7 人，常州 4 人……其中弘治三年、六年、九年，万历十一年、十四年、十七年，万历三十八年、四十一年、四十四年，曾经 3 次连续 3 科的状元由江南人荣膺”④。“清代江南更是魁星光芒四射，状元 112 人（不计 2 个满状元），江南各府，苏州 29 人（含太仓州 5 人），常州 7 人，湖州 6 人，杭州 5 人，镇江 4 人，江宁和嘉兴各 3 人，松江 1 人，共多达 58 人，占半数以上。特别是苏州一地，占了整整四分之一以上。”⑤ 中举者大都家境殷实，多为本地望族。明清江南进士多集中在有限的几姓几族之间，“仅明代常熟一地，钱氏一门，先后出过九个进士；沈、郁、周、冯、朱、赵、瞿、钱、顾九姓曾有过父子进士的记录”⑥。

历史上苏南地区衣冠望族绵延不绝。新中国成立以后，特别是改革开放后苏南快速的工业化进程，使得该地村庄日益走向开放，村民社会流动不断增多，许多村民成了企业工人，他们的作息制度与城市居民相差无几。村民的交往较集体时代大大减少，村民之间日渐生疏，现在的苏南村庄已成了“半熟人社会”，在这些半熟人社区，文化关联的整合力愈发弱小。同时，苏南农村的家族观念并不强，家族势力在地域社会统治中的作用并不明显⑦，但是文化、教育上的繁荣一直延续至今。

---

① 方宁．江南文化助力长三角一体化发展的时代价值［J］．江南论坛，2021（10）：13-14，23.

② 陈夔龙．梦蕉亭杂记：卷 2［M］．北京：世界知识出版社，2007：45.

③ 杨镜如．苏州府学志：上［M］．苏州：苏州大学出版社，2013：96.

④ 范金民．明清江南进士数量、地域分布及其特色分析［J］．南京大学学报，1997（2）：171-178.

⑤ 范金民．明清江南进士数量、地域分布及其特色分析［J］．南京大学学报，1997（2）：171-178.

⑥ 范金民．明清江南进士数量、地域分布及其特色分析［J］．南京大学学报，1997（2）：171-178.

⑦ 参见调研资料一：苏州相城镇街组调研记录。

第三，苏南地区不但名人辈出，还出现了很多清廉勤政的基层官员。2013 年 4 月 19 日，在中共中央政治局第五次集体学习时，习近平总书记强调："深入推进党风廉政建设和反腐败斗争，需要坚持发扬我们党在反腐倡廉建设长期实践中积累的成功经验，需要积极借鉴世界各国反腐倡廉的有益做法，也需要积极借鉴我国历史上反腐倡廉的宝贵遗产。研究我国反腐倡廉历史，了解我国古代廉政文化，考察我国历史上反腐倡廉的成败得失，可以给人以深刻启迪，有利于我们运用历史智慧推进反腐倡廉建设。"① 苏南地区也十分注重挖掘本地传统廉政官员的事迹，这对基层干部既是榜样和激励，也是警示与鞭策。

我们调研地区之一——苏州相城区黄埭镇，就修建了本地名人冯梦龙的故居。冯梦龙（1574—1646），字犹龙，号墨憨斋主人、龙子犹、顾曲散人等，出生于明代苏州府的长洲县，也就是今天的苏州市，是晚明著名的文学家、思想家和戏曲家。冯梦龙一生郁郁不得志，在 60 岁的时候被派遣至寿宁当知县，做了最基层的亲民官。在其任职期间，明代政权处于风雨飘摇之中，政治腐败、乱象丛生、民不聊生，冯梦龙不与流俗为伍，坚决打击腐败，为老百姓办实事，被誉为"末世廉吏"。又如镇江亦修建了清代著名廉吏——镇江知府王仁堪纪念馆，供人凭吊思怀。光绪十七年（1891），王仁堪出任镇江知府，任职期间制定了一系列县、乡行政管理办法，如《乡约保甲简明章程》，对基层官吏进行约束。他爱国、爱民、清廉、勤政的品质，一直为后人赞颂。《清史稿》评价其"视民事如家事，一以扶植善类、培养元气为任，卓然有古循吏之风"②。在镇江的老百姓看来，王仁堪将民事当作自己的家事，为了民众呕心沥血。

（三）经济意义的"苏南农村"

著名的经济史学家李伯重先生认为："早在 9 世纪后期，江南已经出现了一个相当发达的农业经济。我虽然不同意'宋代江南农业革命'论，但是也承认宋代江南农业确实达到了相当高的水准。在农业技术、亩产量、商业化、劳动生产率等主要方面，江南无疑都走在当时世界大多数地区的前面。如果我们只是从 11—13 世纪的情况来推测未来的发展，那么肯定会认为：如果世界上有一些地区将出现近代农业革命，那么毫无疑问，江南就是最有

① 习近平．深入推进党风廉政建设和反腐败斗争［N］．人民日报，2013-04-21（1）．

② 赵尔巽等．清史稿：［M］．北京：中华书局，1977：13095.

希望的这样一个地区。一直到17世纪初期，无论用西欧或者其他地区的标准来衡量，江南农业仍然是相当先进的。”① 可见江南这一区域，从宋代以后一直到近代以前，无论是农业生产、技术和商业化程度，都是走在全国前列的。

当然，繁盛的农村经济也使得这一地区的赋税在历史上一直十分繁重。苏南农村人多地少，较长的无霜期和较高的复种指数，又使得该地区的人均产量较高。黄宗智用“过密化”来描述该地区传统小农农业的发展，这种“过密化”背后反映的是苏南农村劳动力严重过剩和巨大的生存压力。农业生产的“过密化”增长，使苏南这个中国的先进地区从明朝初年到改革开放前的6个多世纪中，小农农业仅仅维持在糊口水平。明代中后期以后，在苏州的一些行业中，就出现了资本主义萌芽，但是并没有发展为近代工业。

改革开放以后，苏南农村利用其得天独厚的社会、经济条件发展了乡镇企业，吸收了大量的农村过剩劳动力，并使劳动力获得了市场价格标准的报酬。我们的实地调查结果显示，当地村民主要在本地的工厂里上班，当下的工业生产已经成为苏南农村最主要的生产活动。村民从事农业生产活动主要是在上班之余进行的，少量的全职农业人员主要为年龄较大实在不能进厂做工的老人或种粮大户和养殖专业户。村民收入主要来自进厂工作的工资，农业收入在村民总收入中的比重已经很小②。早在20世纪80年代中期，苏南地区的GDP中乡镇企业已经确立了“三分天下有其一”的地位。到了1999年，在村级GDP中工业已经占到90%以上，村民的收入较高，生活比较富裕。2000年以来，苏南的经济结构由以工业经济为主，开始逐步向以服务经济为主的结构转变，这一时期，苏南农村的乡镇企业、个体企业及私营企业获得了长足发展。从党的十六大开始，中央将调整、优化产业结构作为国民经济长期持续发展的一项重要工作。特别是到了十八大以后，“推动战略性新兴产业、先进制造业健康发展”，产业结构进一步转型升级。2015年，中共中央、国务院印发《关于加大改革创新力度加快农业现代化建设的若干意见》，继续深化农业结构调整。这些政策为苏南地区农村的产业结构调整引领了方向，农村的产业获得了又一次飞跃发展。苏南农村发达的乡镇企业不仅为农村提供了大量的就业机会，解决了黄宗智所说的“过密化”问题，而

---

① 李伯重．重新认识历史：明清江南农业经济及其变化：关于《江南农业的发展，1620—1850》[J]．中国图书评论，2007（2）：84-91，111.

② 参见调研资料十二：无锡江阴座谈调研记录；参见调研资料一：苏州相城镇街组调研记录。

且为村集体积累了大量资产。乡镇企业的经营收入构成村庄集体收入的主要来源，乡镇企业的发展对该地区基层党建及农村社会治理有着重大影响。

二、“农村基层”的特征

“农村基层”是本研究的另一基本范畴。要解释和理解这一范畴，其核心与重点在于“基层”。那么，何为“基层”？

在《现代汉语大词典》中，“基层”主要有两个解释义项：（1）建筑物的底层；（2）各种社会组织中最低的一层，与群众的联系最直接①。与治理相关的无疑是第二个义项。但是，这一看似简单明确的解释，在应用于复杂的社会之时，同样不免歧义丛生。

实践中通常认为，“基层”是相对于上层、中层而定的。从古至今，在我国几千年来的行政区划历史中，行政区划的层级变化过程可以归纳为三个层次，即“县级政区、统县政区与高层政区”，“县级政区也可称为基层政区”②。也就是说“基层”一词已经是国家权力可以触及得较为末端的地方，作为县级政区下属的乡镇当然是属于国家治理中最基层、最末端的区域，所以在官方报纸、日常交流与沟通中，人们经常使用“农村基层”一词。虽然在历史时期农村基层处于国家权力末梢，有“皇权不下县”之说，但是中国共产党自成立以来，就深耕农村、扎根农村。中国共产党一直根植于农村，农村从来都是党的力量源泉。所以在新时期，我们依然要秉承党的优良传统，做好农村基层的治理工作，依托党内法规的约束和引导，充分发挥农村党组织、党员的积极性和带头作用，为国家治理、地方稳定和社会主义新农村建设贡献力量。

从我国行政组织系统看，我国国家政权结构分中央、省（自治区、直辖市）、市（县、自治县、自治州）、乡（民族乡、镇）四级，一般把县级以下的行政机关作为基层③。对此，有人提出不同看法，即“基层”的概念有“狭义”和“广义”之分。根据我国宪法和地方各级人民政府组织法的规

---

① 阮智富，郭忠新．现代汉语大词典：上册［M］．上海：上海辞书出版社，2009：744.

② 周振鹤．体国经野之道［M］．上海：上海人民出版社，2019：41.

③ 金义琳，朱柏铭．简明基层领导学［M］．浙江：浙江人民出版社，1989：11. 这一观点可能依据邓小平同志 1987 年 6 月 12 日《改革的步子要加快》的论述。该文指出，“至于各种民主形式怎么搞法，要看实际情况。比如讲普选，现在我们在基层，就是在乡、县两级和城市区一级、不设区的市一级搞直接选举，省、自治区、设区的市和中央是间接选举”。邓小平文选：第 3 卷［M］．北京：人民出版社，1993：242.

定，“基层”主要是对农村乡、镇和城市街道的总称。在狭义的基础之上，向上延伸到县或城市的区，向下延伸到行政村，则构成了广义上的“基层”。农村基层组织则主要指的是乡、村二级党组织和乡镇政权机构，以及以村民委员会为代表的群众性自治组织及其他代表各方面群众利益的社会团体①。也有学者从理论层面展开分析，认为从政治学角度来看，“基层”是指我国国家政权的最低层次。如果具体到农村基层，就是指乡镇政权。从社会学视角看，基层则主要是指居民社区，农村基层即指村民社区。从管理学角度看，基层是指直接面对管理对象的最低层次，农村基层即指乡镇政权和村民自治层级②。有学者认为，理解“基层”的具体含义，应考虑纵向和横向两个方面。在纵向层面，基层不应被简单地等同于乡、镇。基层群众性自治组织，以及县、城市的区、不设区的市也是除乡镇之外的纵向范围内的“基层”；而在横向层面，基层也不应被简单地等同于政权。因为基层还有其他党组织、社会团体等单位，这些单位也对社会有管理调控的权能。这样一来，县、城市的区、不设区的市的党组织、国家机构和社会团体、企（事）业单位，以及村民委员会和居民委员会等具有直接管理职能的组织，就都属于“基层”的范畴③。更有学者试图综合各种观点，提出了“基层”的含义可以作“一纵一横三层”理解的看法。其中，“一纵”是从行政组织体系层级的意义来讲的。“一横”则是从行政区划范围意义来讲的。“三层”即“三个层面”，一是指社会意义的基层，即泛指基层社会；二是指政权组织体系意义上的基层，即指基层政权管理组织或社会组织体系与机构；三是指地域意义上的基层，即地域行政区划上的基层④。上述种种看法，充分显现了“基层”意义的分歧性。

“基层”含义的多元分歧，或许与这一词汇在日常生活中的广泛运用而法律上又缺乏明确界定有关。“基层组织”“基层支部”“基层政权”“基层干部”及“深入基层”“基层锻炼”等常见用语，足以显示这一词汇运用的

---

① 陈昭玖．社会主义新农村建设理论与实践研究［M］．北京：中国农业出版社，2006：79.

② 钱玉英．城镇化背景下的基层治理：中国的问题与出路［J］．苏州大学学报（哲学社会科学版），2008（5）：1-4.

③ 王乐夫．中国基层纵横涵义与基层管理制度类型浅析［J］．中山大学学报（社会科学版），2002（1）：122-126.

④ 张勇，张巍．论当前农村基层权力“悬浮”的危害与解决［J］．湖北社会科学，2010（8）：42-45.

广泛性和其所具有的“当代中国政治特色”①。而在法律层面，宪法第三章第五节“地方各级人民代表大会和地方各级人民政府”部分，虽然使用了“基层群众性自治组织”和“基层政权”这样的词汇，但对于“基层”本身却并未有明确说明。这种多元的意义分歧，甚至给其英译带来困难。在英文中，与“基层”相对应的单词是 grassroots，但也有研究者认为，准确地讲，grossroots 应译为草根阶层，其指向的是那些社会底层中的、自发形成的、不具有组织性的群体，而“基层”在我国，更具有政治含义，英文 grossroots 所含有的“底层”意义与汉语中“基层”的意义并不能完全对应②。这一翻译困难，或许也可佐证“基层”概念界定的难度。

那么，“基层”及“农村基层”这些关键性范畴又该如何界定？在我们看来，在理解和把握这些关键性范畴时，要注意这些概念运用时的描述性与规范性之分。描述性的“基层”或“农村基层”，是一个类型学的概念，其作用在于区分类似事物。我们将“基层”与“上层”、“农村基层”与“城市基层”对应讨论时，即在描述意义上使用。日常生活中对于“基层”“农村基层”的表述，大体也是在这种意义上使用。这种使用往往较为宽泛，但对于相对严谨的学术性研究而言，规范性的“基层”“农村基层”的含义对于研究工作更具有基础性作用。不过，由于规范性的“基层”离不开其描述性的运用，故而理解和把握这一概念，要先从其特性的描述出发。

（一）“农村基层”的相对性

“基层”存在于结构之中。“基层”的意义只有在结构层面才能被界定。这就如象棋游戏中“马”的价值和意义不在于它由什么材质构成，而在于它在整个象棋系统中与其他棋子如“士”“象”的关系比较中才能被界定那样，“基层”也是在其与“中层”“上层”的结构性关系中被界定意义的。“基层”只能在其与“中层”或“上层”的结构性比较中来确证自身。有研究者在论及基层社会管理时说，“对于中央来说，地市可以叫基层；对于省、自治区、直辖市来说，县乡一级可以叫基层。同时，‘基层’是一个相对的概念，并不仅仅指最低的那一层。比如相对于乡镇、街道，基层指向的是村、社区、企业等；相对于区（县、市），基层指向的是乡镇、街道及以下

① 人民代表大会制度研究所．人大理论与实践研究报告 2009［M］．北京：红旗出版社，2010：236.

② 王铭玉．中译外研究：第 1 辑［M］．北京：中央编译出版社，2014：43；康廷生．底层视线：做什么与怎么做［M］．北京：当代中国出版社，2001：3.

组织；相对于中央、省、市，基层指向的是区（县、市）及以下组织”①。这一论述虽然使“基层”概念游移不定，却也大体指出了“基层”的系统相对性特征。将“基层”放置于政治架构的结构体系中，意味着“基层”是某一结构体系相对于其他层级的基础性部分。“基层”的相对性提醒我们，当我们讨论“基层”问题时，虽然主要的着眼点在于基层本身，但还必须立足于结构而适当关注那些制约和影响基层的“中层”“上层”因素，否则就无法全面系统地认识和理解“基层”。这也是后文讨论农村基层治理时不得不引入“体制”因素考量的缘由。

（二）“农村基层”的直接性

从社会管理的角度来看，“基层”与“中层”“上层”的差异主要表现为管理的直接性。“相对于间接性管理为主要特征的中上管理层，直接性是基层的最突出特点，即直接面对人民群众，直接接受人民群众的监督。”②从社会关系角度看，“基层”则意味着那些对人们的社会生产和社会生活发生最直接联系的基础性的社会体系，“基层治理”即对这一部分最直接的、基础性的社会体系的规划、组织、协调、监督等。“基层”的这一特性，赋予“基层”以独特影响：一方面，基层存在于权力科层的结构之中，但在“基层”内部，社会交往双方基本上是直接地、“面对面”地发生社会关系的。这种直接性“缺乏科层制内在等级性的先赋条件，而成全了它的平等性的后天优势”③。另一方面，由这种直接性出发，由于基层民众直接参与地方生活，“基层”进而必然成为人们经验的产生之处和感情的寄托之所。“对于基层民众来说，地方绝不仅仅是知识精英操作的客体，它被每一个个体视为一个有意义、意向和感觉价值的中心，一个有感情附着和生活经验的基点。”④“基层”从而也就具有了浓厚的情感意义，这促使人们去关心那些贴近自身生活的地方性事务。对于农村而言，农村的基层治理也必然依赖于这种直接性关系。民国时期，孙中山先生曾设想借县治而实现民权，但其最

---

① 刘兆东．文建明工作法与基层社会管理创新研究［M］．成都：西南交通大学出版社，2013：4.

② 王乐夫．中国基层纵横涵义与基层管理制度类型浅析［J］．中山大学学报（社会科学版），2002（1）：122-126.

③ 沈士光．党的代表大会常任制研究［M］．天津：天津人民出版社，2014：42.

④ 马雁．转型中的中央与地方关系：以清末民初云南边疆法律变迁为例［M］．北京：中央编译出版社，2010：67.

终实践却不得不采取乡治。有学者分析其原因时指出："单从人民利益上看，人民最为关心的往往不是县事，而是乡村之事，乡村是天然的人民生活和政治单位。再则，一县范围的直接民权如果不从更小的单位——乡村着手进行，则不可能真正实现。换言之，没有乡村自治作基础，县自治便无从谈起。"① 由此也可见"基层"直接性的意义。

（三）"农村基层"的社会性

前已指出，"基层"具有直接性，从另一角度看，这一表述其实反过来也指向了"基层"相对于"中层""上层"距离国家政治权力中心更为遥远的距离。如果说"中层"和"上层"因为接近或紧靠国家政治权力的"庙堂"中心，具有强烈的政治性的话，那么"基层"则因其"处江湖之远"而呈现出更多的社会性。于是，相对而言，"基层"无疑容纳了更多的社会空间，其政治性更多地从属于其社会性而不是相反②。"基层"的社会性为基层自治提供了丰富的土壤，是基层组织之所以能够生发成长进而参与社会治理活动的缘由所在。而基层自治和基层组织的发生发展，无疑也有助于促进市民社会的成长，进而为政治国家与市民社会的互动提供现实基础。这也为现代法治进入基层社会提供了可能。

（四）"农村基层"的变动性

在结构层面，基层是相对应其他结构层级而言的，这是相对静态的分析；而在动态实践层面，基于管理的需要，管理层级可以根据需求做出动态划分，因而"基层"的具体所指也就可能处于变动之中。在我国，党在不同时期，在对基层建设的理论阐述和战略部署中，有关基层的认识即呈现不断深化的特点。有学者对党的十二大到党的十六大党如何界定"基层"的基本脉络进行了梳理，指出：对于"基层"的范围，十二大报告中并没有明确界定；十三大报告也只是突出"发挥群众团体和基层群众性自治组织的作用"，强调"逐步做到群众的事情由群众自己依法去办"；十四大、十六大报告和十六届六中全会《中共中央关于构建社会主义和谐社会若干重大问题的决定》，在谈到基层民主时指出，"基层"是指城市居民委员会、农村村民委员会和企事业单位；十五大报告、十五届三中全会《中共中央关于农业和农

① 李德芳．南京国民政府乡村自治制度述论［J］．河北大学学报（哲学社会科学版），2002（4）：28-32.

② 吴新叶．党的基层执政与和谐社会的构建：以基层执政的社会性为视角［J］．理论导刊，2005（4）：41-44.

村工作若干重大问题的决定》等文件在前述领域外增加了“城乡基层政权机关”领域。十七大报告又把“社会组织”纳入了基层民主的范围①。十九大报告进一步指出，要“加强社区治理体系建设，推动社会治理重心向基层下移，发挥社会组织作用，实现政府治理和社会调节、居民自治良性互动”。从上述党的文件可见，“基层”的具体所指因应党和国家治理认识深化而变动的特点已经至为明显。

基于以上分析，我们认为，所谓“基层”，是指在国家与社会的结构体系中，以相对性、直接性、社会性为主要特征，直接面对人民群众的结构体系的最低层级。就“农村基层”而言，具备上述相对性、直接性和社会性等属性的，主要是乡镇一级政权以下的农村地区。“与县级和县级以上的地方各级人民政府不同，乡镇政府的所有职权都是由它自己直接行使的，而非通过所属的工作部门和下级人民政府。这就表明乡镇作为最基层政权组织其治理的直接性。”② 在这一“基层”层面，涉及的主体主要包括乡镇党委会和村党支部等党在农村的基层组织、以乡镇人民代表大会和乡镇人民政府及其职权的统一体为代表的基层政权、以村民委员会为代表的自治组织，以及其他活跃在农村的社会组织和广大的农民群众等。

第二节 苏南农村基层党组织建设

改革开放以来，苏南农村发生的深刻变化给农村基层党组织建设提出了新要求、新机遇、新挑战。由于苏南农村产业结构的根本变化和商品经济的迅速发展，一大批党员从农田走进乡镇企业，从农村集市走向商品市场和流通领域，党员活动范围也由相对集中变为流动分散。过去的苏南农村党的组织设置、活动方案已明显不适应当前的实际情况，这就需要寻找与新形势相适应的新的组织架构和运行制度。农村基层的行政管理更多地依靠农村基层政权和各类经济、社会组织，这就要求在农村基层党组织建设过程中，既要确保党的领导地位，又要充分发挥相关组织的积极性。目前，苏南农村党员的先锋模范作用主要体现在带领群众发展商品经济、实现共同富裕上，因而，在苏南农村基层党组织建设过程中，既要教育广大党员干部坚持社会主

① 詹成付．解读党的十七大报告关于发展基层民主的重要论述[J]．乡镇论坛，2007（21）：1.

② 胡萧力．乡镇治理的结构、功能及法治化研究［J］．东方法学，2015（4）：144-151.

义方向，坚持共同富裕，又要不断提高他们在组织、指挥与管理现代化工业和农业方面的能力。新时期苏南农村基层党组织建设的理论和实践，就是在探索解决以上新问题的过程中逐渐形成和发展的。

从历史经验看，百年来，中国共产党依托农村、扎根农村，广泛团结广大农民群众，是党率领农民群众翻身做主人、走向革命胜利和社会主义建设新征程的重要保证。党的革命能够取得胜利，主要的原因之一就是高度重视农村和农业的发展，高度重视党在农村基层的组织建设。21世纪以来，“中国已经进入了全面建设社会主义现代化国家的新发展阶段，但乡村社会出现很多新情况，党的农村基层组织在城乡融合、乡村振兴等方面任务艰巨”①。在此背景下，党的十八大开始重新定位包括农村基层党组织在内的基层党组织的职能，即“以党的基层组织建设带动其他各类基层组织建设”，“以服务群众、做群众工作为主要任务”，实现党的农村基层组织由“领导型”向“服务型”转变②。中央开始从思想建设、组织建设和作风建设等方面全面不断加强农村基层党组织建设。例如为了保持党的先进性和纯洁性，开展“三严三实”专题教育；为了加强党的作风建设，开展“两学一做”学习教育，将党内学习教育常态化和制度化。农村基层党组织也严格执行中央精神，经过不断地进行深入、持续和系统的学习，广大农村基层党员和干部的思想认识有了提高，他们更加坚定了理想信念，党在农村的影响力和控制力也越发稳固③。

一、苏南农村基层党组织的结构

农村基层党组织是党在乡村基层的执政根基，是党的方针政策在乡村基层工作落实的直接“经手者”“落实者”。按照《中国共产党农村基层组织工作条例》的规定，乡镇党的委员会（以下简称“乡镇党委”）和村（村指行政村）党组织是党在农村的基层组织，是党在农村全部工作和战斗力的基础，全面领导乡镇、村的各类组织和各项工作。苏南农村基层党组织的结构与我国其他地方一样，也由乡镇党委和村党组织构成。

① 文丰安．中国共产党农村基层组织建设百年历程、鲜明特色及现实启示［J］．中国农村观察，2021（4）：32-48.

② 中共中央文献研究室．十八大以来重要文献选编：上［M］．北京：中央文献出版社，2014：42.

③ 参见调研资料十二：无锡江阴座谈调研记录；参见调研资料一：苏州相城镇街组调研记录。

（一）乡镇党委

乡镇党委是党在农村的基层组织。《中国共产党章程》规定，“街道、乡、镇党的基层委员会和村、社区党组织，领导本地区的工作和基层社会治理，支持和保证行政组织、经济组织和群众自治组织充分行使职权”。按照《中国共产党农村基层组织工作条例》的规定，乡镇应当设立党的基层委员会。乡镇党委每届任期 5 年，由党员大会或者党员代表大会选举产生。作为党的农村基层组织，乡镇党委必须高举中国特色社会主义思想伟大旗帜，坚持以马克思列宁主义、毛泽东思想、邓小平理论、“三个代表”重要思想、科学发展观、习近平新时代中国特色社会主义思想为指导，坚决维护习近平总书记党中央的核心、全党的核心地位，坚决维护党中央权威和集中统一领导，牢固树立“四个意识”，坚定“四个自信”，做到“四个服从”，坚持党要管党、全面从严治党，以提升组织力为重点，突出政治功能，努力成为宣传党的主张、贯彻党的决定、领导基层治理、团结动员群众、推动改革发展的坚强战斗堡垒。

（二）村党组织

《中国共产党农村基层组织工作条例》第 5 条规定，“以村为基本单元设置党组织。有正式党员 3 人以上的村，应当成立党支部；不足 3 人的，可以与邻近村联合成立党支部。党员人数超过 50 人的村，或者党员人数虽不足 50 人、确因工作需要的村，可以成立党的总支部。党员人数 100 人以上的村，根据工作需要，经县级地方党委批准，可以成立党的基层委员会，下设若干党支部”。在农村基层工作中，村级党组织是农村村庄的领导核心，具有凝心合力的作用，在农村治理过程中发挥着举足轻重的作用。这些农村基层党组织中的村党支部书记、村党总支书记、村党委书记（以下统称为“村书记”），作为村里的“一把手”，更是农村基层治理实践中的中坚力量。尤其是随着近年来书记、主任“一肩挑”模式的推行，绝大部分苏南农村村书记和村主任由一人担任，村书记在村庄治理和党内法规执行方面的作用更加突出。

值得注意的是，除农村基层党组织之外，村民委员会（简称“村委会”）及村经济合作社等经济组织在农村社会经济社会发展中的作用也不容忽视。这些组织与农村基层党组织有千丝万缕的联系。例如，村委会是村民自治组织，代表村民行使农村的自治权利。但是，我们的调查显示，村委会一定程度上受到村党组织影响，村党组织书记兼村委会主任已经成为普遍现象①。村委会一般有3~5人，由选举产生，其中主任1名，委员2~4人，负责妇女、民兵、治保等工作。村委会干部一般身兼数职，负责多项工作。村委会负责几乎所有村务和政务工作的具体办理。除此以外，苏南农村大都成立了经济合作社，村书记或村主任在经济合作社中往往承担着主要的管理职能。在各村按照上级规定设立的村民主理财小组中，成员也大多为村干部。在这样的情况下，农村基层党组织对于农村经济合作社等组织的影响必然是全面而深入的。

二、苏南农村基层党组织的作用

党在农村基层的领导是社会主义新农村建设的根本，而农村基层党组织是党在农村建设的保障和基础。习近平总书记在十九大报告中详细论证了农村基层党组织建设的作用，强调“党的基层组织是确保党的路线方针政策和决策部署贯彻落实的基础”②，“乡镇党的委员会和村党组织是党在农村的基层组织，是党在农村全部工作和战斗力的基础，全面领导乡镇、村的各类组织和各项工作”③。2018年7月，全国组织工作会议阐明了新时代中国共产党农村基层组织建设的重要问题和方针策略，强调要从严抓好落实，为党的农村基层组织建设进一步指明方向。2019年1月10日印发的《中国共产党农村基层组织工作条例》，“从组织设置、职责任务、经济建设、精神文明建设、乡村治理、领导班子干部队伍建设、党员队伍建设、领导与保障等方面，为中国共产党农村基层组织战斗堡垒作用的有效发挥夯实了基础”④。2020年，中共中央办公厅、国务院办公厅《关于加强和改进乡村治理的指导意见》指出，要加强和创新乡村治理，必须建立健全乡村治理体制，尤其要健全党委在农村基层的全面领导，以及政府的高效协调、社会与公众的协同参与、法治和科技的保障与支撑等，提出要大力推动乡村公共文化事业，推动农业全面升级、农村全面进步、农民全面发展，形成一个党领导下的自

① 参见调研资料一：苏州相城镇街组调研记录。

② 习近平．习近平谈治国理政：第3卷［M］．北京：外文出版社，2020：51.

③ 中国共产党农村基层组织工作条例[EB/OL].（2019-01-10）[2022-04-06]. http://www.gov.cn/xinwen/2019-01/10/content_5356764.htm.

④ 文丰安．中国共产党农村基层组织建设百年历程、鲜明特色及现实启示［J］．中国农村观察，2021（4）32-48.

治、法治与德治互为补充、互为联系的新型农村治理体制。其中，强有力的农村基层党组织的引领作用十分重要，对于促进乡村全面发展和改革，达到共治共享的治理新格局意义重大。因此，加强农村基层党组织建设，事关党在乡村的执政地位，关系到我们党在农村基层的影响力，也是新时代下农村发展与稳定的保障，更关系到乡村振兴战略的实施，“最终关系到中华民族伟大复兴的实现”①。

随着我国社会的高速发展和经济体制改革的深入进行，国家的公共社会职能开始凸显，社会资源配置出现矛盾，单靠国家力量管理社会，已经不适合当前社会发展趋势。苏南农村地区的发展也面临新情况。农村基层党组织在乡村社会中的作用日益突出。

（一）农村基层党组织是党联系农民群众的桥梁和纽带

农村基层党组织居于农民群众之中，处于乡村振兴建设的第一线，同农民联系十分密切，是党密切联系群众的纽带。其作用主要有：一方面将广大农民群众的意见、要求、困难或者愿望向上反映；另一方面，农村基层党组织也是党的路线、方针、政策在农村的贯彻者。在苏南农村，这一点同样有所体现。我们在调研中发现，现在农村基层意识形态氛围浓厚、政治站位高，党建时刻融入农村社会治理。例如，苏州相城区漕湖花园一社区的“小煤炉”禁用整治工作就是很好的例子。“老百姓冬天使用小煤炉是当地的习俗，已经存在几十年了，即便现在进入社区化管理，搬进居民楼后老百姓仍然继续使用，所以整治工作十分困难。我们村党支部就发挥党员模范带头作用，召开老党员座谈会，由有影响力的资深老党员出面劝说群众，做思想工作，大概一个月时间就成功解决了此问题。”② 这充分显示了农村基层党组织在加强基层凝聚力、和谐干群关系、维护百姓利益方面的积极作用。

（二）农村基层党组织是落实党的农村工作任务的战斗堡垒

党的路线方针政策在农村基层的执行，需要一个强有力的农村基层党组织。目前，我国大约有 400 多万个基层党组织，正是他们在基层发挥着战斗堡垒作用，如宣传和执行党的大政方针政策、领导农民建设和谐的社会主义新农村及党员的先锋模范作用。在苏南，农村党组织同样是农村工作的坚强

① 文丰安．中国共产党农村基层组织建设百年历程、鲜明特色及现实启示［J］．中国农村观察，2021（4）：32-48.

② 参见调研资料一：苏州相城镇街组调研记录。

战斗堡垒。如在党内法规的学习宣传方面，苏南农村基层党组织普遍重视党内法规的学习。调研访谈中有被访问者谈道："基层党组织首先是对中央、地方出台的法规进行全面深入学习，如《中国共产党农村基层组织工作条例》《中国共产党农村工作条例》等党内法规出台后，各村支部都有集中、专项学习，特别是村干部每年都有几次集中学习。其次，对普通党员也不放松抓学习，每天的'学习强国'打卡、每月的相对集中学习，都在有条不紊地进行。当然，对体制内的党员约束力更强一些。另外，对于党员违纪后的处理也有严格的程序，一般公安介入处理后，组织上再进行讨论。"①

（三）农村基层党组织是农村基层组织中的领导核心

农村基层党组织是农村基层各种社会组织的领导核心，有利于政策的贯彻执行和协调多方利益，确保农村基层社会的和谐稳定和经济的平稳发展。苏南农村特殊的历史文化渊源和经济发展模式，使得该区域的人们接触到大量的新思想新方法，也使得这一区域的人们更为开放，所以党组织的领导核心作用更为重要。在本次调研中，被访者普遍认为党在农村基层的领导核心作用十分重要。相关被访者提出了加强基层党组织领导核心作用的主要做法，如坚持好干部选任标准，要大力选拔致富业绩突出、带富能力极强、办事公道正派的想干事、能干事的党员干部进入基层党组织班子；要切实加大对党务干部的教育力度，围绕基层工作实际广泛开展各类教育培训，全面提升基层党务干部能力水平；在日常工作中，要特别注重加强党员对党内法规的学习教育，每当新的党内法规出台时，基层党组织都应第一时间进行宣传并组织学习，除了日常"三会一课"外，还应通过微信公众号对相关党内法规进行宣传，扩大知晓率②。这些做法对于提升农村基层党组织的领导核心作用是极为有益的。

三、苏南农村基层党组织建设面临的新形势

近年来，党的基层组织建设发展迅猛。2021 年，中共中央组织部发布的《2021 年中国共产党党内统计公报》显示，截至 2021 年 12 月 31 日，中国共产党党员总数为 9671. 2 万名，比 2020 年年底净增 343. 4 万名，增幅为 3. 7%。中国共产党现有基层组织 493. 6 万个，比 2020 年年底净增 11. 7 万

① 参见调研资料一：苏州相城镇街组调研记录。

② 参见调研资料一：苏州相城镇街组调研记录。

个，增幅为 2. 4%。其中，基层党委 27. 8 万个，总支部 31. 6 万个，支部 434. 2 万个。女党员 2843. 1 万名，占党员总数的 29. 4%。少数民族党员 728. 5 万名，占党员总数的 7. 5%。大专及以上学历党员 5146. 1 万名，占党员总数的 53. 2%。其中，30 岁及以下党员 1262. 4 万名，31 至 35 岁党员 1153. 5 万名，36 至 40 岁党员 978 万名，41 至 45 岁党员 877. 5 万名，46 至 50 岁党员 936. 4 万名，51 至 55 岁党员 877. 6 万名，56 至 60 岁党员 864. 8 万名，61 岁及以上党员 2721 万名。在党员职业中，农牧渔民有 2592. 3 万名，占有相当大的比重。全国 9034 个城市街道、29649 个乡镇、114065 个社区（居委会）、491129 个行政村已建立党组织，覆盖率均超过 99. 9%①。苏南农村基层党组织建设深受这一总体形势的影响，同时也面临新的形势变化。

（一）党组织管理要求更加规范

十九大以来，随着全面从严治党工作的不断深入，上级部门通过各种方式加强了对基层党组织日常活动的指导和监督。例如，苏州市建立了“苏州智慧党建信息管理系统”，相城区建立了党建“体检”制度，有效加强了对农村基层党组织的管理，推动党建各项工作规范化、制度化②。镇江市创新农村基层党员管理手段。针对各类党员的不同特点和实际需求，加强分类管理，在不同类型基层党组织中分类探索推行党员管理积分制度，通过定性和定量相结合的方式，建立科学的党员评价体系作为党员教育管理的重要手段，作为处置不合格党员、健全党员出口机制的主要依据。同时，充分运用现代信息技术和传媒手段改进党员管理工作，推进党员信息库建设，提高党员管理工作信息化水平。按照明确责任主体、分类管理服务、多方协同配合的要求，认真做好流动党员组织生活、教育培训、关爱帮扶、权益保障等工作，对农村、社区流动党员，认真落实城乡一体和流入地党组织管理为主、流出地党组织配合的双向共管责任。创新工作机制，探索组织关系隶属一方、参加多重组织生活的新模式，使每名流动党员都由居住地村、社区党组织进行托底管理，保证其组织生活正常化。流出地党组织要了解掌握外出流动党员情况，主动与流入地党组织沟通，并积极创造条件，在流出党员相对集中地建立党组织；流入地党组织要及时将流动党员纳入本地党员管理范

① 2021 年中国共产党党内统计公报［EB/OL］.［2022-06-29］. http：//www. 12371. cn/2022/06/29/ARTI 1656497888734984. shtml.

② 参见调研资料一：苏州相城镇街组调研记录。

围，给予必要的工作支持。镇（街道）、村（社区）党组织要切实履行流动党员管理责任①。

（二）农村基层治理主体更加多元

进入21世纪，苏南农村各类合作经济组织、行业协会广泛出现，这突破了以往传统的城乡界限明显、产供销脱节、不同领域相互割裂等弊端，以农业公司、农业合作社为龙头，带动广大农户组建新型的生产组织，形成农产品生产、加工、销售一体化，农业与工商业、科技、金融等领域形成了相互融合的格局，产业化、市场化的经营组织模式已日益走向成熟。尤其是以广大农户为基础，农业产业化经营组织形式特征鲜明，农业产业化经营规模扩大，农民中逐渐分离出专业的经纪人队伍，“一些地方的农民经纪人已自发或由政府引导成立经纪人协会”“以公司或经营集团为核心的农业产业化组织形式，与广大农户建立稳定的购销关系”②；农业适度规模经营发展迅速，一些乡镇农技推广站或村综合服务站通过土地承包，组建与市场需求相适应的科技型农场，在品种培育、农业新技术应用、提高劳动生产率和经营管理水平等方面都具有优势，所以大多数成为农业生产的样板、科技示范的窗口和农业产业化经营的实体。

苏南农村基层党建也面临着社会治理主体多元化的新的形势变化，“多中心治理”趋势明显。对于乡村社会治理来说，探究基层党组织发挥作用的方式方法，寻求各主体之间的合作动机，构建适合本地社会发展的合作模式等，无疑具有重要的意义。苏南一些地方也进行了积极的尝试。例如，常州溧阳市注重发挥基层党组织在基层治理法治化过程中的一线堡垒作用，坚持对基层党建和基层治理同步谋划、同步推进，在明确基层党建工作责任、加强经费保障、建立普遍阵地、拓宽选人用人等方面取得了长足进步，制定了一套较为科学、规范的基层法治工作体系，建立了一批有地方特色的党建服务品牌，一些外资企业党建也做得十分出色，由此不断夯实党在基层的执政基础，进一步提高了党的基层组织法治化治理水平，获得了良好成效③。在

---

① 镇江市贯彻《关于加强新形势下发展党员和党员管理工作的意见》的实施细则［EB/OL］.［2022-05-18］. http：//www. zjdj. gov. cn/Net/ad? id＝2384.

② 程勉中 . 新型城镇化战略下的农村基层服务型党组织建设：以苏南农村为例［J］. 长春市委党校学报，2014（4）：24-28.

③ 参见调研资料九：常州溧阳访谈一组调研记录；参见调研资料十：常州溧阳访谈二组调研记录；参见调研资料十一：常州溧阳访谈三组调研记录。

组织建制上，苏南农村实行村委会与社区合并，“使农村社区有了坚强的组织机构，基层的战斗力得到空前加强。现已普遍搭建起以党组织、社区居委会（社区管委会）为主体的社区组织体系，其中，党组织是领导核心，成员通过选举依法进入社区居委会任职，居委会在社区党组织领导下，抓好居民自治；合作经济组织在社区党组织领导下，促进农村资源资产化、资产资本化、资本股份化，形成集体经济与农民持续共享资源增值收益的长效机制；其他社会组织在社区党组织领导下按照各自章程开展工作”①。至 2009 年年底，苏州全市已有 88%的村建成了集行政办事、文化教育、医疗卫生等多种功能为一体，标准较高，服务内容丰富的农村社区服务中心，涌现出了一大批功能布局优、配套设施全的新型社区②。

（三）经济因素对于农村基层党建的作用更为明显

苏南是我国经济最为活跃的地区之一，经济因素对于农村基层党建的作用十分明显。在调研中我们发现，土地和收入是广大农民最关心的问题。调研中我们访谈的澧湖花园社区、项路村及方浜村所涉及的土地征迁等案例即是这方面的例子。调研过程中，澧湖花园社区已经拆迁完毕，项路村保留原有村庄不拆迁，方浜村正在拆迁。项路村遇到的困难是建房审批问题。随着三孩政策的出台，村民建房的热情持续攀升，而宅基地审批十分严格，这是当前项路村的主要矛盾。方浜村要求土地全部流转，拆迁矛盾是当前主要矛盾。随着农村土地逐渐流转，农民收入主要有村集体经济收入分红和拆迁补偿，退休后有 1000 多元的退休金保障基本生活，如果集体经济收益出现波动，村民个人收入就会受到影响。澧湖花园社区内高精尖企业居多，社区内企业的很多工作本地农民做不了，所以招商引资的入驻企业对本地农民增收促进不大，而且随着土地流转，土地的管理权也不再属于村庄——归镇级管理，村级只有执行权，土地对老百姓福利方面的影响弱化，这也在一定程度上影响基层党组织管理和相关法规的执行力。土地问题是农村的根本问题③。这些情况说明，即使是在苏南这样经济总体较为发达的地区，不同村庄因为土地等问题也面临着一定的差异性，这是需要加以特别关注的。

---

① 周国平，徐成华．苏州新型农村社区组织建设实证研究［J］．唯实，2010（8-9）：175-178.

② 周国平，徐成华．苏州新型农村社区组织建设实证研究［J］．唯实，2010（8-9）：175-178.

③ 参见调研资料一：苏州相城镇街组调研记录。

（四）农村基层党组织党内法规的执行力在逐渐加强

在党内法规执行方面，我们在调研访谈中了解到，目前苏南农村普遍实行书记、主任“一肩挑”，监管十分严格和系统。纪委、组织部门每年有固定的巡查，有专门的纪检监察平台。特别是在疫情防控期间，党内法规的执行力要求更高。如疫情防控期间，村党组织特别是党员干部，对于上级的命令都是不折不扣地执行。即使在没有任何防护的情况下，党员干部也没有任何怨言，冲在一线，执行力很强。这个时期因为村民有自治权，所以在法律执行上有一定的弹性①。句容华阳街道下蜀村，以党建引领村民，在经济方面，通过党员示范户带动老百姓搞经济作物种植（百姓因为担心失败而不敢尝试，党员优先做），目前固定资产4000余万元，村集体经济年收入120余万元；在社会管理方面，通过党员引导周边群众，村民的违规、违纪、违法行为很少②。

（五）党员老龄化的趋势较为明显

苏南农村的党员构成逐渐呈现老龄化倾向。如在苏州相城镇，党员老龄化的现象即较为突出，且男党员多女党员少。如澧湖街道澧湖花园社区，一共有党员169名，60岁以上的老党员有80人，占到40%多，年轻人很少，30岁以下者只有9人；女党员只有39人。被访谈者表示，目前年轻党员发展相对困难，体制内的人员向党组织靠拢的积极性高一点，在企业工作的或者自由职业者积极性不高，所以党员的老龄化状况会进一步加剧。流动党员管理处于相对缺失的状态。如黄桥街道方浜村是一个拆迁村，本地人少，党组织凝聚力相对较弱，基层党组织管理堪忧。目前，村“两委”基本都是党员，党务工作由组织委员承担，没有专职的党务人员。目前党员发展的主要目标是毕业的学生和退伍军人③。

在苏州相城区度假区（阳澄湖镇），情况也较为类似。目前，该村（社区）一级基层党组织19个（党支部63个），其中村党委5个、村党总支8个、村党支部2个、社区党支部4个。村（社区）共有党员1752名，其中男性1414名，占比80.7%；女性338名，占比19.3%。年龄构成方面，30岁及以下党员72名，占比4.1%；31至40岁党员284名，占比16.2%；41

① 参见调研资料一：苏州相城镇街组调研记录。

② 参见调研资料一：苏州相城镇街组调研记录。

③ 参见调研资料二十二：下蜀村资料。

至 50 岁党员 183 名，占比 10.4%；51 至 60 岁党员 323 名，占比 18.4%；61 岁及以上党员 890 名，占比 50.8%（由于四舍五入，百分比之和并不为 1）。文化程度方面，初中及以下学历 998 名，占比 57%；高中（中专）学历 311 名，占比 17.8%；大专及以上学历 443 名，占比 25.3%（由于四舍五入，百分比之和不为 1）。职业构成方面，农牧渔民占比约 20%，企业职工、管理人员占比约 6%，个体商户占比约 4%，村（社区）工作人员占比约 10%，其他职业人员占比约 10%，退休人员占比约 50%。整体来说，相较于城市基层，度假区（阳澄湖镇）党员队伍存在的主要问题是老党员数量偏多，年轻党员特别是除村（社区）工作人员以外的年轻党员数量偏少①。

（六）党务工作力量配备相对薄弱

在对江阴和苏州的两次调研中，基层干部普遍反映农村基层党务工作压力大，千头万绪，应该配备相应的党务工作人员。以苏州相城区度假区（阳澄湖镇）为例，目前村（社区）党组织班子，党委为 7 人，党总支、党支部为 5 人，其中党委设书记 1 人、副书记 2 人，党总支、党支部设书记、副书记各 1 人。村（社区）工作人员每年平均报酬约 11 万元②。江阴华士镇基本每个基层党组织配备 1~2 名党务工作者、支委 3~5 人，配备专职党务副书记、专职纪检监督员③。党务工作力量的配备还相对薄弱。

第三节　苏南农村特质对于基层党组织党内法规执行的影响

如前所述，苏南地区有着独特的地理、文化和经济特质。华夏文明在苏南地区孕育出水乡文明，使这一地区有着悠久文化底蕴的同时，兼具了水乡特有的包容、诗意、自由、进取的特质。正是这些特点造就了苏南农村与众不同的党内法规执行环境。首先，苏南地区水系发达，为农耕文化的发展创造了有利条件，在农耕时代，苏南地区一直是朝廷财赋的主要来源地。财富的累积促进了商品交换的产生，水运的发达推动了商业文明的发展。这使得苏南地区的经济水平不断提高，逐步形成了重商重实业的务实思想④。这种

① 参见调研资料一：苏州相城镇街组调研记录。

② 参见调研资料一：苏州相城镇街组调研记录。

③ 参见调研资料十二：无锡江阴座谈调研记录。

④ 王腾．区域文化特质、文化精神与经济社会的发展：以江苏为例［J］．重庆社会科学，2008（10）：8-14.

对商业的高度推崇至今依然影响着苏南地区的发展方向，使苏南地区拥有了发达的市场环境。其次，苏南地区地处中国东南沿海长江三角洲中心，与相邻地域间的文化交流一直颇为频繁，是明清时期我国较早接触西方先进文化的地区之一，这种特殊的地理位置赋予了当地人民敏察善纳的优秀品格，能够更好地包容外来文化。这更容易打破传统宗族礼教确立的伦理等级制度，使宗族、家长对个人行为的绝对控制力被逐步削弱，进而形成平等、自由的人际关系①。除此以外，商业文明的发达也对苏南地区社会关系的转变造成了影响。发展商业离不开竞争和对金钱的追求，竞争意识的存在使苏南人较为理性；对金钱的追求则使人际关系备受考验，使社会关系逐渐陌生化②。最后，在文化方面，苏南地区文风盛行，居民整体文化水平较高③。置身东南沿海的地理区位，又使得苏南地区与外界的文化交流频繁，为崇文风气的兴起创造了有利条件。这些对于苏南农村基层党组织建设及党内法规执行都有着一定的影响。

一、市场环境对苏南农村基层党组织党内法规执行的影响

（一）党内法规的执行投入保障较好

发达的市场环境的直接影响就是可使用资金增多。从对苏南地区部分村镇的调研中可以发现，经费不是影响党内法规执行的关键因素。各村镇基本都能保证最低经费的投入，不过由于各村镇在村集体经济的发展上都成绩显著，因此不少地区的活动和工作经费都较为充裕。例如，江阴市南闸街道党员共计 1585 人，2020 年党建活动经费基本保证人均 1200 元，用于帮扶贫困党员的关爱资金近 20 万元④。句容市解塘村党员共计 101 人，2020 年党建活动和工作经费为 97.5 万元，其中村社干部工资 82 万元⑤。与村镇相比，企业的活动经费更高，如句容市协鑫公司的党建活动经费为每人每年 8000 元⑥。活动经费的充足意味着党员接受党内知识熏陶的形式多样，如此既能

① 柴艳萍．经济制度变迁与中国人际关系的演变［J］．中国矿业大学学报（社会科学版），2012，14（2）：11-14.

② 欧人．论吴文化与“苏南模式”［J］．中国城市经济，2004（11）：33-36.

③ 王腾．区域文化特质、文化精神与经济社会的发展：以江苏为例［J］．重庆社会科学，2008（10）：8-14.

④ 参见调研资料十二：无锡江阴座谈调研记录。

⑤ 参见调研资料二十六：解塘村情况。

⑥ 参见调研资料八：镇江句容访谈四组调研记录。

提高知识普及的趣味性，也能提高党员个体的集体意识，有利于培养合作观念。工作经费的充足能够使党员干部在免除后顾之忧的前提下全身心投入对党内工作的领导，既可以提高工作效率，也可以减少贪腐行为的发生。关爱资金的充足使贫困党员能够得到特殊照顾，有利于增强党内凝聚力与党的权威性，使党组织能够得到更多党员群众的真心支持。

在资金的支持下，党内法规的宣传和执行形式也能更加灵活多变。从宣传联络方式来说，微信群、QQ 群、公众号、App 的使用基本已经在苏南乡镇普及，约有 86%的基层干部表明其单位通过微信群、QQ 群开展学习，不过受到年龄、身体等特殊情况的影响，并不能完全摆脱对人工走访形式的依赖①。原本的“三会一课”也逐渐融入了新的形式。例如，苏州黄埭镇北桥街道鹅东村的主题党日活动就形式多样，充满亮点，将党建与垃圾分类、老年过渡房等村内重点民生工程结合，不仅提高了党员和普通群众的参与感，也能增强一般群众对党组织的认同感②。

除了党内经费支出的增加，便民资金的投入也在增加。例如，句容市为每个村（社区）设立了 20 万元为民服务的专项资金，仅 2017—2019 年就已经累计投入 5139 万元③。这种对民生工程的重视使党员之外的普通群众也大受裨益，充分践行了中国共产党为人民服务的根本宗旨，真正做到了为人民奋斗的政党所应该做的，在得到更多民心的同时也进一步巩固了我们党的领导地位与执政地位。

（二）党内法规执行对象的复杂化程度增加

苏南地区发达的市场环境除了减轻了当地基层党组织党内法规执行的经济压力外，也使执行主体的情况变得愈加复杂。这种复杂主要体现在三个方面：老龄化趋势的严重、流动党员数量增加及外企党员数量的增加。

老龄化趋势严重的现象，前文已经有所述及，此处不再赘述。不过值得注意的是，通过对全党年龄结构与苏南农村地区党员年龄结构的比较可以发现，党员的老龄化问题可能是苏南农村地区较为突出的地域问题，而非整个党内的普遍问题。在截至 2018 年年底的我国全体党员的数据统计中，50 岁以上党员占比 46.3%，60 岁以上党员占比 28.7%，35 岁以下党员占比

① 数据来自苏南党员干部统计图表 Q19。
② 参见调研资料一：苏州相城镇街组调研记录。
③ 参见调研资料五：镇江句容访谈一组调研记录。

24.5%，30 岁以下党员占比 14.1%①。在截至 2021 年 6 月 5 日的我国全体党员的数据统计中，年轻党员持续增加，35 岁及以下党员达 2367.9 万名，占党员总数的 24.9%②。而苏南农村地区党员年龄结构与此有显著差别。例如，句容市后白镇五星村现有党员 97 人，60 岁以上 51 人，占比 52.6%；50 至 60 岁 13 人，占比 13.4%；50 岁以下 33 人，占比 34%③。中青年党员人数明显少于老年党员人数，而青年党员是整个党员年龄结构中人数最少的一部分。例如，苏州黄埭镇漕湖街道漕湖花园社区现有党员 169 人，30 岁以下党员只有 9 人，占比只有 5%④。这可能与大量的年轻党员外出打工而停留在城市区域有关。但无论如何，缺乏年轻力量加入，党员的老龄化问题使苏南农村基层党组织党建活动的开展与党内法规的执行形式在一定程度上受到限制，但值得庆幸的是，大龄党员在参与党组织活动时都较为积极。

村内党员流动性较强或部分党员工作于外企单位是调研过程中发现的次要问题。部分村镇干部反映，外出务工人员的增多使流动党员数量增加，不少党员的组织关系留在本地，但其本人却长年生活、工作于外地，这使得当地基层党组织的内部活动很难进行，尤其是涉及选举、表决等的对参加人数存在要求的重要会议，如果参会人数达不到规定的最低要求，该会议就不能正常召开，一些急需尽快做出决定的重要事项就会被搁置⑤。

除了外出务工导致流动党员增多以外，苏南地区市场环境的发达吸引了大量外资企业入驻也影响了基层党组织党内法规的执行。外资企业的增多虽然为当地群众创造了更多的就业岗位与更好的就业环境，但也在一定程度上影响了党组织活动的开展。例如，苏州阳澄湖镇岸山村有很多非公有制企业，该村很多党员由于非公有制企业不设党支部而将组织关系放在村内。此外，村中很大一部分年轻党员工作于外企，这些外企设立党组织需要走流程，且不理解“组织活动”的具体含义，因此很多年轻党员无法顺利参加党支部活动⑥。

综上所述，苏南地区市场环境发达，在创造大量经济效益的同时也使得

---

① 2018 年中国共产党党内统计公报［EB/OL］.（2019-07-01）［2022-04-16］. https：//baijiahao. baidu. com/s? id=1637800755113432293&wfr=spider&for=pc.

② 新华社微信公众号《最新统计！中国共产党党员总数为 9514.8 万名》。

③ 参见调研资料二十四：五星村情况。

④ 参见调研资料一：苏州相城镇街组调研记录。

⑤ 参见调研资料六：镇江句容访谈二组调研记录。

⑥ 参见调研资料一：苏州相城镇街组调研记录。

党内法规执行主体的情况愈加复杂。当然，这种现象并非苏南地区独有，只是苏南地区因为经济发展上的领先而较早出现，受到的影响也较为严重。

二、苏南地区陌生化的社会关系对农村基层党组织党内法规执行的影响

（一）“宗族”“乡规”等对党内法规执行的消极影响有所减少

通过对苏南地区不同村镇的选点调研可以发现，大部分村镇领导人员都表示已经基本不存在利用“宗族”“乡规”“民情”干涉执行的情况，相较而言它们带来的更多的是正面影响。江阴市南闸街道表示，“宗族”“乡规”“民情”无法避免，肯定存在，但是在基层党组织的引导之下还是能发挥较为积极的作用的。“宗族”“乡规”“民情”的影响力减弱是苏南地区社会关系陌生化的最直接体现。“宗族”“民情”等特殊关系本身是依靠家族谱系、血缘、姻亲、师友等特殊人际关系维系的。社会关系的陌生化使除了血缘以外的人际关系很难如过去那般被人们看重。

导致苏南地区社会关系陌生化的原因大致有以下三点。其一，受到开放思想的影响，自由与平等观念逐渐成为现代人的基本价值共识，基于这两类价值的影响，“宗族”“乡规”“民情”对个人观念的束缚正在减少。其二，受到技术革新的影响，信息媒介的更新换代异常迅速，它们在方便人们生活工作的同时也在无声无息中减少了人们面对面交流的机会，网络的虚拟性与间接性也降低了人与人之间交流的温度，这不仅使苏南农村地区的人际关系愈加陌生，而且整个社会的人际关系都受此影响。其三，受到经济发展的影响，大量青壮年人群离开家乡外出务工，苏南农村地区普遍出现村中青年党员流动性较大的情况，所谓的“宗族”已经因为空间距离的限制从实际上丧失了对个体的控制能力。

（二）“新乡贤”等对党内法规执行的影响值得关注

苏南农村地区当前的社会关系虽然趋于陌生化，但相较于城市而言又并未完全陌生，从相关的数据统计来看，依然有 32.6%的普通党员认为，影响苏南地区党内法规执行的主要因素是熟人社会①。立足于这种现实情况，“宗族”“乡规”“民情”正在以特殊的方式推动党内法规的执行。在这次调

① 数据来自苏南普通党员统计图表 Q19。

研过程中我们发现，关于如何对待“宗族”“乡规”“民情”，不同地区采用了不同的方式。目前主要存在两种应对方式。

一种方式对“宗族”等特殊关系持消极退避态度，试图切断这些关系在党员干部层面形成的庞大网络，从而减少它们对工作造成影响的可能性。例如，苏州黄埭镇对村一级及以上领导要求异地任职，试图借此淡化“宗族”意识的形成与影响，利用党建引领村民遵纪守法，同时利用“乡贤”形式接替“宗族”关系对当地人民进行精神与行为引导①。这种“乡贤”形式的存在，实则就是由老党员中资历深厚的退休老干部，凭借自身的人格魅力与多年积累的威望口碑在当地党员群众心中树立一个领导者或者说一个可以被信赖的长辈的形象。这种形式的好处在于，“乡贤”的老党员干部身份确保了他们在思想上的忠诚性与行为上的先进性，他们的存在可以保证对一般党员群众的引导永远符合党的要求，也保证了优秀思想的代际传承。而且“乡贤”形式的维系并不受到血脉限制，这意味着这一形式的运作不会受到流动党员数量的影响，相较于所谓的“宗族”而言，更适合当下的苏南农村现状。最重要的是，“乡贤”形式是基于普通人对“乡贤”的单方崇敬与信服而发挥作用的，“乡贤”本人并不会过多受到他人的影响，这在一定程度上保证了其行为的公平、公正。

另一种方式则对“宗族”关系抱以积极利用的态度。例如，句容市对村一级领导全部实行本地化，村书记、村主任“一肩挑”，以“亲戚帮带”的形式推动党内法规的执行，充分发挥“宗族”“民情”的积极作用，提高党内法规执行效率与执行温度。所谓“亲戚帮带”，就是指由身为本地人的村两委干部动员或帮助党员群众积极参与党内活动，保障党内法规的执行。句容市边城镇，为了保证重要会议或活动时的党员到场人数，一般会由村书记、村“两委”通过电话请外地党员回村，对于部分在外地不方便回村的人员甚至村里会派车接送。在这种形式下，基本每个村子都能保证80%的参会率，有的村甚至达到了99%的参会率②。“亲戚帮带”的好处在于，充分利用了村“两委”干部在当地的人际关系，不仅使党内法规的执行更加顺利，也使其执行过程更加人性化。因为村“两委”干部是当地人，相较于外地干部而言，村民们更愿意配合他们工作，也更听得进他们的劝告与教育。同

① 参见调研资料一：苏州相城镇街组调研记录。

② 参见调研资料六：镇江句容访谈二组调研记录。

时，村“两委”也因为自身的本地人身份更加了解当地党组织工作的重点与难点，在实际执行过程中也更能考虑对当地村民个人利益的保护。正是在这种天然存在的双方信任之下，“亲戚帮带”对党组织工作的开展发挥了巨大作用。

为什么同为苏南农村，相距并不算远的苏州与句容却选择了两种完全不同的应对方式呢。事实上，现在的村“两委”干部都是经过严格的考核程序才产生的，“宗族”关系能产生的影响微乎其微。而且从村“两委”干部个人的行动力来说，权力集中于一人，此人具有本地人身份更有利于基层工作的开展。所以，切断“宗族”关系的异地任职形式并不具有特殊的优越性。但苏州与句容的经济发展水平相差较大，在巨大利益的诱惑之下，权力的集中必然会滋生腐败，而腐败一旦产生就无法保证党员干部能够一直大公无私。此时，异地任职就是避免发生这种情况的最好方式。

三、崇文社会风气对苏南农村基层党组织党内法规执行的影响

（一）减少党内法规执行过程中遇到的阻碍

苏南地区的崇文风气使近几年新进党员的文化水平一直都处于一个较高层次。句容市华阳街道下甸村近几年的入党人员基本为大学生、在校生或部队退役人员。也就是说，近几年的新增党员基本在学历上都有一定的保障。在苏南地区一般村镇的党员中，大专及以上学历人数基本可以占到30%以上甚至接近40%。这对于党员老龄化严重的苏南农村地区而言已经是一个较高的数值。事实上，苏南地区崇文风气的体现并不仅限于学历水平的高低上，还可以体现在思想、观念的开放性与先进性上。与中部、北部地区相比，苏南地区虽然注重对传统文化的保护，却并不盲从于传统习俗，学习了很多优秀的经验知识：对于女子不能上桌、外嫁女不能久居家中等封建传统早已不再坚持，甚至近几年还兴起了类似于摩梭人“走婚”形式的“两头婚”①。

苏南地区崇文风气的不同体现，对基层党组织党内法规的执行存在着不同影响。首先，就学历水平而言，具备一定的学历水平是与人正常沟通交流

---

①“两头婚”就是男女双方领证之后，通常性地各住各家，与自己的原生家庭保持非常高的黏性。这种婚姻既不属于男娶女嫁，也不属于招婿入赘。而且双方约定生两个孩子，第一个随男方姓，第二个随女方姓；孩子也没有外公外婆的概念，对双方祖辈通通叫爷爷奶奶。这种“两头婚”多现于独生子女家庭。

和学习理解党内法规的基本前提。换句话说，就是学历水平越高，通常越能理解法规背后的深刻含义，也越能理解各项工作的具体意义，在了解的前提下再去执行不仅能保证执行行为的准确性，也能减少因为无知而带来的抵触心理，提高被执行对象的自主配合度。其次，就思想观念而言，开放自由的思想观念是吸纳新知识、学好新技术的核心关键。也就是说，只有在开放思想的引导之下，党员群众才不会受到传统观念的束缚而一直墨守成规、拒绝改变。开放思想的存在使得他们对新兴事物的接受度较高，对党内法规执行的服从度也较高。

（二）党员干部的执行能力获得提升

受到老龄化与空心化的影响，苏南地区的崇文风气在农村基层普通党员中的体现并不特别明显，但从部分城镇、街道党员干部的学历水平中可以清晰地发现这种崇文风气带来的影响。例如，江阴市南闸街道的“两委”干部中大专以上学历人数占到95.18%①。句容市宝华镇仓头村“两委”干部中大专以上学历人数占到55.56%，35岁及以下成员全部为大专及以上学历②。江阴市云亭街道的“两委”干部中大专以上学历人数占到100%，本科以上学历占45.6%③。可见，经济发达地区的党员干部基本都具有较高学历，经济较为落后的乡村地区虽然党员干部的整体学历水平不高，但新进干部基本都具有较高学历。也就是说，崇文虽然是苏南地区自古传承下来的优良风气，但经济的发展给它的传承带来了极大的限制。

与普通党员相比，崇文风气会对党员干部的执行行为带来更大的影响。首先，就执行能力而言，崇文意味着好学、乐学、愿学，它的最直接体现就是学历水平的高低。学历水平较高意味着党员干部的综合素质、履职能力也处于一个相应的高度，能够帮助党员干部更好地理解自己的工作内容，从而更好地完成工作。其次，就执行手段而言，前文中已经提及，崇文不仅体现在学历水平层面，也体现为开放自由的思想观念。思想观念的先进性使党员干部在履职过程中能够更快适应时代发展，积极创新执行手段，使党内法规的执行工作能够紧跟时代步伐，更符合当代民众的生活与工作习惯。

① 参见调研资料十二：无锡江阴座谈调研记录。

② 参见调研资料二十五：仓头村情况。

③ 参见调研资料十二：无锡江阴座谈调研记录。

第二章

苏南农村基层党组织党内法规执行力的解释框架

独特的地理位置孕育了特殊的文化环境、经济市场和人际关系，这使得苏南农村在基层党组织党内法规的执行方面具有许多个性化的特征，因此它非常适合作为研究基层党组织党内法规执行力问题的一个典型样本。不过，在进行实际研究之前，我们首先需要对苏南农村基层党组织党内法规执行力与我国党内法规执行力之间的关系进行简单梳理。苏南农村基层党组织党内法规的执行力问题虽有其特性，但却并非与一般党内法规的执行力问题完全不同。事实上，在基本理论层面，无论是否在苏南农村，都必须符合党内法规的一般规定，只是在具体的细化内容上存在差异。因为，“苏南农村”作为定语，限制的仅仅是党内法规执行的领域范围，其本身并未脱离“党内法规”这一根本概念。因此，分析党内法规执行力的基本理论能够为下文分析苏南农村基层党组织党内法规执行力提供体系性的框架。本章将首先分析党内法规执行力的力量来源，其次分析党内法规执行涉及的要素，最后总结党内法规执行力的内部结构关系，为后续研究建立框架性基础。

第一节　党内法规执行力的力量来源

在分析党内法规执行力的力量来源之前，首先要明确什么是党内法规的执行力。虽然党内法规的执行可以被简单分割为“党内法规”和“执行”进行理解，但党内法规的执行力在具体含义上依然存在分歧。部分学者认为，党内法规的执行力包括执行能力与实现目标两层含义，简单来说，就是指依据党内法规管党治党的具体效果。这种理解实际上就是指党内法规的执行情况，它将执行力视为一种由特定行为导向的结果。有些学者从不同主体的角度出发，同样认为党内法规的执行力包括两层含义，只不过这两层指的是强制力与意愿力，意思是以强制方式迫使党内法规被执行的能力和全体党员主动接受约束的个人意愿。这里对执行力的理解似乎更类似于党内法规的效力。还有部分学者认为，党内法规执行力包括转化能力、动态过程和有机系统三个层次的含义。第一层次指党内法规由条文向实际转化的能力，第二层次指党内法规从制定到实施中的每个动态环节，第三层次指由主体、环境、文化、资源等方面内容组成的综合执行体系。相较而言，前两种观点较为合理，虽然角度不同，但都从动态层面对党内法规执行力进行了解释。第三种观点更加重视对静态层面的解释，很难触及党内法规执行力的核心概念。本书选择的是第一种观点，即党内法规的执行效果。

分析党内法规执行力的力量来源就是解决为什么党内法规能够被高效、顺利执行的问题，也就是探讨党内法规的权威性问题。学界针对这一问题提出了诸多观点：基于中国共产党的政治组织身份提出了自治权说；基于中国共产党的执政党地位提出了领导权说；基于党员与党组织之间的服从关系提出了特别权利关系说；基于共产党员的个人意愿提出了权利处分说；基于党内法规制定程序的严格与民主提出了程序正当性说；等等①。这些观点都有各自的立场与切入点，并因为角度的不同而存在不同的缺陷。自治权说过度强调了党内法规对党组织内部事务的管理权限，忽视了对党外群众行为的约束力，只关注了中国共产党的自治性政党身份，忽视了其特有的执政党身份。特别权力关系说能够为党内法规对党员行为的约束力提供最直接的解释；权利处分说则从党员个人角度解释了党内法规的效力来源，但二者依然只讨论了党内法规对党员的约束力，忽视了对其他群众的约束力。程序正当说不能充分体现党内法规与其他规则的差异之处，它对党内法规效力来源的分析也不具有根本性②。相较于其他学说而言，领导权说虽然同时兼顾了对党员行为与党外主体行为约束力的解释，但更多强调外在的效力来源，忽视了党员内心自发的隐性强制。由此可见，单个学说并不能为党内法规执行力的力量来源提供全面而有力的解释，只有综合考量多个角度才能得出正确认识。徐信贵明确指出，党内法规之所以能够被反复使用并得到充分执行，是因为它具有一个特殊的规范效力来源体系。在这一体系中，党内法规共有四大效力来源，其中包括党员的认可与接受、道德主张、党中央的权威与统一领导、国家法律。③ 虽然规范效力来源与力量来源并不完全等同，但二者之间存在一定的相通之处，所以本部分将以徐信贵的观点为基础展开深入分析。

---

① 欧爱民．中国共产党党内法规总论［M］．北京：人民出版社，2019：160-163.
② 欧爱民．中国共产党党内法规总论［M］．北京：人民出版社，2019：163.
③ 徐信贵．党内法规的规范效力逻辑及其理论建构［J］．探索，2021（3）：106-117.

一、党的统一领导

党内法规的执行力来源于中国共产党特有的领导地位。

首先，中国共产党既是执政党也是领导党，它的这一地位是由我国的根本大法《宪法》所赋予的①。基于这样的特殊地位，中国共产党无论在经济、政治、文化还是教育层面都享有绝对的领导权限，在国家发展方向的把控、社会问题的解决和重大决策的作出上都具有全面的领导地位。中国共产党的领导地位除了体现在对国家实务的管理上，也体现在对其内部事务的管理上。正是这种领导权、管理权的存在，使中国共产党有权要求其内部成员和党外的被领导主体接受党内法规的约束。

其次，中国共产党的执政党地位赋予了其绝对的政治权威，它在领导中国前进过程中作出的卓越贡献奠定了它在民众心中的崇高地位。坚持中国共产党的领导是历史的选择更是人民的选择②。正因为在那些艰难困苦的环境下，中国共产党背负着全民族的希望引领中国走到今天，所以，无论是否具有共产党员身份，中国人民对中国共产党都怀有一种崇敬与信服之心。正是因为中国共产党领导地位的这种特殊来源，中国公民都发自内心地认可党内法规并自愿受其管理与约束。从这个角度来说，党内法规的执行就绝非由国家强制力保障的，而是由其正确的价值观念和强大的人格感召力所赋予的③。党员与普通群众发自内心地认同党的价值观念、信任党的每一项方针政策是党内法规得到充分执行的内在关键。

最后，中国共产党的领导地位是得到民众认可的，永葆其执政地位，永远坚持正确路线是每一位真正的共产党员的终生追求。为了实现这一集体目标，我们必须首先保证党的先进性与纯洁性④。如何保持党的先进性与纯洁性，这一问题在党的十五大报告中得到了解答，只有从严治党才能切实保障党的这两种优良品性，才能使党一直具有凝聚力与战斗力⑤。所谓从严治党，从字面上理解就是利用党内法规对党的自身建设进行调整，进一步限制共产党员的个人权利，增加共产党员需要履行的义务内容，同时加强对违反党内

---

① 《中华人民共和国宪法》总纲第 1 条中明确规定：“中国共产党领导是中国特色社会主义最本质的特征。”

② 苑丽梅．中国共产党的领导是历史和人民的选择［J］．世纪桥，2011（23）：11-12.

③ 徐信贵．党内法规的规范效力逻辑及其理论建构［J］．探索，2021（3）：106-117.

④ 欧爱民．中国共产党党内法规总论［M］．北京：人民出版社，2019：164.

⑤ 肖贵清，杨万山．全面从严治党的时代意义及基本途径［J］．山东社会科学，2015（7）：17-23.

法规行为的追究与处罚，真正实现有错必纠、有责必负。由此可见，全面实现从严治党就是党内法规执行力的最终体现，意味着党内法规的实施得到了有效保障，而从严治党的基本理论核心是党的领导权，为了保证绝对的领导地位，中国共产党必须坚持从严治党。也就是说，党的统一领导是党内法规执行力的力量来源，党员自愿接受党内法规约束，从而保证政治秩序的长久稳定。

二、党纪国法的支撑

（一）党的纪律的支撑

党内法规的执行力也来源于党的纪律的支撑。《中国共产党章程》中明确规定，党的纪律是一种行为准则，用以规范党内各级组织和全体党员的行为，对于维护党的团结统一、确保党的任务的实现具有重要意义①。基于这一概念，我们可以认为，党的纪律对党内法规执行力的保障主要体现在以下两个方面：

首先，党纪是管党治党的重要标尺，能够有效规范执行行为。《中国共产党纪律处分条例》在党内的地位就如同《中华人民共和国刑法》在社会中的地位，二者都是必须遵守的行为标准，违反这些行为标准都会受到相应的处罚。一旦党组织或党员拒不执行党内法规或不当执行党内法规就会因为违反党纪而受到党纪处分。党纪处分会给责任主体带来心理或政治层面的消极影响。当前，中国共产党的党纪处分类型共有 5 种，包括警告、严重警告、撤销党内职务、留党察看和开除党籍。这些处分会使行为主体的政治地位受到影响。为了规避这些后果，相关主体会主动约束自身行为，严格执行党内法规以免于处罚。据此，可以认为，党内纪律是通过党纪处分对相关主体作出规定，来保障党内法规的执行的。

其次，党纪能保证全党在思想与政治行动上的一致性，确保党的任务的有序实现②。党纪是一种全党性、一般性的行为标准，它在规范党员行为的同时也在不断传递中国共产党始终坚持的执政思想和政治观点，使党员群体在潜移默化中形成一致性的政治理念。需要注意的是，这种一致性形成的前

① 中国共产党章程［M］. 北京：人民出版社，2017：51.

② 赵淑梅 . 党的纪律建设：内涵、原则与思路［J］. 中国特色社会主义研究，2018（2）：108-112.

提是党的政治理念具有先进性，能够得到党员的普遍认同。党员只有在认同的前提下才会主动接受党纪约束，改变自身政治行为。当党员的个人政治方向与党的政治方向具有一致性时，党员就会为实现个人的政治理想而主动执行党内法规，实现党的任务。据此，可以认为，党内纪律是通过影响党员的政治理念来保障党内法规的执行的。

综上所述，党的纪律的支撑是党内法规执行力的力量来源之一。一方面，党的纪律以纪律处分的形式维护党内法规的权威地位。另一方面，党的纪律以政治同化的方式维护党内法规的权威地位，使相关主体基于同样的政治理念而积极执行党内法规。

（二）国家法律的支撑

虽然学者们对党内法规的“法”属性各执一词，但从我国官方文件的一些表述中可以发现，党内法规是被归属在“法”的范围之内的，当然这里的“法”需要与“国家法律”进行区分。官方对党内法规“法”属性的明确界定是在2014年党的十八届四中全会上通过的《中共中央关于全面推进依法治国若干重大问题的决定》之中①。该决定将“形成完善的党内法规体系”直接纳入了“中国特色社会主义法治体系”，将党内法规与国家法律相提并论，彻底解决了党内法规的“法”属性争议和二者之间的关系问题。

党内法规不仅仅是管理党内事务的重要依据，更是确保中国成为社会主义法治国家的核心关键。党内法规对中国特色社会主义法治国家建设的重要作用主要体现在两个方面。一方面，建成中国特色社会主义法治国家离不开中国共产党的领导，确保党内法规充分实施，有助于中国共产党提高科学、民主、依法三个层面的执政水平与执政能力。另一方面，党内法规与国家法律之间并非完全独立，党内法规在实施过程中同样也为国家法律的充分落实提供了保障。实施党内法规的目标之一是严格约束党员行为，使党员能够主动守法、严格执法、维护司法，并带动社会整体遵纪守法。正是有了这种正确的引领，才使我们的社会主义法治国家建设被不断推进。从这个角度来说，我们可以认为，党内法规严于国家法律，党内法规是国家法律的实施保障，国家法律实际上是党内法规的底线②。因为，党内法规只有以《宪法》

---

① “在中国共产党领导下，坚持中国特色社会主义制度，贯彻中国特色社会主义法治理论，形成完备的法律规范体系、高效的法治实施体系、严密的法治监督体系、有力的法治保障体系，形成完善的党内法规体系。”

② 徐信贵．党内法规的规范效力逻辑及其理论建构［J］．探索，2021（3）：106-117.

和法律的基本原则为底线，才能确保中国共产党始终领导社会群体走在正确的道路之上①。既然明确党内法规的实施是受国家法律限制的，那么国家法律就是党内法规执行力的力量来源。

党内法规为国家法律的实施提供了保障，国家法律也通过吸纳或转化党内法规的形式维护了党内法规的权威地位。中国共产党是执政党，它的领导地位不仅体现在对国家各项事务的指挥引导上，还体现在国家法律对党内主张的积极支持上。十六大报告中将通过法定程序将党的主张变为国家意志视为对中国共产党执政手段的改革与创新。② 这意味着，从制度的层面而言，这部分党内法规已经从单纯的党内主张上升为具有普遍约束力的国家法律，受到国家强制力的保证实施。在这一转化过程中，党内法规的执行力来源于国家法律对它的认可。一旦此类规定在党内推行的情况良好，在全国范围内全面实施的条件业已具备，国家法律就会将其吸纳，从实际行动中体现对党内主张的支持和党内法规效力的维护③。

综上所述，国家法律的支撑是党内法规执行力的力量来源之一，其中不仅包括了国家法律对党内法规的限制，也包括了国家法律对党内法规的支持。这是由党内法规与国家法律之间的复杂关系决定的，有别于部分学者所认为的单纯的限制力。这两种力的方向虽然存在差异，但都从各自的角度维护了党内法规的权威地位，使党内法规得以被妥善执行。

三、党的道德感召

公民之所以选择主动遵守法律约束，除了受到法律外在强制力的威慑外，还受到其内心道德要求的驱使。没有道德的存在，公民服从法律的前提永远是基于恐惧而非一种发自内心的热情，这样的法律难以得到民众的推崇也无法长久。正是道德的存在才使法律成为可能，没有道德，法律很难得到公民的主动服从④。所以，基于党内法规的“法”属性，党内法规执行力的力量源泉同样包括内在道德。

基于法学学派间的思想差异，法律中一直存在“恶法非法”与“恶法

---

① 徐信贵．党内法规的规范效力逻辑及其理论建构［J］．探索，2021（3）：106-117.

② 桑学成．依法把党的主张变成国家意志［J］．唯实，2006（5）：12-15.

③ 秦前红，苏绍龙．论党内法规与国家法律的协调衔接［J］．人民论坛・学术前沿，2016（10）：50-66.

④ 富勒．法律的道德性［M］．郑戈，译．北京：商务印书馆，2005：40.

亦法”的争议①。这就使得道德要求对法律效力的影响变得模糊不清。但这一问题并不存在于党内法规之中。因为，作为一个由公民自愿申请加入的政治党派，如果它本身的法规与公民的道德标准相左，那么它就不可能得到公民的认可并志愿加入受其约束。实际上，党内法规对道德的强调与重视要远高于国家法律。就中国共产党而言，道德不仅仅是其内部规范的正当性依据，更是它的力量源泉②。思想道德建设一直是中国共产党的重要工作目标。十四届六中全会通过的《中共中央关于加强社会主义精神文明建设若干重要问题的决议》明确指出，加强社会主义精神文明建设是中国共产党当前的一项重大战略任务，而道德建设就是其中的重要内容。因此，对于中国共产党的党员来说，必须首先强化对自身的道德建设，做社会主义的道德楷模，身体力行共产主义道德③。除了在重视程度上存在差异外，作为党内法规效力来源的道德与一般的社会道德也存在区别。这种道德来自党的崇高目标的转化，与党员个人的思想追求是一致的④。正因如此，党内法规才会得到党员的真心认可与接受，党员才会积极主动地接受法规的约束。

四、党员义务的约束

正如前文所说，在我国，党内法规体系一直是中国特色社会主义法治体系的重要内容。这就代表着，党内法规具有“法”属性，那么党内法规执行力的力量来源就应该与国家法律的效力来源类似。从国家的产生原因中我们可以发现，法律的效力来源于公民对其自身权利的让与，而这一让与的前提是公民认为自身权利能够基于让与获得更好的保护。因为，保护自身利益是人类的生存本能，是生而具有的基本权利，也是一种自然权利。国家与法律的诞生实际上就是为了实现更好地保障公民权利的目标。因为，在不受法律限制的状态下，公民与公民之间会因为各自权利的行使而产生冲突，同时，仅凭个人的能力也无法与严重的暴力犯罪相抗衡。所以，为了能够更好地保

---

① 李寿初．超越“恶法非法”与“恶法亦法”：法律与道德关系的本体分析［J］．北京师范大学学报（社会科学版），2010（1）：114-120.

② 徐信贵．党内法规的规范效力逻辑及其理论建构［J］．探索，2021（3）：106-117.

③ 申茹雪．第十二讲　身体力行共产主义道德　做品德高尚的共产党员［J］．共产党员，1999（12）：30-31.

④ 郭忠．论党内法规法性质之独特性：从党内法规的道德性角度分析［J］．甘肃社会科学，2020（3）：138-145.

护自身权利，个人会通过契约形成国家，并将一部分权利交由国家统一行使，这就能使自然环境下发生于个人之间的战争状态转移到国家之间，每个公民也可以基于社会契约要求他人保护自己①。有人认为，既然法律的效力来源于公民对个人权利的让与，那就意味着公民的个人权利必然是受到限制的，那又凭什么说法律的制定是为了更好地保障公民权利？事实上，无论是霍布斯主义、洛克主义还是罗尔斯主义，他们都认为，如果个人向国家放弃特权，将会获得比之前更大的而非更小的抵抗侵略的权利②。因为，当个人向国家让渡部分权利时，意味着其个人合法权利将会受到国家强制力的保护。举个简单的例子来说，在国家建立之前，个人虽然有权保护自身利益不受他人侵害，但却无法限制他人对自己的攻击；在国家建立之后，他人的攻击行为受到法律限制，可以有效减少不法侵害的发生。正是由于国家在保障个人权利方面的突出表现，使得公民们自愿选择接受法律限制，履行法律义务，以换取更多的保护。

党内法规是由中国共产党制定的，遵循党的思想，维护党内秩序，规定党员权利义务，约束党组织工作活动与党员行为的规章制度的总称③。所以，在明确国家法律的效力来源之后，基于同样的“法”属性可以确定，党内法规执行力的力量来源是基于党员个人对其权利的让与。但需要注意的是，党员接受党员义务并非为了获得更好的权利保障，而是为了更好地实现自己的政治理想。除了在根本目的与主体身份上存在差异外，党内法规执行力的产生时间与产生方式也与普通法律不同。学者们虽然认为公民与国家之间存在让渡权利的社会契约，但这一契约只是一种隐含契约，是得到社会公众默认的共同选择，并不需要实际的缔结程序。而党内法规的约束力由于受到特殊身份的限制，因此需要党员对自身权利作出明确让渡。这一契约的缔结程序实际上就是中国共产党党员在入党仪式中对党旗所做的宣誓。这份誓词明确传达了党员对党的绝对忠诚与坚决维护，自愿放弃自身的部分权利，自愿接

① 切萨雷·贝卡里亚．论犯罪与刑罚［M］．黄风，译．北京：北京大学出版社，2008：9.

② KADISH，SANFORD H. *Respect for Life and Regard for Rights in the Criminal Law*［J］. California Law Review，1976（64）：885.

③ 陈柳裕．党内法规：内涵、外延及与法律之关系：学习贯彻党的十八届六中全会精神的思考［J］．浙江学刊，2017（1）：5-12.

受党内法规的约束①。加入中国共产党需要由公民个人申请，申请的个体必须为年满 18 周岁、具有完全民事行为能力的中国公民。也就是说，公民在入党时所做的一切选择都基于其自身真实的意思表示，是对党内法规约束力的明示认可。

在这里，还需要重申一点，虽然从程序上看党内法规获得执行力的直接表现是党员义务得到党员的认可、接受，但这些义务是有一定边界的。从根本上说，当公民入党之时，宣誓拥护党的纲领，愿意遵守党的章程、履行党员义务，其实质是建立在党的纲领的崇高性、先进性及党的章程的权威性等基础之上的。正是基于党的纲领的崇高性、先进性等因素，公民才会受到激励，并愿意通过入党来承担与之相关的使命或责任，进而忠实于党的要求，坚决履行党员的义务。在这里，党员义务本身的正当性，构成了党内法规之所以能够获得最终执行力的根源所在。中国共产党能够具有长久的生命力正是因为它始终代表了最广大人民的根本利益②，这一点无疑为党员主动接受义务约束、提高党内法规执行力提供了力量源泉。

第二节　党内法规执行涉及的要素

党内法规作为一种党内的“法”，其生命力的最终体现依然是实施，得不到妥善实施的党内法规只会是一纸空文，既无法体现其自身的规范意义，也浪费了它的现实价值③。党内法规的实施就是将书面上的规范文字转化为对党员行为的具体要求④。它对党组织、党员和被领导的党外群众等其他主体具有普遍性的约束力⑤。“实施”与“执行”是两个相近概念，党内法规的实施描述的是如何落实党内法规，党内法规的执行描述的是执行主体如何实际履行党内法规，二者虽然在描述视角上存在差异，但在实际含义上存在重合。简单来说，党内法规的实施体系是一个总体性的概念，而党内法规的

---

① 《中国共产党章程》第 6 条：“预备党员必须面向党旗进行入党宣誓。誓词如下：我志愿加入中国共产党，拥护党的纲领，遵守党的章程，履行党员义务，执行党的决定，严守党的纪律，保守党的秘密，对党忠诚，积极工作，为共产主义奋斗终身，随时准备为党和人民牺牲一切，永不叛党。”

② 马永骋. 中国共产党现实生命力之所在［J］. 中国党政干部论坛，2002（4）：65.

③ 王振民，施新州，等. 中国共产党党内法规研究［M］. 北京：人民出版社，2016：184.

④ 章志远. 党内法规学原论［M］. 北京：中国法制出版社，2020：180.

⑤ 欧爱民. 中国共产党党内法规总论［M］. 北京：人民出版社，2019：160.

执行体系是其中表示党内法规功能实现的部分。所以，党内法规的执行实际上属于党内法规的实施体系，二者在概念上存在后者包括前者的关系①。据此可以认为，党内法规的执行要素就是影响执行主体实际履行党内法规的要素，包括党内法规的制定、执行主体、执行过程和执行目标。由于党内法规的制定是党内法规执行的前提，因此这里将党内法规的制定与执行主体一起分析。

一、党内法规的制定与执行主体

（一）党内法规的制定

1. 党内法规的制定程序

党内法规是全体党员的基本行为准则，它的权威性对于规范党员行为、稳定党内秩序、实现党的任务、保持党的领导地位具有重要意义，因此党内法规的制定、修改和废止都要遵循特定的程序步骤，以保证法规制定的规范性、严肃性和法规内容的科学性、权威性。根据《中国共产党党内法规制定条例》的有关规定，党内法规的制定程序大致可以分为以下几个部分，即规划与计划、起草、审批与发布。

（1）规划与计划

党内法规的制定规划就是指有权主体为实现一定的工作目标，按照特定的方式、原则对未来几年内的法规制定与修改工作进行安排部署②。党内法规的制定计划指的是有权主体对未来一年内的党内法规制定与修改工作进行的安排部署③。党内法规涉及范围广泛，内容繁杂多样，为了实现对法规制定的统筹规划，增强法规体系性，减少资源浪费，必须提前对制定与修改工作进行安排部署，以实现资源的有效配置。

党内法规的规划与计划过程主要分为三个步骤。第一，由不同层级的有权主体提出制定建议，包括中央纪律检查委员会，以及中央各部门和省、自

① 施新州．党内法规执行体系及其建设规律探析［J］．观察与思考，2020（9）：62-73.

② 周旺生．关于立法规划的几个理论问题［J］．北京大学学报（哲学社会科学版），1993（3）：51-59.

③ 欧爱民．中国共产党党内法规总论［M］．北京：人民出版社，2019：343.

治区、直辖市党委，同时，制定建议中还应包括名称、必要性说明等具体信息①。第二，由中央办公厅负责对制定建议进行汇总、拟订。其中，针对规划建议，中央办公厅汇总后需要先广泛征求意见再拟订，经中央书记处办公会议讨论，报党中央审定。针对计划建议，中央办公厅汇总后可以直接拟订，报党中央审批。第三，由中央纪律检查委员会等有权主体依据需要负责编制本系统或地区的规划和计划②。

（2）起草

规划和计划虽然是党内法规制定中的重要步骤。但制定程序的实质性启动其实要从起草程序算起。根据《中国共产党党内法规制定条例》第20条，不同性质的法规由不同主体负责起草，“中央党内法规按其内容一般由中央纪律检查委员会以及中央有关部门等起草，综合性党内法规由中央办公厅协调中央纪律检查委员会以及中央有关部门等起草或者成立专门起草小组起草。特别重要的中央党内法规由党中央组织起草。中央纪律检查委员会以及党中央工作机关和省、自治区、直辖市党委制定的党内法规，由其自行组织起草”。

党内法规的起草程序同样包含多个步骤。其一，调研。为保证党内法规内容的准确适当，应当在起草工作开始前开展深入调研，全面掌握实际情况，总结多方经验和意见建议。同时，为保证党内法规草案的科学性与专业性，必要时可以邀请法律顾问、专家学者参与调研或直接委托专门机构调研。其二，协商、衔接。起草过程中应当就涉及其他部门和单位的内容与相关主体进行协商，未能协商的需要在报送时说明情况。起草过程中应注意新旧法规的衔接问题，出现分歧时要就法规的废止与适用进行明确规定，并在报送时说明情况。其三，征求意见。草案形成后要依据有关规定，采用多种形式广泛征求意见，充分听取群众意见，保证法规内容的科学性与实用性。

① 《中国共产党党内法规制定条例》第16条：“中央党内法规制定工作五年规划，由中央办公厅对中央纪律检查委员会以及中央各部门和省、自治区、直辖市党委提出的制定建议进行汇总，并广泛征求意见后拟订，经中央书记处办公会议讨论，报党中央审定。中央党内法规制定工作年度计划，由中央办公厅对中央纪律检查委员会以及中央各部门每年年底前提出的下一年度制定建议进行汇总后拟订，报党中央审批。”第17条：“中央纪律检查委员会以及中央各部门和省、自治区、直辖市党委提出的中央党内法规制定建议，应当包括党内法规名称、制定必要性、报送时间、起草单位等。”

② 《中国共产党党内法规制定条例》第18条：“中央纪律检查委员会以及党中央工作机关和省、自治区、直辖市党委可以根据职权和实际需要，编制本系统、本地区党内法规制定工作规划和计划。”

其四，报送。由起草机关向审议批准机关报送草案及相关说明，包括必要性、征求意见情况、协商情况、草案内容等。

（3）审批与发布

审批是对党内法规草案的审核、批准。只有经过这一程序。草案才会成为真正的党内法规。

不同党内法规草案要经由不同主体进行审议批准之后才能进入发布程序。在审批程序中要先经由审批机关所属的法规工作机构进行前置审核后才能进入批准程序。就实际的审核要求来说，对党内法规草案的审核既包括形式审核也包括实质审核。在条文内容上，不能出现与基本政治要求、党的方针政策、宪法法律等重要内容相抵触的严重问题，也不能出现与上位法规抵触、与同位法规矛盾、未与相关部门协商、谋求少数群体利益等可能影响党内法规权威性、公正性的问题。在外在形式上，党内法规的制定主体必须在其权限范围内按照规定的程序开展条文制定，同时在条文内容的具体表述上也应遵循相关要求。

党内法规草案只有在同时符合形式与实质上的要求后才能被准许通过。对于不符合要求的草案，法规工作机构经批准可以向起草主体提出修改意见。如起草主体拒绝采纳修改意见，法规工作机构则可以向审批机关提出修改、缓办或者退回的建议。

针对党内法规发布问题。《中国共产党党内法规制定条例》第29条规定，党内法规草案在经过审议批准之后需要由法规工作机构再次审核，并按照规定程序报批后才能发布。中国共产党的党内法规以公开发布为基本原则，只有部分涉及党和国家秘密或按照相关规定不宜公开的法规才不需要对外公布。需要注意的是，不公开发布并非完全不发布，而是一种有限公布，仅在涉及的主体之间进行公布，且在特定条件下可能会转向社会公布。不公开发布并不会影响涉密法规的规范效力，违反涉密法规依然需要承担相应的后果。

党内法规发布之后，通常情况下即会生效。不过，实践中也有少部分法规会专门规定生效时间，在这种情况下，这些党内法规自规定之日起生效。

2. 党内法规的制定标准

党内法规除了要满足特定的制定程序外，还要满足一定的制定标准。执行是制定党内法规的最终目标，所有的党内法规都是为了被实际执行才制定的，所以党内法规的制定标准应当符合执行要求，因为只有符合执行要求的党内法规才能被妥善执行。

符合执行要求的党内法规通常符合以下标准：其一，党内法规制度体系具有完备性，能够满足从严治党的基本需求①。党内法规的存在是一切执行行为的前提，没有党内法规就不会产生执行的问题，所以党内法规体系的完备性关系着执行行为的全面性，但凡党内法规不能涉及管党治党的每个层面，其执行力就会存在缺陷。其二，党内法规具有较高质量，不仅能够兼顾对现实问题的解决和对长远问题的回应，也能贴近现实需要，关注地方特色②。党内法规是执行行为的基本依据，它的质量越高，对应的执行行为就越能使群众满意，执行力也就越高；质量越低，就越可能偏离现实。党内法规一旦偏离现实就失去了执行的必要，不仅难以得到社会公众的支持，而且还会带来许多不良影响。其三，党内法规具有一系列必备的配套措施，能够帮助该法规被更好执行③。党内法规执行力的实现需要一系列配套措施的帮助。一方面，为了防止具有较高位阶的党内法规在地方实施中出现“水土不服”的现象，相关主体应该制定相应的下位阶法规帮助贯彻执行。另一方面，与普通法律相比，党内法规具有更强的抽象性与政治性，这就意味着党内法规的妥善执行需要依靠具体实施细则的指导，不够细化、欠缺操作性的实施细则很难使党内法规具有执行力。

（二）党内法规的执行主体

根据中央组织部最新党内统计数据显示，截至 2021 年 6 月 5 日，中国共产党党员总数为 9514. 8 万名，党的基层组织总数为 486. 4 万个④。在组织体系层面，全国目前共有党的各级地方委员会 3199 个，其中，省（区、市）委 31 个，市（州）委 397 个，县（市、区、旗）委 2771 个；共有党组 12. 5 万个、工委 2. 2 万个。全国 8942 个城市街道、3. 0 万个乡镇、11. 3 万个社区（居委会）、49. 2 万个行政村均建立有党组织。全国共有机关基层党组织 74. 2 万个，事业单位基层党组织 93. 3 万个，企业基层党组织 151. 3 万

① 王振民，施新州，等．中国共产党党内法规研究［M］．北京：人民出版社，2016：184.

② 章志远．党内法规学原论［M］．北京：中国法制出版社，2020：185.

③ 章志远．党内法规学原论［M］．北京：中国法制出版社，2020：186.

④ 中组部：中国共产党党员总数为 9514. 8 万名［EB/OL］．央视新闻，（2021－06－30）［2022－06－11］．https：//baijiahao. baidu. com/s? id＝1703958085941534695&wfr＝spider&for＝pc.

个，社会组织基层党组织16.2万个①。作为一个人口基数如此庞大、拥有如此严密组织体系的政党，它的党内法规执行主体涉及各级各类党组织和相关政府机构，对于党内法规的具体落实和各项方针政策的实际施行具有重要意义。中国共产党当前的党内法规执行主体并不是某些党组织或某些领导干部，而是一个具有清晰内部层级结构的主体组合。施新州根据不同类型将其划分为组织层面的执行主体、协调监督层面的执行主体与个人层面的执行主体②。这里的组织实际上指的是党组织、党委主体，属于一种狭义的理解，而非我们所常用的与个人层面对应的组织层面。所以，为了减少理解上的困难程度，也为了凸显主体之间的逻辑关系，本部分对施新州的分类方式进行了修改，将执行主体划分为组织层面的执行主体与个人层面的执行主体。

1. 组织层面的执行主体

从字面上理解，组织是指人们为了实现共同的特定目标，相互合作而形成的团体。所谓组织层面，就是指与个人层面相对应的中国共产党内部的小团体，这是一种广义上的解释。事实上，如果对组织层面再次划分，还可以将其分为党组织（党委）主体这种狭义的组织层面主体和协调监督主体这类具有特定职能的组织层面主体。

（1）党组织（党委）主体

按照级别的差异，党组织（党委）主体分为各级党委、各级党组织、基层党组织和党支部。其中，各级党委是每一级党组织的领导机关。中央委员会是党的最高领导机关，各级地方委员会是各级地方党组织的领导机关。基层党组织的领导机关根据组织人数的不同和工作差异分为基层委员会、总支部委员会和支部委员会。党支部则是党的最基础组织，是党组织内部的基本单元。根据级别的差异，各级党组织的职责也存在不同限制③。党中央可以对全国性的重大政策问题作出决定，并可以要求全党施行④。地方党组织根据所辖领域的不同分为省、自治区、直辖市党组织，设区的市和自治州党组织，县（旗）、自治县、不设区的市、市辖区党组织。其中，地方党组织可以就全国性重大问题向中央提出建议，但无权针对此类问题作出决定。下级

① 中组部：中国共产党党员总数为9514.8万名[EB/OL]. 大众日报，(2021-06-30) [2022-06-11]. https://baijiahao.baidu.com/s?id=1703958254251224440&wfr=spider&for=pc.

② 施新州. 党内法规执行体系及其建设规律探析 [J]. 观察与思考，2020 (9)：62-73.

③ 《中国共产党章程》第2章.

④ 韩强，董小沙. 论党内法规的执行 [J]. 中共福建省委党校学报，2019 (3)：35-41.

党组织对于上级党组织的决定必须坚决执行，即便上级决定与本地区实际情况存在差异，在经过申请而上级组织依然坚持的情况下同样必须执行，且不得随意表达其他意见。党章在保障了上级党组织对下级党组织的绝对领导权后，也并未完全忽视下级党组织的实际利益，对于有违实际情况而上级党组织又要求坚决执行的决定，下级党组织可以向再上一级的组织进行报告①。各级地方党委为本区域内党内法规执行问题的责任主体，必须将党中央与上级党组织的各项政策、决定贯彻始终，不仅要带头做好党内法规的执行工作，还要领导、组织所属区域内的党内法规执行工作，支持监督本区域内党组织和党员干部履行执规责任②。基层党组织是党的战斗力的基础，根据党章的规定共有八大基本任务③。其一，宣传和执行党的方针、政策、路线，

① 《中国共产党章程》第16条："有关全国性的重大政策问题，只有党中央有权作出决定，各部门、各地方的党组织可以向中央提出建议，但不得擅自作出决定和对外发表主张。党的下级组织必须坚决执行上级组织的决定。下级组织如果认为上级组织的决定不符合本地区、本部门的实际情况，可以请求改变；如果上级组织坚持原决定，下级组织必须执行，并不得公开发表不同意见，但有权向再上一级组织报告。党的各级组织的报刊和其他宣传工具，必须宣传党的路线、方针、政策和决议。"

② 《中国共产党党内法规执行责任制规定（试行）》第4条："地方各级党委对本地区党内法规执行工作负主体责任，应当坚决贯彻党中央决策部署以及上级党组织决定，带头严格执行党内法规，并领导、组织、推进本地区党内法规执行工作，支持和监督本地区党组织和党员领导干部履行执规责任。"

③ 《中国共产党章程》第32条："党的基层组织是党在社会基层组织中的战斗堡垒，是党的全部工作和战斗力的基础。它的基本任务是：

（一）宣传和执行党的路线、方针、政策，宣传和执行党中央、上级组织和本组织的决议，充分发挥党员的先锋模范作用，积极创先争优，团结、组织党内外的干部和群众，努力完成本单位所担负的任务。

（二）组织党员认真学习马克思列宁主义、毛泽东思想、邓小平理论、'三个代表'重要思想、科学发展观、习近平新时代中国特色社会主义思想，推进"两学一做"学习教育常态化制度化，学习党的路线、方针、政策和决议，学习党的基本知识，学习科学、文化、法律和业务知识。

（三）对党员进行教育、管理、监督和服务，提高党员素质，坚定理想信念，增强党性，严格党的组织生活，开展批评和自我批评，维护和执行党的纪律，监督党员切实履行义务，保障党员的权利不受侵犯。加强和改进流动党员管理。

（四）密切联系群众，经常了解群众对党员、党的工作的批评和意见，维护群众的正当权利和利益，做好群众的思想政治工作。

（五）充分发挥党员和群众的积极性创造性，发现、培养和推荐他们中间的优秀人才，鼓励和支持他们在改革开放和社会主义现代化建设中贡献自己的聪明才智。

（六）对要求入党的积极分子进行教育和培养，做好经常性的发展党员工作，重视在生产、工作第一线和青年中发展党员。

（七）监督党员干部和其他任何工作人员严格遵守国家法律法规，严格遵守国家的财政经济法规和人事制度，不得侵占国家、集体和群众的利益。

（八）教育党员和群众自觉抵制不良倾向，坚决同各种违纪违法行为作斗争。"

以及党中央、上级和本级党组织的决定，团结、领导党内外群众坚决完成任务；其二，组织党员学习党的先进思想、基本知识、方针、政策等，以及科学、文化等帮助提高业务水平的基本专业知识；其三，对党员进行教育、管理、监督、服务；其四，密切联系群众，做好群众思想工作；其五，充分发挥党员和群众的创造性、积极性，发掘与培养优秀人才并鼓励、支持他们做出更多贡献；其六，重视积极分子的培养与党员的发展工作；其七，监督党员遵守国家法律规范；其八，教育党员自觉与不法行为作斗争。基层党组织中对本单位本地区党内法规执行承担责任的主体既有党委也有党组，包括街道、乡镇党的基层委员会，国有企业党委，村、社区党组织和实行党委领导下的行政领导人负责制的事业单位党组织，它们负责领导、组织、推进本地区本单位党内法规的执行。乡镇企业等其他单位由党的基层组织按照规定负责党内法规的执行①。党支部作为党内直接与党员、群众沟通、联系的基本工作单元，主要负责对党员的教育、管理、监督，以及组织、宣传、凝聚和服务群众②。

除了按照级别划分，党组织、党委主体还可以按照不同领域和部门进行横向划分③。这些党组织、党委通常只负责自己系统或所属单位的党内法规执行工作，并为之承担主体责任。由于各横向单位之间并没有上下级的服从关系，所以党章和执纪规则认定中并未对此进行过多规定。

（2）协调监督主体

协调监督主体主要指那些对党内法规的执行起到牵头、组织、指导、督促等协调监督工作的主体。因为，各级党委都是执行主体，如果没有相应的指挥、协调机构，不同主体在执行过程中很可能因为缺乏沟通或各种问题而发生冲突或出现执行缺漏。所以，协调监督主体的存在对于更好、更准确地执行党内法规具有重要意义。根据执规责任认定的内容，协调监督主体主要包括党委办公厅（室）、党委职能部门、办事机构、派出机关、直属事业单位和纪律检查机关等。其中党委办公厅（室）的职责是居中统筹，对本地区

---

① 《中国共产党党内法规执行责任制规定（试行）》第 8 条：“街道、乡镇党的基层委员会和村、社区党组织，国有企业党委，实行党委领导下的行政领导人负责制的事业单位党组织，对本地区本单位执行有关党内法规负主体责任，领导、组织、推进本地区本单位党内法规执行工作。”

② 《中国共产党章程》第 34 条：“党支部是党的基础组织，担负直接教育党员、管理党员、监督党员和组织群众、宣传群众、凝聚群众、服务群众的职责。”

③ 施新州．党内法规执行体系及其建设规律探析［J］．观察与思考，2020（9）：62-73.

的党内法规执行工作进行整体协调，推动党委具体执行计划的贯彻落实。党委职能部门、办事机构、派出机关、直属事业单位等虽然也承担协调职责，但与党委办公厅（室）的工作定位完全不同。前者只对规定其职责职权的党内法规负有牵头执行的责任，所谓的协调职责也是实际组织、指导、协调、督促有关党组织与党员的执行工作，它们的调整范围比党委办公厅（室）要小得多①。党委办公厅（室）更多是基于全局的立场进行协调规划，而职能部门等主体则会对有关对象的执行行为进行具体调整。其他的相关单位则会依据党内法规赋予的权限，协助配合牵头部门的工作，共同完善党内法规执行。

党的纪律检查机关同样也属于协调监督主体，党章将纪律检查机关单独列为一章。党的纪律检查机关的准确名称叫纪律检查委员会。与各级党组织的单一领导模式不同，党的各级纪律检查委员会都受同级党委会和上级纪律检查委员会的双重领导。中央纪律检查委员会由于没有直接上级委员会，所以只受中央党委的领导。纪律检查委员会是中国共产党内部的专门监督机关，它的主要职责是监督、执纪和问责。纪律检查委员会不仅要经常对党员及干部进行执纪规则的相关教育，还要对党员、干部的实际履职行为，以及对党内法规的执行情况进行随时监督，及时主动处理党员群众的检举举报，对违反党内法规的党组织或党员作出适当处置，同时也接受来自党员的控告申诉，实现对党员的权利保障②。基于上级纪律检查委员会和同级党委的双重领导，不同情况下，各级纪律检查委员会在履行监督职责时需要承担不同的报告义务，各级纪律检查委员会在处理重大或疑难案件时要同时向两方主体报告结果；各级纪律检查委员会检查同级党委会委员违反党内法规的行为时要向两方主体报告；各级纪律检查委员会处理涉常务委员的违规、违纪问题时由上级纪律检查委员会核实，经由上级委员会报同级党委会批准后才可

---

① 《中国共产党党内法规执行责任制规定（试行）》第6条："党委职能部门、办事机构、派出机关、直属事业单位等，对主要规定其职权职责的党内法规，负有牵头执行的责任，并组织、协调、督促、指导有关和党员领导干部执行有关党内法规。"

② 《中国共产党章程》第46条第2款："党的各级纪律检查委员会的职责是监督、执纪、问责，要经常对党员进行遵守纪律的教育，作出关于维护党纪的决定；对党的组织和党员领导干部履行职责、行使权力进行监督，受理处置党员群众检举举报，开展谈话提醒、约谈函询；检查和处理党的组织和党员违反党的章程和其他党内法规的比较重要或复杂的案件，决定或取消对这些案件中的党员的处分；进行问责或提出责任追究的建议；受理党员的控告和申诉；保障党员的权利。"

审查①。上级纪律检查委员会的领导权限不仅体现在下级委员会的报告义务上，也体现在对下级纪律检查委员会决定的批准与修改上，但由于两个领导主体之间不存在明确的上下级关系，所以一旦领导主体之间的决定发生争议则需要提请它们的共同上级即上级党委会作出决定②。

2. 个人层面的执行主体

个人层面的执行主体就是指单个的党员或干部，而非某一党组织或机关、部门等，其中既包括普通党员，也包括含有党委（组）书记、党委（组）成员在内的其他党员干部③。与其他层面的执行主体不同，无论是普通党员还是干部党员，他们在党内法规的执行过程中实际上都具备三重身份，他们既是规范的执行者也是遵循者，更是监督者④。虽然执行主体只是党员的身份之一，相较于组织主体而言，多重身份的叠加使党员主体为了保障党内法规的执行需要承担更多的责任。首先，就党员干部而言，他们是党的事业骨干，是从千千万万名普通党员中选拔出来的德才兼备的优秀人才，同时也是值得普通党员学习的榜样与典范。所以，党员干部在党内法规执行过程中能够起到非常重要的带头作用，他对自身的严格要求也会给周围群众带来巨大影响。因此，中国共产党的执纪规则中明确规定，党员干部应该勇

① 《中国共产党章程》第46第3款、第4款："各级纪律检查委员会要把处理特别重要或复杂的案件中的问题和处理的结果，向同级党的委员会报告。党的地方各级纪律检查委员会和基层纪律检查委员会要同时向上级纪律检查委员会报告。

各级纪律检查委员会发现同级党的委员会委员有违犯党的纪律的行为，可以先进行初步核实，如果需要立案检查的，应当在向同级党的委员会报告的同时向上一级纪律检查委员会报告；涉及常务委员的，报告上一级纪律检查委员会，由上一级纪律检查委员会进行初步核实，需要审查的，由上一级纪律检查委员会报它的同级党的委员会批准。"

② 《中国共产党章程》第47条："上级纪律检查委员会有权检查下级纪律检查委员会的工作，并且有权批准和改变下级纪律检查委员会对于案件所作的决定。如果所要改变的该下级纪律检查委员会的决定，已经得到它的同级党的委员会的批准，这种改变必须经过它的上一级党的委员会批准。

党的地方各级纪律检查委员会和基层纪律检查委员会如果对同级党的委员会处理案件的决定有不同意见，可以请求上一级纪律检查委员会予以复查；如果发现同级党的委员会或它的成员有违犯党的纪律的情况，在同级党的委员会不给予解决或不给予正确解决的时候，有权向上级纪律检查委员会提出申诉，请求协助处理。"

③ 施新州．党内法规执行体系及其建设规律探析［J］．观察与思考，2020（9）：62-73.

④ 禹竹蕊，官伟．党员在党内法规执行中的三重角色分析［J］．中共四川省委党校学报，2020（2）：49-55.

于担当，以身作则，积极宣传党内法规，做好带头执行工作①。其次，党委（组）书记是所属地区或单位党内法规执行的第一责任人，分管执纪的班子成员承担直接责任，他们对党内法规的认识是否准确、执行是否规范，直接决定了党的各项方针政策是否能够在全党范围内得到充分施行，决定了基层党员与党外群众是否能够对党的路线产生正确认识。最后，就普通党员而言，他们是一般群众的带头人、领导者和模范先锋，必须要身先士卒，引导群众严格执行党内法规。因为，他们对党内法规的严格执行不仅在普通群众心中确立了党与党内法规的权威地位，也能够帮助他们更好地团结群众，顺利完成本职工作。总而言之，个人层面的执行主体是党内法规执行的重要组成部分，与其他主体相比，他们能对党内法规的执行产生更直接、更深入的影响。

二、党内法规的执行过程

根据是否存在强制力的保障实施，党内法规执行可以分为自愿履行的主动执行和存在外在强制力的被动执行，二者在具体的执行过程上存在差异。

（一）主动执行

所谓党内法规的主动执行，就是指相关主体主动贯彻实施特定党内法规的实际过程。相较于被动执行，主动执行不具有强制性，因此对程序的要求并不严格，具体过程包括学习教育、有权解释、贯彻实施和接受监督。

1. 学习教育

学习教育是党内法规得以主动执行的重要前提，是影响党内法规执行力的关键因素。没有系统的学习教育就谈不上对党内法规的自愿贯彻。学习教育对于党内法规主动执行的重要意义主要体现在以下几个方面：

首先，对于人性，中国自古就有性善论与性恶论的争议，但无论哪种观点都表明了一个中心思想，那就是后天的学习教育对于长大后良好品性的塑造具有至关重要的作用。以性善论来说，《三字经》中明确指出“苟不教，性乃迁”，不好好教育，原本善良的品性就会变坏。而以性恶论的观点来说，

① 《中国共产党党内法规执行责任制规定（试行）》第9条：“党员领导干部应当敢于担当、勇于负责，以上率下、以身作则，带头学习宣传党内法规，带头严格执行党内法规。党委（党组）书记应当认真履行本地区本单位党内法规执行第一责任人职责，分管党内法规工作的班子成员承担党内法规执行直接责任，其他班子成员按照‘一岗双责’要求抓好分管领域党内法规执行工作。”

既然人的本性为恶，那么只有通过后天的道德教育才能使其养成遵纪守法、善良友爱的优良品德。从这个角度来说，如果没有经过专门的学习教育，人们就不会在工作和生活中主动以国家法律严格要求自己。国家法律是党内法规的底线，党内法规要严于国家法律，所以无视法律的人不可能主动接受党内法规的约束，党员也需要接受专门的党内法规教育从而保持党的先进性与纯洁性。

其次，没有经过系统的学习教育，党员就不具备主动执行党内法规所应有的素质和能力。简单来说，主动执行党内法规大约需要以下几种认识、素养或能力。第一，较强的政治素养。中国共产党是执政党，这就意味着其制定的党内法规必然具有极高的政治性①，所以，党员政治素养的高低必然会影响其对党内法规背后蕴含的政治目的的理解，如果党员的政治素养较低，极容易在政治路线与政治立场上出现偏差，使最终的执行结果违背法规的制定初衷。这不仅会使党内法规无法得到准确执行，严重的还可能出现政治错误，阻碍社会经济的有序发展。即便没有出现错误，政治素养的缺乏也会使党员出现死板理解、僵化执行的问题，无法充分发挥人的主观能动性以推动各项方针、政策的高效落实。第二，较高的执行意识。执行意识是党员主动执行党内法规的思想前提，代表了党员对党内法规的真心认同②。一方面，党员缺乏执行意识就会忘记自己的入党初衷，忘记以人民的利益为最终追求。这使得他们在执行过程中更多会以满足自身利益为主要目标，只想保全自己的权力地位，不愿主动贯彻执行，从而出现不愿执行、消极执行、错误执行甚至侵害人民利益的执行行为。另一方面，执行意识的缺失会使党员在执行过程中极易受到其他因素的影响，降低执行效率，削弱执行效果。例如，受到官僚风气的影响，注重执行形式而忽视具体执行情况，只在意是否贯彻实施了相关条文，忽视了具体条文与现实实际之间的情况差异，容易出现粗暴的“一刀切”执行或多余的无意义执行，无法基于对执行目的的深刻了解自主优化执行行为。第三，基本的执行能力。有些党员虽然具备为人民服务的基本意识，但自身的执行能力与深刻认识之间并不匹配，难以真正做到妥善执行，容易出现好高骛远的问题。例如，有些党员缺乏党内法规的专

① 段占朝，刘长秋．执行主体视角下的党内法规制度执行力提升路径［J］．广西社会科学，2020（7）：129-133.

② 杨曼．提升基层党组织党内法规执行力的思考［J］．中共南昌市委党校学报，2019（5）：58-61.

项教育，无法对具体条文进行正确理解，虽然他们以为国为民为基本出发点，但其实际的执行行为却难以取得较好的效果。有些党员缺乏执行某些党内法规所需的专项技术，受专业水平的限制，难以使某些条文的执行达到预期的效果，或者严重影响执行效率。有些党员缺乏对新事物、新技术的基本认识，在执行党内法规时依然遵循老观点、老方法，不仅使法规执行浮于表面，无法真正影响党员、群众的生活工作，还可能在具体执行时出现缺漏，忽略网络等新兴领域对党内法规执行的影响。

2. 有权解释

有权解释是指有权主体按照法定的权限和程序对党内法规中的具体概念进行解释、说明，从而帮助相关主体更好地执行有关条文①。当前，中国共产党党内法规的有权解释主要包括以下几类形式，即“解释”“答复”“答复意见”“批复”“说明”，等等。其中“答复”和“解释”是党内法规有权解释中较为常见的类型②。“答复”通常是有权机关根据特定党组或机关的权限有针对性地解答某些具体问题。例如，《中共国务院国资委纪委关于对国有企业离退休人员能否进行经济处罚的答复》《中央纪委关于他人给领导干部手机充值问题如何处理的答复》，等等。“解释”是对党内法规执行过程中出现的普遍性问题进行系统性解释，它不需要根据其他机关的请示被动作出，具有主动性和全面性。例如，《党员领导干部违反规定插手干预工程建设领域行为适用〈中国共产党纪律处分条例〉若干问题的解释》《非法干预查处渎职侵权违法犯罪案件违纪行为适用〈中国共产党纪律处分条例〉若干问题的解释》，等等。“答复意见”的用法与“答复”类似，都是对提出请示的问题进行专门解释，所以不少学者都将二者合并为一类，在实际的使用中“答复意见”也较为少见。北大法宝中目前只收录了 5 件现行有效的答复意见。与“答复”对请示机关级别的不加限制不同，“批复”体现出明显的等级特性，它是上级机关针对下级机关提出的在党内法规执行过程中遇到的解释与运用问题所作的指导性答复。例如，《中共中央、国务院关于对〈河北雄安新区规划纲要〉的批复》《中共教育部党组关于中国教育出版传媒集团有限公司第一届党委、纪委选举结果的批复》，等等。“说明”则是几种解释形式中使用次数最少的一种，例如，《中组部对〈关于县以上党和

---

① 欧爱民．中国共产党党内法规总论［M］．北京：人民出版社，2019：382.

② 吕品．关于党内法规解释制度建设的思考［J］．理论视野，2019（4）：70-77.

国家机关退（离）休干部经商办企业问题的若干规定〉中有关问题的说明》等。

党内法规的生命在于实施，但在实施之前必须首先对其内涵、概念作出准确理解，只有在准确认识的情况下才能作出符合法规制定初衷的执行行为。如果没有对党内法规的正确解释，即便已经严格执行了相关规定，其带来的实际后果也会与预期结果存在较大偏差，所以我们认为正确的有权解释对于党内法规的主动执行具有如下几点重要意义：

首先，可以有效解决党内法规的模糊性问题，提高主动执行的准确性。党内法规本质上是一种书面文本，为了防止文字描述的冗长繁杂，对于许多问题的规定与说明必然只能是概括性、原则性的。这在一定程度上赋予了执行主体较多的选择空间，使他们能够灵活执行，但过多的选择自由也带来了更多的执行问题，例如执行剪裁与执行附加。执行剪裁也称为选择性执行，它是指执行者根据个人利益与自身对条文的理解，对条文整体内容进行拆分，只执行自己想要执行的部分。这种执行本质上是对法规条文的一种恶意曲解，利用党内法规的模糊性将非选择性条文解释为选择性条文，使具体条文难以得到充分执行[①]。执行附加同样也是一种恶意曲解行为，与执行剪裁中出现的任意取舍不同，执行附加是一种在执行过程中随意扩张条文适用范围的、超过必要限度的执行行为。执行主体利用党内法规边界的模糊性将其恶意向外延伸以满足自身利益。除执行剪裁与执行附加这两种主观恶意行为外，党员个人的认识能力也会影响他们对具体条文的理解，致使执行行为出现偏差。因此，为了减少因为解释问题而导致的执行偏差，有必要通过有权解释明确界定、细化党内法规中较为概括性的内容，使党员与群众能够准确理解党内法规的根本含义，使最终的执行行为能够符合有权主体的制定初衷。

其次，可以有效提高党内法规的权威性，帮助人们树立党内法规信仰[②]。党内法规的制定主体是人，但人的思维具有局限性，所以在制定之时不可能准确预测到未来发生的每一件事，这就导致了党内法规天然具有不完美性。这种不完美性会使党内法规无法得到统一实施，并持续削弱党员与普通群众对党内法规的政治认同。因此，有必要通过有权解释，在党内法规因为不可

---

① 尹曼潼，黄天弘．党内法规执行中存在的问题及其破解［J］．中州学刊，2021（3）：18-21.

② 吕品．关于党内法规解释制度建设的思考［J］．理论视野，2019（4）：70-77.

避免的缺陷而发生分歧时迅速地弥补缺陷，通过保证其确定性与准确性来维护它在民众心中的权威地位，提高相关主体主动执行的个人意愿。

最后，可以在保证党内法规稳定性的同时兼顾对社会现实的考虑，为主动执行扫清障碍。党内法规的稳定性是其权威地位的重要保障，一旦失去稳定性，它对民众行为的指导功能就会一并丧失，民众亦不会再将其视为基本的行为规范。但坚持稳定就意味着党内法规无法应对复杂多变的社会现实，这必然会给党内法规的实际执行带来诸多问题。此时，只有通过有权解释才能有效减少党内法规与社会现实之间的实际偏差，缓解法条滞后性与社会多变性之间的矛盾冲突，在克服党内法规滞后性的同时依然保障其稳定性。

3. 贯彻实施

贯彻实施是主动执行党内法规的重要组成部分，也是党内法规向实践转化的关键步骤。没有贯彻实施过程，党内法规就永远只是书面条文，我们也无法对其实际效果作出有效评估。严格贯彻实施则可以大幅减少违规违纪行为，使党内法规执行力得到显著提高。具体来说，贯彻实施作为实际的主动执行行为主要有以下几点重要意义：

首先，贯彻实施是党内法规具有执行力的基本前提。除了立足于静态解释的三层次观点，无论是以执行能力和实现目标为内容的执行力解释，还是以强制力和意愿力为内容的执行力解释，都关注了执行行为对党内法规执行力的实际影响。诚然，党内法规本身具有可执行性也是执行力概念的隐含内容，但既然是隐含内容，那就意味着执行行为是比这一概念更为核心的内容。而且，没有贯彻实施行为将条文加以转化，党内法规的根本目标就永远不可能实现，党内法规是否具有实际的可执行性也无从得知。所以，即便是立足于党内法规条文的立场上，贯彻实施也是用于验证其可执行性的关键步骤。由此可见，无论从什么样的角度解释党内法规的执行力，贯彻实施行为都是不可或缺的核心要素。

其次，贯彻实施行为的不适当是削弱党内法规执行力的重要因素。一方面，严格贯彻实施，维护党内法规权威是各级党组织和全体党员的本职工作①。无论是《中国共产党章程》还是《中国共产党党内法规执行责任制规

① 《中国共产党党内法规执行责任制规定（试行）》第2条："各级党组织和全体党员负有遵守党内法规、维护党内法规权威的义务。各级党组织和党员领导干部必须增强'四个意识'、坚定'四个自信'、做到'两个维护'，牢固树立执规是本职、执规不力是失职的理念，切实担负起执行党内法规的政治责任。"

定（试行）》，都多次要求相关人员严格执行党内法规，积极承担执行党内法规的主体责任。另一方面，习近平总书记在2014年的中央政法工作会议中明确指出，我国制度体系确实尚未完善，但更为突出的问题在于现行的制度并没有得到严格执行①。可见，无论是党内法规内部还是现实实际中，都认为党内法规执行力的提升有赖于严格的执行行为。当前，导致党内法规执行不力的问题中由行为人主动贯彻实施不当所引起的主要是执行虚置问题。执行虚置等同于党内法规的不执行②。执行虚置是指某些法规自诞生之日起一直未被实际落实过，一直处于所谓的休眠状态。有的学者认为，这种执行虚置的产生并不是执行主体的错误，而是法规在制定之初就已经预设好的结果。这些法规要么因为过于超前而脱离实际，要么因为盲目追求政绩而忽视现实，这使得它们并不存在被实际执行的可行性，只会使制度文本更为冗长③。也有学者认为，执行虚置就是执行主体忽视党内法规，拒绝主动以党内法规约束自身行为④。不当地主动执行虚置的根本理由是什么，至少从表面来看它都是一种不当的主动执行行为。

4. 接受监督

由于党内法规的主动执行不具有强制性，因此需要由行为主体主动接受各方监督以帮助规范和调整执行行为，提高执行力。

如果说贯彻实施是党内法规的具体转化过程，那么接受监督就是帮助党内法规实现转化、提高党内法规执行力的重要因素。一方面，执行监督能够完全覆盖执行行为的整个过程，具有全程性和全面性，对于完善执行行为具有重要意义。根据对学者观点的梳理，执行监督通常针对性地改善内容：其一是对法规实施情况的评估，其二是对具体执行过程的监督，其三是对执行效果的考核⑤。但是，在实际执行过程中，由于各类外在因素的影响，执行者本身对自己的执行行为并不能做到全面了解、充分掌握，这就意味着实际中的执行结果必然会与他们预设的执行结果存在偏差，此时，执行监督的存在不仅能帮助执行者及时了解自己的执行行为、准确掌握执行效果，还能明确是执行活动中的哪一步导致党内法规执行力较低，为执行者更好地修正自

---

① 习近平在中央政法工作会议上的讲话，2014年1月7日。

② 章志远．党内法规专题研究述评［M］．北京：中国法制出版社，2020：199.

③ 邵从清．论提高党内法规制度体系执行力［J］．山东社会科学，2016（12）：182-187.

④ 章志远．党内法规专题研究述评［M］．北京：中国法制出版社，2020：198.

⑤ 章志远．党内法规专题研究述评［M］．北京：中国法制出版社，2020：200.

身行为提供准确指引。

另一方面，执行监督能够帮助有关主体及时发现影响执行的现实问题，使之尽快进行针对性的改善，继而提高党内法规的执行力。无论是党内法规的执行还是其他任何法规的执行，都不可能从一开始就完美无缺，万事万物都是在发展中不断趋近完美的，监督就是这一发展过程中不可或缺的关键因素。党内法规的执行是一个将书面条文转化为现实实际的过程，这就意味着转化过程中必然会存在条文与现实之间的偏差，且党内法规的主动执行本就缺少强制力的保障实施，这使得执行中遇到的现实问题将会更加难以解决。执行主体主动接受监督能使立规者及时得到执行层面的反馈，充分了解法规本身是否能够被有效执行，以及如何修改条文内容才能进一步提升该法规的执行力。

（二）被动执行

党内法规的主动执行只需要执行主体主动贯彻实施特定的党内法规即可，被动执行则需要由有权主体严格遵循特定的程序作出执行决定，并由相关主体加以落实。通常情况下，学者们将党内法规的被动执行程序归纳为立案、查办和结案三个步骤。不过，也有学者将结案过程再次划分为作出决定和对外公布两部分内容①。出于进一步细化分析的考虑，这里以欧爱民的观点为基础，将党内法规被动执行程序分为启动程序、调查核实程序、作出决定程序、对外公布程序和责任追究程序。

1. *启动*

党内法规的启动程序与我们日常熟知的刑法的启动程序近似，都分为主动启动与被动启动两种类型。主动启动，顾名思义就是相关主体依据法规规定的职权内容，自发启动执行程序。相较于主动启动，被动启动更为烦琐，需要由党组织、党员等相关主体向具有执行权限的主体提出申请后，职权主体才能依据申请启动执行程序。在党内法规执行的主动启动中最为典型的例子是党内问责工作的启动，《中国共产党问责条例》在第 4 条中进行了明确规定②。我们较为熟知的依申请启动党内法规执行的主体主要是纪律检查机

① 欧爱民．中国共产党党内法规总论［M］．北京：人民出版社，2019：419.

② 《中国共产党问责条例》第 4 条：“党委（党组）应当履行全面从严治党主体责任，加强对本地区本部门本单位问责工作的领导，追究在党的建设、党的事业中失职失责党组织和党的领导干部的主体责任、监督责任、领导责任。纪委应当履行监督专责，协助同级党委开展问责工作。纪委派驻（派出）机构按照职责权限开展问责工作。党的工作机关应当依据职能履行监督职责，实施本机关本系统本领域的问责工作。”

关。党章中规定，各级纪律检查机关的职责是监督、执纪和问责，其中包括“受理处置党员群众检举举报，开展谈话提醒、约谈函询”及“受理党员的控告和申诉”①。在这里，无论是受理处置检举举报还是受理控告、申诉都是典型的依申请启动执行程序的案例，检举举报与控告申诉是程序启动的必备前提。

主动启动与被动启动执行程序因为前置条件的存在与否具有不同特性。就主动启动而言，虽然不需要经过前置条件就可以直接启动，在启动速度上占有一定优势，但这也意味着是否启动这一决定完全依靠执行主体的自主监督和独立判断。这就要求执行主体具有很强的责任意识，如果执行主体在日常监督过程中敷衍了事、消极怠工，以至于难以及时发现有关党组织或党员的不当行为，反而会阻碍相关执行程序的启动，造成党内秩序的混乱。就被动启动而言，由于需要经过他人申请才能启动，因此在反应速度上可能略有影响，中国共产党党员的基数庞大，这意味着经由党员作出的检举、举报和控告、申诉的数量也会是一个庞大的数字。再加上有些党员可能会提出不当申请，执行主体对这些申请的审查、辨别也是一项巨大的工程。为了保证执行程序启动的准确性，执行主体无法针对相关申请作出即时反应是必然的。基于他人申请启动的程序虽然在速度上不具优势，但在监督范围与监督效果上却具有天然优势。因为接受所有党员的申请也就意味着监督工作并非由执行主体展开，而是由数量庞大的党员、群众承担，这不仅极大地扩张了监督范围，也避免了由执行主体承担监督工作时可能出现的消极应付情况，一定程度上提高了党内法规执行启动的可能性，使党内法规能够得到严格执行。综上所述，党内法规执行的主动启动和被动启动其实都具有各自的优缺点，二者在一定程度上可以互相补足，合理处理二者之间的相互关系，综合运用两种程序是中国共产党当前采取的主要方式。

2. 调查核实

简单来说，调查核实程序就是对当前的事实情况进行逐一查证，以事实

---

① 《中国共产党章程》第46条：“党的各级纪律检查委员会是党内监督专责机关，主要任务是：维护党的章程和其他党内法规，检查党的路线、方针、政策和决议的执行情况，协助党的委员会推进全面从严治党、加强党风建设和组织协调反腐败工作，推动完善党和国家监督体系。

党的各级纪律检查委员会的职责是监督、执纪、问责，要经常对党员进行遵守纪律的教育，作出关于维护党纪的决定；对党的组织和党员领导干部履行职责、行使权力进行监督，受理处置党员群众检举举报，开展谈话提醒、约谈函询；检查和处理党的组织和党员违反党的章程和其他党内法规的比较重要或复杂的案件，决定或取消对这些案件中的党员的处分；进行问责或提出责任追究的建议；受理党员的控告和申诉；保障党员的权利。”

为依据执行相关法规。调查核实程序是党内法规执行的必备程序，也是关键内容，无论依何种方式启动，也无论最终的执行结果如何，只有经过细致的调查核实才能确保党内法规的执行具有准确性。具体的调查核实内容由启动程序的性质决定。例如，如果启动的是针对党员的问责程序，就可能需要对引起问责的具体事实进行专门调查。不仅要查清被执行主体的失职失责问题，还要在综合考量主客观因素、区分具体失职情况的基础上提出处理意见①。如果启动的是党政领导干部选拔任用程序，则调查核实的内容就会完全不同。一般包括领导干部的道德品行、专业素养、工作实绩、个人作风和廉政情况②。调查核实不仅内容丰富多样，可采取的实际手段也种类繁多。除了我们较为熟知的查阅档案、工作资料，以及实地走访等手段外，有些调查过程中还需要采集群众意见、进行民主测评等。

3. 作出决定

作出决定程序指在经过对有关事实的调查核实之后，相关主体根据所了解的信息和情报，对当前情况进行分析评判，对重要事实进行认定，并最终作出合理决定的特定程序。执行决定的作出通常需要在一定范围内进行讨论，而不同法规执行其选定的讨论范围也并不一致。例如，在党政领导干部

① 《中国共产党问责条例》第 10 条："启动问责调查后，应当组成调查组，依规依纪依法开展调查，查明党组织、党的领导干部失职失责问题，综合考虑主客观因素，正确区分贯彻执行党中央或者上级决策部署过程中出现的执行不当、执行不力、不执行等不同情况，精准提出处理意见，做到事实清楚、证据确凿、依据充分、责任分明、程序合规、处理恰当，防止问责不力或者问责泛化、简单化。"

② 《党政领导干部选拔任用工作条例》第 27 条："考察党政领导职务拟任人选，必须依据干部选拔任用条件和不同领导职务的职责要求，全面考察其德、能、勤、绩、廉，严把政治关、品行关、能力关、作风关、廉洁关。突出政治标准，注重了解政治理论学习情况，深入考察政治忠诚、政治定力、政治担当、政治能力、政治自律等方面的情况。深入考察道德品行，加强对工作时间之外表现的考察，注重了解社会公德、职业道德、家庭美德、个人品德等方面的情况。强化专业素养考察，深入了解专业知识、专业能力、专业作风、专业精神等方面的情况。注重考察工作实绩，围绕贯彻落实党中央重大决策部署，统筹推进'五位一体'总体布局和协调推进'四个全面'战略布局，深入了解履行岗位职责、贯彻新发展理念、推动高质量发展取得的实际成效。考察地方党政领导班子成员，应当把经济建设、政治建设、文化建设、社会建设、生态文明建设和党的建设等情况作为考察评价的重要内容，防止单纯以经济增长速度评定工作实绩。考察党政工作部门领导干部，应当把履行党的建设职责，制定和执行政策、推动改革创新、营造良好发展环境、提供优质公共服务、维护社会公平正义等作为考察评价的重要内容。加强作风考察，深入了解为民服务、求真务实、勤勉敬业、敢于担当、奋发有为，遵守中央八项规定精神，反对形式主义、官僚主义、享乐主义和奢靡之风等情况。强化廉政情况考察，深入了解遵守廉洁自律有关规定，保持高尚情操和健康情趣，慎独慎微，秉公用权，清正廉洁，不谋私利，严格要求亲属和身边工作人员等情况。根据实际需要，针对不同层级、不同岗位考察对象，实行差异化考察，对党政正职人选，坚持更高标准、更严要求，突出把握政治方向、驾驭全局、抓班子带队伍等方面情况的考察。"

选拔任用程序中，需要按照干部管理权限由党委（党组）集体讨论作出任免决定①。对党员的纪律处分则需要由支部大会讨论决定。经过讨论之后，还需要以特定的程序对最终结果进行表决，表决方式一般有举手、口头或投票等形式。结果的产生一般按照少数服从多数的原则，少数人支持的结果虽然无法成为最终决定但会被记录在案，如果党员在讨论中出现重大分歧或者执行决定无法通过的，将会暂缓作出决定，重新展开深入调查。

目前，以执行行为的根本性质与所涉内容作为分类标准，党内法规的执行决定大致可分为5种类型②。第一种是法规性决定。这是较为常见的一种决定类型，简单来说就是专门用以规范人们的日常生活工作行为，落实党内方针政策的执行决定。例如2021年6月实施的《中共中央、国务院关于优化生育政策促进人口长期均衡发展的决定》就是典型的法规性决定。第二种是指挥性决定。这种决定通常涉及重要事项的计划、布局，或国家发展方向的确定，具有较高的影响力和引导性，对党和国家的未来发展具有重要意义。例如《中共中央关于坚持和完善中国特色社会主义制度　推进国家治理体系和治理能力现代化若干重大问题的决定》，这种涉及国家后续发展布局等重要问题的决定就属于指挥性决定。第三种是知照性决定。所谓知照，字面意思指通知、关照。有的学者认为知照性决定是指由相关党组织作出的需要向外公布使人民群众能够广泛知悉的重要事项的决定③。典型的知照性决定主要是一些任免决定或恢复党籍的决定等。第四种是奖惩性决定。奖惩性决定就是指针对先进组织或个人的表彰决定，以及针对重要违纪案件的处罚决定。例如，《中共中央、国务院、中央军委关于表彰全国抗击新冠肺炎疫情先进个人和先进集体的决定》就是典型的表彰决定，这也是一种较为常见的决定类型，而处罚决定则一般表达为《关于给予某某同志留党察看处分的决定》等。第五种是变更或撤销性决定。与其他直接作出的决定不同，变更和撤销决定需要由上级有权机关在下级机关所做决定的基础之上进行变更或撤销。例如《关于撤销对某某同志留党察看处分的决定》等。

4. 对外公布

对外公布就是指党内法规执行决定作出之后，需要依据一定的程序在特

---

①《党政领导干部选拔任用工作条例》第35条："选拔任用党政领导干部，应当按照干部管理权限由党委（党组）集体讨论作出任免决定，或者决定提出推荐、提名的意见。属于上级党委（党组）管理的，本级党委（党组）可以提出选拔任用建议。"

② 欧爱民．中国共产党党内法规总论［M］．北京：人民出版社，2019：421.

③ 欧爱民．中国共产党党内法规总论［M］．北京：人民出版社，2019：422.

定范围内向社会公众发布。当然这种发布并不包括全部执行决定，涉及党的一些机密信息或一些重大问题等不适合对外公布的决定可以不予公布，但对于那些应当公布的执行决定，如果并未按规公布，则该决定将不具有任何法规效力。《中国共产党问责条例》中规定，对于问责决定，如果涉及纪律处分、组织处理或组织调整的需要按照相关规定对外公布①。关于具体的公布条件与公布方式，《中国共产党纪律处分条例》中对纪律处分作出了明确规定。公布时间为一个月内；公布范围为党员本人及所处基层党组织内的其他党员，被执行人具有领导职务的还要向其所在领导班子公布。②

对外公布程序的重要性不可忽视。执行决定的公开是党务公开的一部分，对于发展党内民主、提高党内法治、强化党内监督并提升党的执政能力、巩固其权威地位具有重要意义。首先，执行决定的公开能够帮助其他党员更好地履行监督职责。所谓监督，是在知晓正确行为的前提下，判断被监督的行为是否正确。所以，如果执行决定未被公开，那么对实际执行行为的监督也就无法展开，因为无法确定这一执行行为是否严格按照执行决定作出。而且，执行决定的不公开同时意味着对执行决定的监督无法进行，执行决定是否适当、是否存在徇私舞弊也就无从而知。其次，执行决定的公开会迫使执行主体严格执行。前文中已经明确，执行决定的公开是其他党员群众针对执行行为履行监督职责的重要前提。正是由于这种社会监督的存在，使得执行主体必须严格依据执行决定和相关法规，规范自己的执行手段与执行内容。因为，在执行过程中，执行主体无法明确周边党员是否会对其不适当行为进行举报，从心理上来说，执行行为实际上全程都处于公众监督之下，其执行过程是完全透明的。正是由于这种心理压力的存在，使执行主体不敢越雷池一步。最后，执行决定的公开能够遏制暗箱操作，减少徇私舞弊，实现人人平等。执行决定的公开使其他党员能够依据事实情况和相关法规对执

① 《中国共产党问责条例》第13条第2款："被问责领导干部应当向作出问责决定的党组织写出书面检讨，并在民主生活会、组织生活会或者党的其他会议上作出深刻检查。建立健全问责典型问题通报曝光制度，采取组织调整或者组织处理、纪律处分方式问责的，应当以适当方式公开。"

② 《中国共产党纪律处分条例》第41条："党纪处分决定作出后，应当在一个月内向受处分党员所在党的基层组织中的全体党员及其本人宣布，是领导班子成员的还应当向所在党组织领导班子宣布，并按照干部管理权限和组织关系将处分决定材料归入受处分者档案；对于受到撤销党内职务以上（含撤销党内职务）处分的，还应当在一个月内办理职务、工资、工作及其他有关待遇等相应变更手续；涉及撤销或者调整其党外职务的，应当建议党外组织及时撤销或者调整其党外职务。特殊情况下，经作出或者批准作出处分决定的组织批准，可以适当延长办理期限。办理期限最长不得超过六个月。"

行决定内容的准确性进行评判，也就是前文中提到的对执行决定的监督。这就意味着，任何不符合事实与党内法规的执行决定都可能被举报。为了避免因为他人举报而承担党内责任，相关主体无论是对具体事实的调查，还是对执行决定内容的确定，都会严格恪守相关规定，积极履行党内职责。这种对党内法规的严格遵循一定程度上阻止了不公正结果的产生，同时也提高了党内工作的效能。

5. 责任追究

责任追究是保证执行决定能够被正确作出并得到准确落实的重要环节。责任追究指的是任何党员、党组织都需要依据党内法规的有关规定，为自己的违规违纪行为承担相应的责任①。这是一种狭义上的理解。事实上，因为法律是党内法规的边界，所以违反法律的行为通常都会违反党内法规，因此广义情况下的责任追究还会包括对法律责任的承担。由于本部分的重点是研究党内法规的执行力问题，所以这里对责任追究采用狭义上的理解。党内法规中规定的责任追究主要分为批评教育、组织处理与纪律处分三种类型②。这三类责任类型中规定最为清晰的是纪律处分，对组织处理的规定虽然零散，但在实际内容中并未出现明显的矛盾之处，而对于批评教育的规定则出现了种属概念的分歧。关于党员的纪律处分《中国共产党章程》与《中国共产党纪律处分条例》中都作出了明确规定，根据严重程度的不同，由低到高分别是警告、严重警告、撤销党内职务、留党察看、开除党籍 5 种处分形式，在严重程度达到留党察看之前，党员虽受处分，但其应有的表决权、选

---

① 欧爱民．中国共产党党内法规总论［M］．北京：人民出版社，2019：458.

② 《中国共产党巡视工作条例》第 35 条："巡视工作人员应当严格遵守巡视工作纪律。巡视工作人员有下列情形之一的，视情节轻重，给予批评教育、组织处理或者纪律处分；涉嫌犯罪的，移送司法机关依法处理：

（一）对应当发现的重要问题没有发现的；

（二）不如实报告巡视情况，隐瞒、歪曲、捏造事实的；

（三）泄露巡视工作秘密的；

（四）工作中超越权限，造成不良后果的；

（五）利用巡视工作的便利谋取私利或者为他人谋取不正当利益的；

（六）有违反巡视工作纪律的其他行为的。"

举权与被选举权不受影响①。相较于党员处分而言，对党组织的纪律处分只有两类，改组与解散②。改组就是指党组织内部成员、体系的变动，解散就是单纯指解散特定党组织的组织结构。党章中并未明确规定组织处理，但不少党内法规都提及了这部分内容。就类型上来说，组织处理主要包括停职、调整和免职三种③。关于批评教育，无论是领导人员认识还是党内法规的规定上，都存在概念类型上的冲突。2015 年 9 月王岐山同志在福建调研时明确将批评教育列为与纪律处分、组织处理同一级别的责任类型④。《中国共产党巡视工作条例》中也将批评教育与纪律处分、组织处理并列为党内制裁的三种方式⑤。可以看出，王岐山同志的讲话和《中国共产党巡视工作条例》中，实际上将批评教育视为与纪律处分一样的属概念⑥。欧爱民在其书中则认为我们党当前只有纪律处分与组织处理两种责任类型，并未将批评教育视作独立的责任类型⑦。《党政机关厉行节约反对浪费条例》中将批评教育与

---

① 《中国共产党章程》第 41 条："对党员的纪律处分有五种：警告、严重警告、撤销党内职务、留党察看、开除党籍。留党察看最长不超过两年。党员在留党察看期间没有表决权、选举权和被选举权。党员经过留党察看，确已改正错误的，应当恢复其党员的权利；坚持错误不改的，应当开除党籍。开除党籍是党内的最高处分。各级党组织在决定或批准开除党员党籍的时候，应当全面研究有关的材料和意见，采取十分慎重的态度。"

② 《中国共产党纪律处分条例》第 9 条："对于违犯党的纪律的党组织，上级党组织应当责令其作出检查或者进行通报批评。对于严重违犯党的纪律、本身又不能纠正的党组织，上一级党的委员会在查明核实后，根据情节严重的程度，可以予以：

（一）改组；

（二）解散。"

③ 《中央纪委、中央组织部关于在查处违犯党纪案件中规范和加强组织处理工作的意见（试行）》。

④ 王岐山强调："党要管党、从严治党是党组织的日常工作，批评教育、组织处理、纪律处分都是党章规定的主体责任。"

⑤ 《中国共产党巡视工作条例》第 35 条："巡视工作人员应当严格遵守巡视工作纪律。巡视工作人员有下列情形之一的，视情节轻重，给予批评教育、组织处理或者纪律处分；涉嫌犯罪的，移送司法机关依法处理：

（一）对应当发现的重要问题没有发现的；

（二）不如实报告巡视情况，隐瞒、歪曲、捏造事实的；

（三）泄露巡视工作秘密的；

（四）工作中超越权限，造成不良后果的；

（五）利用巡视工作的便利谋取私利或者为他人谋取不正当利益的；

（六）有违反巡视工作纪律的其他行为的。"

⑥ 韩喜平，王晓波．关于完善党内法规责任制度的思考［J］．广西大学学报（哲学社会科学版），2020（1）：1-7.

⑦ 欧爱民．中国共产党党内法规总论［M］．北京：人民出版社，2019：460.

调离岗位、免职、作出检查等具体处置方式并列①。这里实际上是将批评教育视为属概念下的种概念，与《中国共产党巡视工作条例》的规定存在明显分歧。

责任追究是党内法规执行力的重要保障，它对党内法规执行力的意义在于：

首先，责任追究能够威慑相关主体，使他们积极且高效地执行党内法规。以费尔巴哈的心理强制说为基本依据，违规违纪主体的不法行为均是在其自由意志的指导之下作出的②。因此，个人对具体行为的主观认识会对其行为的实施与否带来决定性影响。而基于理性生物趋利避害的本能，当行为人发现其实施不法行为受到的处分远比其所获得的收益要高时，不法行为就会被有效遏制，党内法规就将得到妥善执行。此时，由于责任追究的相关条款是在行为发生前制定的，而且是明确具体的，这使得行为人在作出不法行为之前就能对自己行为最终是否获益作出预判，这样才会严格执行党内法规以谋求最大利益。

其次，责任追究以外在强制力的形式维护党内法规的权威地位，保障党内法规的被动执行。古语有云“没有规矩，不成方圆”，但有了规矩也要得到实际执行才能真正发挥其“规矩”的作用。以道德与刑法之间的比较为例，道德是一种软性的行为规范，贯彻道德是一种典型的主动执行行为。道德不依靠任何强制力约束主体，完全凭借主体自身的个人修养，因此即便受到社会舆论的谴责，只要行为主体自身的道德水平不高，这些谴责也不会对其造成实质性影响。所以，道德对行为主体的约束力极为有限，违反一般道德要求是社会生活中的一种普遍状态。与道德相反，刑法是一种最严格、具有最高强制力的硬性规范，具有极高的约束力，它通过刑罚威吓行为主体，使主体基于对残酷刑罚的恐惧而被动选择约束自身行为。通过对道德与刑法的比较可以发现，单纯依靠内在作用力约束人们行为的规范很难被充分落实，只有具备刑罚这样的外在强制力才能保证规范得到有效实施。马克思认为刑罚是一种恫吓手段③。行为主体是出于对刑罚的畏惧而选择放弃不法行

① 《党政机关厉行节约反对浪费条例》第 60 条：“违反本条例规定造成浪费的，根据情节轻重，由有关部门依照职责权限给予批评教育、责令作出检查、诫勉谈话、通报批评或者调离岗位、责令辞职、免职、降职等处理。”

② 陈兴良．刑法的人性基础［M］．北京：中国人民大学出版社，2017：348.

③ 马克思恩格斯全集：第 8 卷［M］．北京：人民出版社，1972：578.

为的，从这个角度来说，在一定范围内刑罚越严格，对行为主体的约束力就越强，刑法也会具有更高的权威地位。党内法规虽然不像刑法一样由国家强制力保障实施，但其内部的责任追究实质上与刑罚处罚的作用等同，也就具有类似的性质。责任追究的存在使不法行为与实际的负面结果挂钩，不再单纯依靠行为主体的个人意愿主动执行党内法规，而是以一种外在强制的方式迫使行为主体执行党内法规，提升党内法规的执行力。此时，严格责任追究就意味着责任主体对任何违反党内法规的行为都要承担相应的党内甚至法律责任，党内法规成了一条不可逾越的红线。这在一定程度上增强了不法行为受到党内处分的确定性，能够有效抑制行为主体的侥幸心理，增强党内法规的权威性，促使相关主体为避免承担党内责任而积极执行党内法规。

三、党内法规的执行目标

党内法规执行力的目标指向与其自身的力量来源都呈现出一种体系性结构，涉及多方面内容。而且这种体系性在执行力目标这一概念中显得尤为清晰。我国学者认为，中国共产党的党内法规执行目标实际上包括三个层次，分别是功能目标、制度目标与政治目标，这三个层次之间存在由低到高的递进关系，只有低级目标得到充分实现之后才能向高级目标靠拢①。不过，为了凸显重要性，本部分自高级目标开始向下展开分析。

（一）政治目标

政治是一个高度抽象的术语，它通常用以指称相关主体治理国家、社会的行为或国家、社会公权力的活动。从这一点上来说，执行党内法规的政治目标就已经不再是单纯对党的管理与建设，同时也涉及了对国家治理的问题。政治目标作为党内法规执行的最高目标，是整个党内法规体系所不断追求的整体性、终局性目标，是党内法规运行后获得的最终结果。政治目标的实现需要以制度目标的实现为前提，更准确地说，是以在制度体系基础上形成的党内民主和党内法治为前提。党内民主与党内法治的影响首先作用于党内治理，在制度目标的实现过程中不断提升党的治理与执政能力，而在制度目标得到充分实现之后，这种影响力将会逐渐扩张至党外的国家事务，并推动中国特色社会主义法治体系的建设，从而达到建立中国特色社会主义法治

---

① 施新州．党内法规执行体系及其建设规律探析［J］．观察与思考，2020（9）：62-73.

国家的政治目标。

（二）制度目标

制度目标既可以说是一个目标，也可以说是很多目标的集合。从狭义上来说，制度目标就是建立并完善党内法规制度体系。而从广义上来说，任何制度范畴的目标都可以归为制度目标。这意味着，每个基本功能目标向上层发展之后都会产生各自领域的制度目标，例如，反腐倡廉功能目标实现后逐步形成反腐倡廉制度体系。不过，无论是狭义的制度目标还是广义的制度目标都必须站在功能目标实现的前提下才能加以讨论，在不考虑基础建设上构建的制度体系永远只能是空中楼阁。

制度建设是党的建设中的重要内容，它的重要性并非人为赋予，而是中国共产党基于自身的发展情况所提出的迫切需求①。一个完整制度体系的存在，意味着对于相关问题的立法已经趋近完善，具有严密的实施程序与相应的配套规定，各条文之间能够有序配合并已经形成一种稳定且立体的逻辑结构。达到这样的程度意味着党内法规在这一领域的功能目标已经基本实现，如何使党内法规的执行在实现直接目标的前提下更加严谨、科学，具有更高的优越性，是实现制度目标所要解决的问题。与功能目标专注于解决某类具体问题不同，制度目标已经不再局限于浅层的问题解决，而是更加关注问题背后的更深层次，包括权力的实际运作形式，权力的具体布局方式，权力的制约手段等更加全局性、根本性的问题②。这些问题对于明确中国共产党当前的发展路径，充分强化我党的执政者与领导者地位，保证我党坚定不移地走在正确的道路上具有重要意义。

制度目标的实现虽然对党的建设具有重要影响，但它更多还是强调党内管理，涉及党内事务，既具有一定的抽象性，又与党内法规等具体条文之间存在紧密联系。因此，在制度目标之上还有一个更高层次的目标，即政治目标，它以制度目标的实现作为基本前提。事实上，制度目标与政治目标之间并非完全泾渭分明，制度目标在某些情况下与政治目标非常接近。例如，强化党内法规的制度建设不仅能规范执行行为，而且有助于民主精神的传承、民主制度的规范化建设，这种党内民主的形成首先会提升中国共产党管党治

① 王俊．试论新时期加强党内法规制度建设的重要性［J］．四川省社会主义学院学报，2011（2）：38-40.

② 蒯正明，任秀娟．新形势下加强党内法规制度建设的路径探析［J］．探索，2015（1）：32-36.

党的能力，继而提升其对国家的治理能力，最终实现建立社会主义法治国家的政治目标。这实质上是从党内民主的角度诠释了从实现制度目标到实现政治目标的一个发展进程，可以说实现党内民主虽然是一个制度目标，但其已经高度接近最终的政治目标，并且是最终政治目标实现的重要前提。民主与法治是密切相关的两个概念，除了党内民主高度接近政治目标外，党内法治的实现也代表了和政治目标的高度接近。因为形成完善的党内法规体系是建设中国特色社会主义法治体系的重要内容①。

（三）功能目标

功能目标是党内法规执行的基本目标，它是指执行党内法规过程中所追求的直接目标，或者说通过实施某一党内法规，实现其本身所具备的某种功能。功能目标的具体内容很大程度上是由党内法规的制定者与解释者赋予的，它代表了执行党内法规的根本目的。当前执行党内法规较为常见的功能目标大概有帮助社会治理、规范党内关系、推动反腐倡廉，等等。

中国共产党是执政党，也是领导党，社会主义社会的治理问题也需要在党的领导之下才能得到妥善解决。这是由我国的特殊历史与实际国情决定的，也是由我党的特殊身份定位决定的。所以，引导、帮助社会治理，保障社会治理手段创新是执行党内法规的应有之义②。党内法规是规范党组织与党员行为的重要规定，对于调整不同主体之间的相互关系，避免职权冲突具有重要意义。作为一个拥有 9000 多万党员，数百万各级党组织、党委的庞大政党，厘清内部关系，明确不同主体职权，做好分工合作，是党内法规的重要内容。随着国际政治环境的日趋复杂，为了进一步提高社会治理能力，协调各级党组织与不同机关、社会团体之间的关系，缓解政务与党务交叉中可能存在的冲突矛盾及职权不清的问题，已经成为完善党内法规的重要目标③。反腐倡廉作为我国现今的一项重要工作内容，离不开中国共产党的领导。向全社会有序推动反腐倡廉工作，离不开健全制度的保障，而健全制度的确立需要以党内法规为建设支柱④。2005 年中共中央印发的《建立健全教

① 《中共中央关于全面推进依法治国若干重大问题的决定》（二〇一四年十月二十三日中国共产党第十八届中央委员会第四次全体会议通过）[N]. 人民日报，2014-10-29.

② 方堃. 论新形势下中国共产党党内法规的性质、作用及其完善 [J]. 理论建设，2016 (5)：37-41.

③ 方堃. 论新形势下中国共产党党内法规的性质、作用及其完善 [J]. 理论建设，2016 (5)：37-41.

④ 李军. 中国共产党党内法规研究 [M]. 天津：天津人民出版社，2016：166.

育、制度、监督并重的惩治和预防腐败体系实施纲要》就专门针对反腐倡廉工作的各项重要内容作出了明确规定。由此可见，反腐倡廉同样也属于党内法规的众多功能目标之一。

功能是党内法规效力的外在体现，依据法规内容的差异，党内法规可能具备很多不同的功能目标①。功能目标在整个执行目标体系中处于最基础的地位，它们的实现情况实质上反映了不同党内法规的执行情况。功能目标是党内法规执行的直接目标，党内法规对于实现功能目标所必需的程序、手段、保障机制都进行了明确规定，以促进功能目标的实现。正是基于这种基础性、直接性的特殊地位，功能目标的实现成了追求更高层次目标的重要前提。

第三节　党内法规执行力的内部结构关系

一、从力量来源到评估反馈的闭环结构

闭环是一个可以被运用于工程、经济、社会、管理等多个领域的专业性术语，根据语境的不同，它可以被表述为闭环结构、闭环系统、闭环控制等。其中，在人文社科专业中较常使用的主要是闭环结构。当前，由于闭环在诸多领域中都得到了广泛适用，所以其最初出现在哪个领域我们无从得知，只能说相较于文科类专业而言，闭环更常被使用于理工科领域。从实际概念上来说，闭环结构也可以被称为反馈控制系统，它实际上是指将某一行为的预设结果与实际产生的结果进行比较，可以发现二者之间存在的偏差，利用这部分偏差调节产生结果的行为，从而使实际结果逐步接近预设结果的一个控制调节过程。简单来说，就是只要存在实际结果的反馈环节就会形成闭环结构。在党内法规执行力这一问题中，最后的执行力评估就是整个闭环结构的反馈环节。不过，从严格意义上来说，我党当前针对党内法规执行力的问题并未形成真正的闭环结构。因为党内目前并没有专门的党内法规执行力评估，只有针对党内法规的整体性评估和实施评估。

闭环结构对于完善党内法规体系的重要意义在于：首先，闭环结构的存在能够提升党内法规的执行力。因为存在闭环，意味着党内法规的执行效果能够得到及时反馈，执行主体也能够根据评估报告针对性地调整执行行为。

① 欧爱民．中国共产党党内法规总论［M］．北京：人民出版社，2019：179.

不仅减少了在无关行为上浪费的时间，而且减少了调整过程中发生错误的可能性。其次，闭环结构的存在能够提高党的管理能力与立规水平。虽然当前并没有针对党内法规执行力的专门评估，但是从其他类似的评估报告内容中可以推测，针对执行力的评估必然也会提出专门的问题和具体的解决意见，其中可能会涉及条文自身的可操作性和被执行主体的相关素质这些无法通过完善执行行为而得到解决的问题。此时，就需要通过提高党的管理能力来提升党员素质，并通过立规水平的提高使他们制定出的党内法规具有可行性。而闭环反馈的存在使党中央与相关主体能够清晰地认识到自身在管理与立规工作中存在的具体问题，并进行针对性的解决，从而实现自身能力与水平的提升。最后，闭环结构的存在能够帮助社会公众更好地履行监督职责，高效推动党的建设。闭环结构的反馈环节不仅使相关责任主体能够明确自身当前的工作缺陷及未来的改进方向，也为社会公众行使监督权提供了便利。因为，在评估报告的指导下，社会公众可以针对性地监督责任主体未来的改进行为，而不用采取广撒网式的监督方式。这就意味着监督力量能够被更好地集中在需要被监督的领域，既不会出现力量过于分散导致监督效力不足的问题，也不会出现由于缺乏引导导致监督行为准确性不高的问题。

二、从制度文本到社会现实的运动过程

文本与现实，实际上是当前学术研究领域的两种研究范式，这两种研究范式之间并不是完全孤立的，而是存在着某种特殊联系。有学者从哲学的角度出发，认为当前的学术研究中已经出现了将文本与现实对立、过分执着于其中某一方面的问题①。事实上，在完善党内法规体系的工作中同样也存在着立足于文本或现实的孤立研究。立足于文本的孤立研究指的是完全不考虑我国当前的社会现实与党内事务中的实际问题，只专注于理论与文本层面的研究，或者试图将他国党内法规、法律中的规定吸纳入我国的党规文本。这就使得经过修改的党内法规不仅无法实现其制定之初的根本目标，反而丧失了身为法规所应当具备的可操作性。立足于现实的孤立研究是指一味专注于对现实问题的解决，不考虑其背后蕴含的基本理论，也不考虑如何将解决问题的方式转化为可以被普遍适用的优秀法规。这使得解决问题的可靠方式难

① 李潇潇．学术研究的范式转换：文本的现实化与现实的文本化［J］．山东社会科学，2013（10）：30-40.

以通过法规的形式被长久地固定下来，不仅使同一法规的不同执行主体之间难以统一行为，也使执行行为的最终结果变得不可预测。因为在未明确深层理论、形成固定条文的前提下，所有解决问题的方式都可能会因为受到各类因素的影响而具有不确定性，这将会使党内法规的顺利执行变成一个随机事件，严重削弱党内法规的权威性。由此可见，文本与现实之间不仅不存在对立关系甚至还有着千丝万缕的联系，只有将两者结合，才能更好地研究中国共产党党内法规的执行力问题。

在党内法规执行力这一问题中，文本与现实的关系比一般学术研究中的更为特殊。因为，党内法规的执行就是一个将制度文本转化为现实实际的运动过程，而执行力就是指具体的制度体系建设情况或者说文本转化情况。所以在执行力的研究中不仅要同时兼顾对文本与现实的研究，还要厘清二者之间的相互关系，明确这种转化过程的存在。明确这一运动过程的现实意义在于：一方面，可以清晰地体现文本与现实之间的身份定位，帮助全面了解影响党内法规执行力的主要问题。明确转化过程的存在后可以发现，制度文本与现实实际在党内法规执行过程中都占有一席之地，这就意味着，在分析影响党内法规执行的问题时不应该只局限于执行行为，制度文本是否可行、是否合理同样值得关注。另一方面，可以充分体现文本与现实之间的相互关系，帮助指导完善执行行为。基于转化过程的存在可以确定，制度文本是现实实际的基本前提，即便是基于现实实际，解决执行过程中的具体问题也应该时刻以制度文本为根本依据，以满足制度文本的制定目标为根本要求。

第三章

苏南农村基层党组织党内法规执行的实践呈现

在制度意义上，党内法规是最接近于法律体系的一种规范类型，是乡村多元社会规范体系的重要构成部分①，与国家法律、村规民约、道德习俗等多元化的社会规范一道，共同引导着农村基层社会的生产方式和生活样态。从自治、法治和德治等“三治融合”的视角观察，农村基层社会中党内法规的执行当属于法治的范畴，这也恰好印证了国家层面党内法规体系属于社会主义法治体系重要构成部分的权威论断。不过，党内法规执行的辐射效应又不仅仅囿于乡村社会的法治，遍布农村基层社会的党组织及优秀党员严格执行党内法规的行为一方面引领着法治乡村建设，另一方面又深度参与并引领着乡村的自治与德治，逐渐形成了以党内法规为根本依据的党建引领下的自治、法治和德治有机融合的乡村治理格局。

党内法规在农村基层社会的执行实践，显然内蕴着乡村社会有效治理的密码。然而，中国的乡村社会又是一个区域差异较大、规范与秩序多元的世界。不必说参差不齐的经济发展水平，亦不必说千差万别的区域文化样态，单单是广袤国土空间中不同的地理分布，就可能形成迥异的秩序需求。我们之所以最终把调研对象定在了“苏南”，一方面是因为观察的便宜，另一方面是因为“苏南”的独特。学界对“苏南模式”“新苏南模式”和“苏南现代化模式”的描述②，均在诠释苏南地区经济社会变迁的独有特质。地处苏南的农村基层社会，当然具备上述各种模式中所内蕴的“苏南”经济文化特质，在党建引领乡村社会治理的时代背景下，其显然也是深入发掘农村基层党建尤其是党内法规执行力奥秘的富矿。

① 规范体系是法律体系形成之后的升级版，是法律体系概念发展的必然，也是为了纠正将党内法规这一特殊规范类型赋予国家法律属性的一种理论校正。参见刘作翔．当代中国的规范体系：理论与制度结构［J］．中国社会科学，2019（7）：85-108，206.

② 对于三种模式的具体阐释，参见宋林飞．苏南区域率先发展实践与理论的探索：从“苏南模式”“新苏南模式”到“苏南现代化模式”［J］．南京社会科学，2019（1）：1-10.

第一节 调研概况

为了深入探寻党内法规在苏南农村基层社会的执行情况，江苏大学廉政与法治研究院凝聚全院研究力量，科学谨慎地选择了S市X区、J市、L市、Z市下辖JR市、N市L区等苏南若干典型农村基层党组织为调研对象，在2020年5月至2021年9月期间先后多次赴目标区域开展驻村田野调查，并通过召开座谈会、发放调查问卷、重点深入访谈等形式，对苏南农村基层党组织党内法规执行的力量来源、执行主体、执行力的具体内容及目标指向等方面进行了深入的调查研究。

一、调研对象

一般而言，调研前期需要做好的准备工作是选择调查范围、确定调查内容并甄选调查对象①。而在本研究前期的论证工作中，调查范围显然已经选定为“苏南农村”，调查内容也已经非常明确，即“党内法规执行力”，所以当下最为紧要的工作就是科学地甄选调研对象。从以往有关乡村调查的研究来看，无论是费孝通的《乡土中国》，还是贺雪峰的《新乡土中国》的研究，选择调研对象的基本方法都是“典型调查法”，此种方法一方面可以于“麻雀”的解剖中发现寓于诸多典型个性中的共性；另一方面也能够保证在人力、物力有限的情况下对调研对象进行深入的研究。选择“典型”的根本标准无疑是代表性，而无论是就地处“苏南”的地理区位而言，还是以经济社会的高质量发展及因此带来的社会文化变迁论之，“苏锡常”的农村地区作为“苏南农村”的典型代表均毋庸置疑。同时，为了增强样本的对比性，我们还把同属苏南但并不太典型的镇江、南京两地的部分农村地区也纳入调查范围。

当然，就调查内容的针对性而言，上述理由尚不能构成我们选择调研对象的充分理由。事实上，我们的专家组之所以被上述几个区域的农村基层深深吸引并最终决定深入调研，是因为其独特的党员构成结构、党建在农村社会发展中的强大引力，以及浓郁的农村基层党建文化氛围。以J市为例，据

---

① 王小康，陆卫明．毛泽东农村调查研究的内容、方法及现代启示［J］．甘肃社会科学，2019（2）：22-28.

J市委组织部2019年统计，J市农村常住人口48.36万，占全市人口29.28%，而农村党员45564名，占全市党员的52.44%。此外，X区几个街道农村党员占比甚至达到70%以上，Z市下辖JR市、L市的情况也差不多，农村党员占比均在50%以上①。农村党员占比与农村人口占比的鲜明对比，一方面呈现了此地城镇化发展之迅速，另一方面也显示了此地农村基层党员队伍的壮大，亦从侧面说明了农村基层党组织在当地经济社会发展中可能存在的强大政治势能与发展引力，当然实际的调研也证实了这种可能，留待后叙。此外，乡村党建文化园、廉政教育基地、驻地企业党建文化长廊的精细规划建设，鲜明地凸显着苏南农村基层浓郁的党建文化氛围，也强烈地刺激着我们的观感神经。

于是我们分头行动：多方联系、初步观察并经过仔细研讨后，最终把调研对象锁定为J市、S市X区、L市、Z市下辖JR市、N市L区下辖部分农村地区。通常而言，调研类著作的写作似乎应该对调研对象进行简要的介绍，但此次调研所涉对象颇多，且本次调研的背景资料显然应该是上述几地基层党建的概况，而此项工作在前述章节已经完成，故在此不再赘述。

二、调研设计

本调研围绕苏南农村基层党组织党内法规执行力这一核心内容，具体针对农村基层党组织党内法规执行力的力量来源、执行主体、具体内容、目标指向、实施流程、效果评估等6个方面的问题展开深入的实地调研。在调研过程中，我们结合现有党内法规文本，尤其是与农村基层社会治理密切相关的部分重点内容，通过驻村田野调查、座谈会、重点专题访谈、问卷调查等方式，顺利完成了此次调研任务。

为了真实发现党内法规执行力在苏南农村社会发展中的现实样态，同时也为发现需要通过座谈、访谈及问卷展开深入调研的真问题，我们由组长于晓琪教授带队，选取上述几地中的典型农村分别进行了为期30天的“沉浸式”田野调查。在J市的田野调查中，我们分成三个小组，分别派驻南闸街道、云亭街道和华士镇。白天，各小组分别下沉到相关社区与行政村，通过走访支部书记与普通党员、观察党内学习及党内民主生活会情况等方式获得大量一手资料，晚上讨论写作调查笔记。在S市X区调研期间，我们分成6

① 文中所使用的基层数据均以调研中苏南农村基层党组织提供的书面统计资料为依据。

个小组，分别派驻阳澄湖镇、太平街道、北桥街道、漕湖街道、望亭镇、黄桥街道，以同样的方式获得一手资料并记录调查日记。

针对驻村田野调查期间发现的重点问题，我们还召开了座谈会并对重点对象进行深度访谈。针对农村基层党组织学习党内法规文本的重点内容、农村基层党组织党内法规执行力的力量构成、党内法规执行责任制及执行力困境等问题，我们先后组织了三次针对基层党组织负责人及驻地企业党组织负责人的座谈会，期间对主要负责人进行了深度访谈，从而对苏南农村基层党组织党内法规执行力的现状有了全面深入的了解。

第二节　苏南农村基层党组织党内法规执行力的现实样态

如前所述，我们对于苏南农村基层党组织党内法规执行力的研究围绕力量来源、执行主体、具体内容、目标指向等方面展开。在调研、讨论及写作的过程中，我们都尽可能暂时搁置种种先入为主的理论预设，以保证观察与思考的客观中立。当然，观察思考对主体的依赖及写作过程中理论阐释的主观性，可能又造成了调研结论的“主观臆断”。尽管如此，正如本书绪论中所言，本部分内容并非企图“编造”一份可供全国推行的党内法规执行的“模式”，而是希望能够把调研获得的“可供解剖的麻雀”尽可能生动逼真地呈现在世人面前。

一、苏南农村基层党组织执行党内法规的力量构成

善于用法治思维与法治方式管党治党，加强党内法规体系建设，全面推进依规治党，是新时代全面从严治党的基本方略。这一方面要求我们不断完善党内权力的监督制约机制，用制度刚性实现全面从严治党，于外部扎紧制约权力的“制度笼子”，充分发挥党内法规规范效力逻辑形成的内在执行力，亦即着重强调以党员义务为基础的党内法规约束力。另一方面要求我们要强化对党员权利的保障机制，用权利思维激发全体党员的主体性、积极性，于内部挖掘执行党内法规的“内生动力”，亦即发挥党内法规的“能动力”。本次调研发现，从苏南农村基层党组织党内法规执行的力量来源构成来看，党内法规执行的约束力与能动力明显呈现出了协同发展的良好态势。

（一）党内法规强制的约束力

党内法规执行力的一个重要力量来源是党内法规体系的规范效力逻辑，

这是党内法规作为一种具有强制力的社会规范所固有的内在执行力，其外在表现就是对各级党组织及全体党员行为的约束力。从此种意义上而言，这种党内法规所固有的执行力是一种仰赖党内法规的权威性督促党组织及党员执行的外在驱动力。“权威，是指把别人的意志强加于我们；另一方面，权威又是以服从为前提的。”① 党内法规执行力正是通过党组织的权威性将党内法规的权威性传导至党员个体的具体行为，明确要求其行为须服从党的意志，并通过严格的责任机制对违规行为予以纠正，从而保证党内法规的有效实施。显然，上述“外源驱动力”，是一种由党组织的强制力与党内法规对党员行为的约束力协同作用产生的“合力”。从此种意义上而言，党内法规执行力的实现，一方面离不开权威且健全的党组织结构体系，另一方面亦离不开对党员行为尤其是对违规行为的责任追究。

从调研情况来看，苏南农村党组织在保障党内法规执行力的基层组织力量构成方面较为成熟。从约束党组织及党员行为的监督执纪机制来看，各乡镇与街道都设置有纪委，各村也都配有专职纪检委员，此种常规性的组织力量设置无须赘言。真正引起我们兴趣的是苏南农村基层党组织较为重视党内法规的执行。一个典型的例证是，此地各基层党组织均成立了党内法规学习宣传小组，一般由村书记任组长，各支部书记为小组成员，这显然为党内法规在苏南农村基层的有效执行提供了坚实的组织保障。更为难能可贵的是，此种组织保障普遍拥有落到实处的“责任机制”，各小组不仅明确书记是“第一责任人”，还要求责任人将学习情况通过智慧终端上报上级党组织，且“党内法规执行情况”被明确列为责任人年度考核的重要内容。此种以“责任”为媒介的驱动传导机制，通过对党组织及党员的主体责任、统筹责任、监督责任等执规责任的层层落实，充分激活了保障党内法规执行的组织力量。

就党内监督执纪的调研情况来看，苏南农村基层社会主要是依赖上级党组织的执规主体的执纪行为来传达党内法规的权威性，这一方面是党内监督执纪程序规则的刚性要求，另一方面也恰好符合乡村社会熟人之间的面子需求。正如被访谈的某位村支书所言，“上级给予某位党员处分，我们当然要严肃认真地执行，如果让我们自己处理，就不是很方便”②。值得注意的是，

① 马克思恩格斯文集：第3卷［M］．北京：人民出版社，2009：335.

② 参见调研资料一：苏州相城镇街组调研记录。

在依法治国与依规治党同频共振的背景下，苏南农村基层党组织对党内法规与国家法律之间的有机联系开始有了明确的认识，党内法规的权威性因国法的权威而增强。正如座谈中各位基层党组织负责人的一个共识，“在基层政治意识形态及法治意识不断增强的背景下，基层党组织及党员都会遵守党内法规和国家法律的规定”。把党员守规与公民守法放在一起讨论，说明正如同公民认同国法一样，党内法规作为一种具有权威性的强制规范，已经得到了基层党组织及党员的普遍认可与服从。尤其是近些年对“醉驾”党员进行法律追责并进而进行党纪问责的处理方式，让基层党组织与党员更为直观地认识到党纪与国法的有机统一。

综上所述，苏南农村基层党组织党内法规执行的力量来源构成中，外在驱动的执行力占据主导地位，作为内源动力的引领力尚有待养成。从法治理想的立场上而言，无论是依规治党还是依法治国，其理想的样态当是人们基于内心的认同与信仰而甘愿服从。而对党内法规的认同与信仰，一方面源自党员对党的忠诚与信仰，另一方面又源自完善的党内法规体系自身的说服力。前者毋庸置疑，党员在入党时的宣誓，已经用自己忠实的誓言宣告了对党组织的认同与服从。就后者而言，如何获取全体党员对党内法规的认同与自愿服从，正如法治如何获得全体公民的信仰一样，是摆在依规治党面前的一个重要命题，这显然仰赖作为党内法规执行双驱动力的引领力与执行力（约束力）的同频共振①。这虽然不是苏南农村基层党组织能够承担的使命，但或许恰是党内法规执行力在苏南农村基层实践的发展契机。廉洁政治文化的塑造、“政治生日会”的举办及执规责任的明确等创新性做法，无疑正是苏南农村基层通过增进党员政治认同来增强党内法规执行引领力的生动实践。

（二）权利保障的能动力

在党内法规的执行实践中，中国共产党内在的奉献特质要求党员要坚持义务优先的基本行为准则，这也是前述党规强制约束力的基本法理依据。同时，党内法规的执行还应注重通过对党员权利的保障激发党员的主体能动性，从而为党内法规的有效执行注入强大的能动力。党员权利有其自身的独特属性，尤其是在和义务的关系上，中国共产党内在的奉献特质要求党员要

① 党内法规执行转化的过程，表现出党内法规引领力与执行力相辅相成、协同保障的鲜明特征。参见周叶中，邵帅．论中国共产党党内法规的效力［J］．中国法律评论，2021（3）：32-46.

坚持义务优先于权利的基本行为准则①。但作为权利的一种特殊类型，党员权利亦有权利的共性，比如权利的理论根基与价值目标在这里同样适用。党员权利同样立足于马克思主义人权观，旨在保障党员的主体性地位，并深刻影响着党员个体的健康发展。

党员权利的保障实践一方面要守住“消极保障”的底线，即要防止党员受到权利侵害的情况发生；另一方面更要努力实现权利的积极保障，即正面激发党员积极行使党员权利并参与党的建设的思想动力。从义务优先及对党忠诚的视角而言，党员积极行使权利亦是对党忠诚的一种体现，这也是权利义务相统一的根本要求。新修订的《中国共产党党员权利保障条例》（以下简称《条例》），以列举的方式明确了党员权利保障的基本原则与权利类型。基本原则即民主和集中相结合、义务和权利相统一、在党的纪律面前人人平等等，这既是立法对党员权利保障价值目标的认可，也是对各级党组织及全体党员提出的积极行使权利的明确要求。同时，该《条例》还对权利的13个类型和具体的保障方式予以较为详细的规定，这不仅让各级党组织与全体党员有了明确的行为指引，也让我们本次调研有了明确的目标指向与分析依据。

在田野调查及座谈访谈中，我们都严格按照13项权利的类型与保障方式对调研对象进行了比对与分析，调查的结果与理论预设也比较吻合，苏南农村基层党组织对党员权利保障的认识与实践基本停留在防止侵害的“消极保障”层面。最为明显的例证，便是农村基层党组织并不重视《条例》的学习，在各个调查点关于“重点执行的党内法规”调研结果中，都没有明确提及《条例》。这说明，当地的农村基层党组织至少在思想上很可能并没有对党员权利保障能够激发党内法规执行引领力拥有充分的认识。农村基层党组织对待党员权利保障的认识与态度可能是，既然党内法规对此作出了明确的规定，各级党组织及全体党员当然要依规执行，不能侵害党员的“法定权利”。显然，这也是有关党员权利保障的党内法规规范力的典型体现。

结合调研资料，依据党内法规引领力理论进行仔细推敲，能够发现苏南农村基层党组织关于提升党内法规执行能动力的点滴实践。一个典型的例证是，苏南农村基层社会非常重视良好党内政治文化氛围的营造。无论是S市

① 周叶中，邓书琴．论中国共产党党内法规的价值取向：以党员义务和党员权利为视角［J］．中共中央党校学报，2018（4）：65-72.

X 区黄埭镇的冯梦龙廉政文化培训中心，抑或是 Z 市下辖 J 市通过村级文化广场、艺术长廊等载体塑造的“清风亭”“观莲亭”“思廉路”“莲池”等文化景观，都是于细微处营造着一种风清气正的党内政治文化氛围。而党内政治文化作为“中国共产党关于党的政治属性、政治信仰、政治原则和政治方向等关键性政治议题的认知积淀和观念倾向”①，显然能够深刻影响党员对党内法规制度文化的思想认知与执行行为，良好的党内政治文化氛围有利于党内法规能动力的有效发挥。另一个让人印象深刻的做法是，苏南农村基层党组织会为每一位党员认真举办“政治生日会”，这不仅有利于增强党员对党组织的政治认同。我们在调研中发现，苏南农村基层党组织普遍都会为所有同月或者同季度入党的党员集体举办“政治生日会”，为每一位“过生日”的党员发放由当地街道党工委或者乡镇党委统一制作的“党员政治生日贺卡”，同时为他们举办“共读红色书记、同忆入党初心”的主题生日会。这不仅能够有效地激发党员身份的自我认同，增强党员对党组织的政治认同，有力维护党中央的权威，而且有效地提升了党内法规执行的政治引力。

通常而言，利用新媒体进行党务公开、党内学习等党内生活是党员权利保障的实践方式，这也是新时代各级党组织的普遍做法，苏南农村基层的相关做法也非常符合新时代的要求，毋庸多言。总体而言，尽管苏南农村基层社会对于保障党员权利可以激发党内法规执行能动力的重要意义尚缺乏充分的认识，党员（包括各级党员领导干部）积极主动行使党员权利和执行党内法规的思想意识与行为方式尚待养成，但其已经展开的营造良好党内政治文化氛围、增强党员政治认同的相关实践，已于无形中塑造着党员对党内法规的制度认同，并悄然地孕育着党内法规执行的思想动力。良好党内政治文化的价值引领、农村基层党员政治品格的塑造，以及由此带来的党内法规执行能动力的提升，也恰好是新时代加强农村基层党建的三个重要的维度②。通过调研，我们发现党员最希望了解的党内法规见图 3-1。

① 柴宝勇，黎田．政治文化、政党文化与党内政治文化关系辨析［J］．马克思主义研究，2020（5）：111-119.

② 李俊斌，卜桃桃．新时代农村基层党组织政治建设的三重向度［J］．重庆社会科学，2021（5）：17-28.

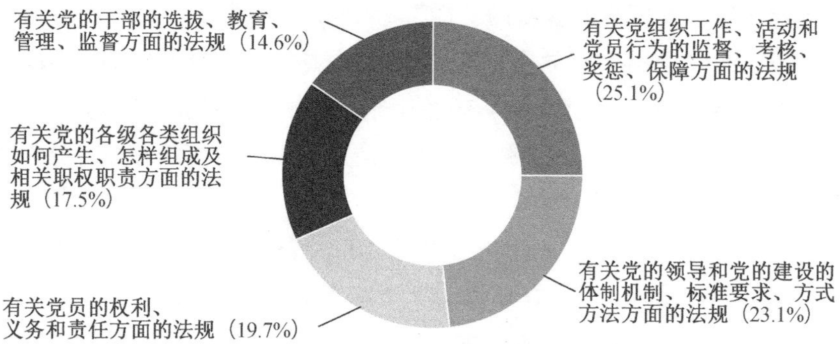

图 3-1　党员最希望了解的党内法规

二、苏南农村基层党组织党内法规执行主体

根据《中国共产党章程》及《中国共产党党内法规执行责任制规定（试行）》（以下简称《执规责任制规定》）等党内法规的相关规定，“党内法规的执行主体包括两大类型，即党的各级各类组织以及全体党员”①。就苏南农村基层党组织党内法规执行力研究而言，基层各级各类党组织所涵摄的对象主要是执行资源，即苏南农村基层党组织所拥有的财力、信息及文化等资源；全体党员根据执行力的强弱可以分为领导干部与普通党员，其所指涉的主要是党员的政治文化素养与执行能力。总体而言，苏南农村基层各级党组织的执行资源较为丰裕，基本能够支撑完整闭环的党内法规执行网络。党员领导干部在党内法规强制力的约束与科层制的压力传导之下，普遍具有较强的党内法规执行意识与执行能力，普通党员的执行意识与执行能力则呈现出参差不齐的现实样态。

（一）农村基层党组织

农村基层党组织作为执行党内法规的中坚力量，是衔接农村基层党员和上级党组织的桥梁，其一方面收集反馈整个所属党员的民情，另一方面宣传贯彻党内法规。作为基层党组织，其“通过思想建设、作风建设等方式，使得党的思想、党的方针、党的政策、党规党纪渗入每个基层党员的思想和行动中，在思想高度和知识更新层面与党中央保持一致，使得党员干部认真遵守党和国家的政策，努力实现党中央制定的宏伟目标，将党规党纪内化于

---

① 欧爱民，何静．党内法规的执行构成及其要素优化［J］．河南社会科学，2020（8）：11-19.

心，外化于行，发挥稳固基石的功能”①。本次调研发现，苏南农村基层党组织建设，与《中国共产党支部工作条例（试行）》《执规责任制规定》《中国共产党农村基层工作条例》等关于党内法规执行的相关规定较为吻合，在组织体系、队伍建设、制度建设及文化信息建设等方面能够保证党内法规的顺利执行。

以J市南闸街道为例，南闸街道现有10个行政村、3个社区，下辖2个二级党委、13个党总支、100个党支部，各村（社区）一般由党组织副书记负责党务工作，同时村“两委”班子成员在二级支部兼任支部书记或委员，负责做好所在支部的党务工作。这与其他调研区域的组织与队伍建设情况基本一致，即每个党组织配备1~2名党务工作者，支委3~5人。同时，各村基层党组织均配有专职党务副书记、专职纪检监督员，其队伍与组织建设显然亦能够满足《执规责任制规定》对组织建设的要求。同时，其在党内法规执行制度建设层面也较为成熟，除了开展好“三会一课”、组织生活会、民主评议、谈心谈话等常规执行活动之外，还重点开展了星级党支部评选等创新性党建活动②，其中党内法规执行情况是星级党支部评选的一个重要指标。如南闸街道目前已经评选出五星级党支部7个、四星级党支部37个、三星级党支部47个。与其毗邻的云亭街道还专门制定出台了《关于推动“党建引领·活力云亭”建设，进一步加强街道基层党建工作的实施意见》，实施党支部“红色堡垒”工程、带头人“红色头雁”工程、党员队伍“红色细胞”工程、党建阵地“红色驿站”工程、党建品牌“红色风景”工程等五大“红色工程”。此外，J市还针对基层党建出台了一系列文件，如《关于“暨阳红色先锋”基层党建质量全面提升三年行动计划的实施意见》《关于切实提高基层党组织生活质量的意见》《关于进一步推行党支部主题党日活动的通知》等③。

尤其值得注意的是，苏南农村较高的经济发展水平为基层党组织执行党内法规提供了强大的经济支持。在调研中发现，各基层党组织反馈的一个高度一致的信息是，尽管党组织各项工作经费均由各村（社区）自行承担，但

① 陈莹莹．党内法规执行机制研究［J］．法学评论，2020（3）：139-146.

② 从党内法规执行的功能结构体系来看，基层党组织尤其是农村基层党组织执行党内法规的主要手段和方式就是党建活动。参见陈莹莹．党内法规执行机制研究［J］．法学评论，2020（3）：139-146.

③ 参见调研资料十二：无锡江阴座谈调研记录。

各村（社区）党组织活动经费非常充裕，如南闸街道2020年度各村（社区）党建经费共计192.8万元①。这显然为党内法规的宣传学习、党员的教育培训、主题日的开展及各类“红色工程”等党建工作的有序开展及机制创新提供了强大的财力物力支撑。另一个较为明显的例证是，在苏南经济略显薄弱的Z市下辖JR市，竟率先开展了“村党组织书记专职化”工作。从《Z市下辖JR市村党组织书记专职化管理实施办法（试行）》（J委发〔2020〕123号）的文件规定及实际调研情况来看，此项工作对专职村书记待遇的落实解决了他们的后顾之忧，很好地激发了村书记开展党建及其他各项工作的积极性，充分释放了基层党建“头雁领航的雁阵效应”。而此项工作之所以能够顺利开展，主要是因为诸多专职村书记的待遇落实由县财政和乡镇财政共同负担完成。

（二）领导干部与普通党员

徒法不足以自行。从广义上而言，农村基层党组织的依法设置属于制度建设的范畴，各项党内法规具体规定的落地生根，离不开广大党员领导干部和普通党员的具体执行行为。“以‘关键少数’为中心、全体党员干部为基础的执行主体是体现党内法规执行力的最活跃因素。”② 此种意义上而言，作为“关键少数”的党员领导干部与普通共产党员的执行素质、执行底气与执行能力③等因素，最终决定着党内法规执行力的实施效果。如果党员领导干部与普通共产党员整体政治素质较高、执行素养和执行能力较强，那么党内法规执行力就强。相反，党内法规执行力就较弱。具体而言，实践中深刻影响执行主体素养与执行能力的现实因素主要有文化水平、专业知识与实践经验等方面。总体来看，苏南农村基层社会中党员领导干部均具有较高的文化教育水平、法治素养与丰富的实践经验，亦具有较强的党内法规执行意识与执行能力，而普通党员个体差异较为明显，执行意识与执行能力普遍有待提升。

从调研情况来看，苏南农村基层的党员领导干部在年龄、学历、政治素

① 参见调研资料十二：无锡江阴座谈调研记录。

② 廖秀健，张静馨．提升党内法规执行力的逻辑生成与实践指向［J］．理论导刊，2020（6）：28-35.

③ 关于党内法规执行不力的成因，习近平深刻指出：“有的是缺乏执行能力，有的是缺乏执行底气。”参见中共中央党史和文献研究院，中央“不忘初心、牢记使命”主题教育领导小组办公室．习近平关于“不忘初心、牢记使命”论述摘编［M］．北京：中央文献出版社，党建读物出版社，2019：22.

养、执行能力等方面都具有明显优势，这也为党内法规的执行提供了坚实的主体基础。首先，从年龄与文化教育水平来看，这一区域的“两委”班子平均年龄在40岁，大专及以上学历占比95%以上。“年轻化”及“接受过高等教育”的主体条件，对于提升党内法规执行力显然是天然的有利因素。其次，就执行素养而言，苏南农村“两委”干部通过市、街（乡镇）两级的常态化培训，以及支委会集中学习、日常化的自学等方式，通常具有较高的政治站位、较强的法治意识与执行意识。同时，在村务尤其村级财务全部公开透明，以及上级党委与全体村民的严格监督之下，近些年苏南农村基层党员干部队伍几乎没有发生“灯下黑”的问题，这说明此地的领导干部队伍普遍拥有党内法规的“执行底气”。最后，就执行能力而言，面对苏南经济社会高度发展场域中生成的日益复杂的利益关系，“两委”干部日常工作需要在法治框架内灵活协调各种利益冲突，其执行能力在高强度的工作压力中得到了充分的实践训练，正如被访谈的各位干部对自己的一致描述：“我们都具有较强的战斗力！”

苏南农村基层普通党员的情况似乎不太乐观。首先从年龄来看，普通党员老龄化态势非常明显。据统计，南闸街道村（社区）党员1585人中，60岁以上700人，占比44.16%，30岁以下146人，占比9.21%；云亭街道村（社区）共有党员1810人，平均年龄55.5岁，其中男满60岁、女满50岁的退休党员901人，占比49.78%，35周岁以下412人，占比22.76%；华士镇党员共198人，平均年龄51岁，82人退休，老党员占比41.41%；阳澄湖镇岸山村共68名党员，60岁以上党员占比50%以上；漕湖街道漕湖花园社区，共有党员169名，60岁以上的老党员有80人，占比47.38%；北桥街道鹅东村更为严重，70%以上是60岁以上的老党员。苏南农村基层党员年龄分布情况见图3-2。而且党员发展情况也不容乐观，因为多数年轻人在企业工作或者选择自由经营，入党积极性不高，所以党员老龄化状况有进一步加剧的可能。其次，普通党员学历层次普遍偏低，如南闸街道各村（社区）普通党员中大专及以上学历550人，占比37.7%；云亭街道各村（社区）大专及以上学历655人，占比36.19%。其他调研对象的情况也大抵如此。据了解，造成这种情况的主要原因是农村基层岗位对高学历党员吸引力不够，其往往更愿意在城市中谋求就业机会，并不愿意回农村就业。最后，从执行意识与执行能力来看，苏南农村基层的普通党员在执行党内法规方面也存在全国普通党员的一些“通病”，如认识高度不够，往往认为执行党内法规与自己关系不大，参加党内生活也不积极不主动。正如前文所述，如何激发全体党员的积极性、主动性，真正实现党内法规的思想引领力，是摆在全国共产党员面前的时代课题。

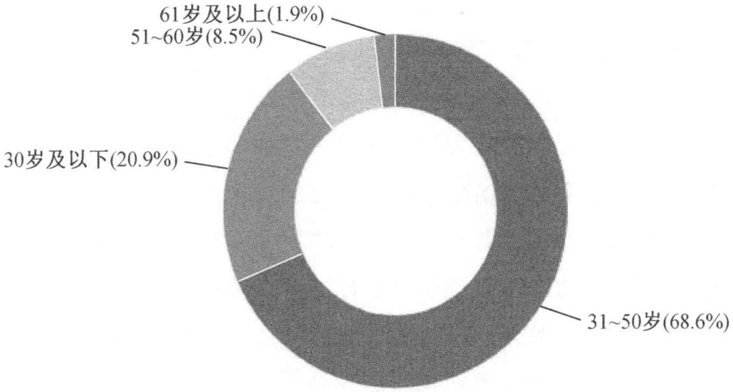

图 3-2 苏南农村基层党员年龄分布情况

当然，苏南农村基层普通党员队伍的构成现状在执行党内法规方面亦存在有利之处。一方面，虽然党员老龄化较为严重，但拥有高党龄的党员往往具有较高的思想觉悟与较强的政治意识，其参加党内学习及组织生活的积极性也非常高。另外，老党员普遍不再参与生产劳动，时间也较为宽裕，还有部分老党员属于“退休返乡”人员，见多识广且工作经验丰富，这显然有助于对年轻党员“传帮带”工作的开展，亦有利于提升党内法规执行力。另一方面，苏南农村的经济社会发展水平较高，农民物质生活与文化生活水平相对较高，在家务农的年轻人一般不会选择外出务工，党员及潜在发展对象基本没有流出的情况，甚至多数村（社区）都会有外地党员（如本地大学生毕业、退伍军人、外来务工）流入的情况，这对本地党员队伍党内法规执行力的提升具有一定的积极作用。

三、苏南农村基层党组织党内法规执行力的主要内容

如前文所述，党内法规的有效执行仰赖党内法规引领力与执行力的相辅相成。监督各个人行动最有效的力量是每个人自己，党内法规引领力注重对党员制度认同的思想感召，旨在通过学习教育调动党员遵规守规的能动性。党内法规的执行力重在约束党组织及党员的具体行为，旨在通过执纪问责等方式强制惩戒违规行为，通过执纪监督、制度教育等方式预防违规行为的发

生。党内法规执行力的主要内容是党内法规执行力的本体，各级党组织与全体党员的具体执行行为内容贯穿知规、执规、护规、守规的全过程。由于有权解释等执行行为与基层党组织关系不大，结合调研获取的资料数据，苏南农村基层党组织党内法规执行力的具体内容主要包括知规层面的学习教育和党内监督两个方面。

（一）学习教育

知是行之始。加强党内法规的学习宣传与依规治党思想教育，是习近平新时代中国特色社会主义法治事业的内在要求，亦是党内法规公开并进一步实现有效执行的基本前提。尤其是在党内法规体系繁杂、数目众多的现实情况下，加强全体党员的党内法规学习教育，不仅仅是马克思主义学习型政党的本质体现，亦是深入推进依规治党的现实所需，更是大力提升全体共产党员党内法规执行意识并进而增强党内法规执行力的迫切要求。同时，“通过会议文件传达、知识手册阅读、党课培训教育、学习心得撰写、舆论典型宣传等手段进行内容传导、思想熏陶和氛围营造”① 的过程中，全体党员会不自觉地对照自己的日常行为进行自省与改进，会逐步将党内法规的行为准则内化于心。显然，学习教育不仅能够加深广大党员对党内法规的认知，还能借助其对党组织的忠诚及信仰的力量逐步养成遵规守规的实践自觉②。

从实际调研情况来看，苏南农村基层党组织党内法规学习教育机制较为健全。无论是传统意义上的“三会一课”、理论学习及主题党日等学习机制，还是对党员尤其是领导干部的定期培训，都有条不紊地开展，且都有明确的制度机制。如在Z市下辖JR市几个乡村调研时，基层党组织每年都会排好组织生活（包括学习教育）的“课程表”，同时必须填写“党建活动一览表”，对本级组织生活的内容、形式、时间安排等进行系统谋划。在学习教育的形式创新方面，各级党组织也会充分利用新载体，创新开展“主题式、体验式、互动式”组织生活，还建有专门的“先锋讲学平台”和党员教育实境课堂。然而，从目前的调研资料来看，苏南农村基层党组织关于党内法规的学习效果不太理想。一方面，其并未把党内法规的专题学习教育作为一项专门工作来开展，偶有学习也仅仅是下发相关“普法读本”。比如在问及

① 王若磊．党内法规制度实践兴起的政治逻辑［J］．吉林大学社会科学学报，2019（3）：101-110，233.

② 有学者非常形象地称此种力量为“政治势能”，并详细阐述了政治势能在党内法规执行中的功能。参见郑智航．党内法规执行过程中的政治势能［J］．行政论坛，2021（3）：23-29.

有无党内法规的学习宣传及学习的方式时，基层党组织负责人比较一致的回答便是："市级会下发党内法规读本，街道则将党内法规作为主题党日学习内容下发。"很显然，苏南农村基层党组织对于党内法规的学习，其形式化较为明显，缺乏学习教育的持续性与体系化，也很难真正实现"入脑入心"的预期目标。这也得到访谈结果的证实，比如受访的多数普通党员对党内法规与地方党内规范性文件并没有明确的区分意识，受访的基层党员领导干部在日常党建工作中对于党内法规的重要意义、具体内涵、历史沿革、制度体系、执行体制、机制等方面缺乏全面、清晰的认识和透彻的理解，在问及党内法规的具体内容时，能够熟练掌握的党员更是寥寥无几。

当然，党内法规学习教育效果不理想并非苏南农村基层党组织党内法规执行独有的弊病。国家层面也已经充分认识到问题的症结所在，并开始有计划地实施党内法规普法教育，如新出台的"八五"普法规划（2021—2025）就将党内法规的学习宣传明确列为此次普法的重点内容。事实上，在国家层面依法治国与依规治党双驱推进的背景下，在长期的理论宣传催化与自上而下的压力传导作用下，基层党员对党内法规的认识已经逐步走向明确化、科学化。比如受访的党员普遍已经认识到党内法规与国家法律的科学关联，其一方面认识到了党纪与国法之间的明确区分，认为"党内法规也带'法'字，具有强制性与约束力"，另一方面更是明确树立了"党纪严于国法"的正确观念，相比若干年前农村普通党员关于"党员身份可以折抵有期徒刑"的认识，此种明显的进步颇显可贵。令人欣慰的是，基层党员领导干部已经充分认识到此项工作的短板，并有努力改进的决心。受访的领导干部普遍认识到，当前党内法规的学习教育"学习宣传形式单一，不注重系统性学习，学习效果一般"，并决心在今后的工作中重点推进，有些基层党组织已经制定了初步的学习计划并准备马上开展，其成果让人期待，相信不久的将来也会发生如"八项规定改变中国"般的巨变！

（二）党内监督

法无威不严。党内法规执行力的提升，一方面离不开学习教育及职务晋升等正向激励的引领，另一方面亦离不开监督惩戒的责任约束。习近平总书记对此明确指出："抓好法规制度落实，必须落实监督制度，加强日常督察和专项检查。要用监督传递压力，用压力推动落实。”① 同时，《中国共产党党内监督条例》明确规定，“党章党规党纪的有效执行”是党内监督的法定任务。显然，开展严肃认真的党内监督，既是党内法规执行力的主要内容之一，亦是通过有规必依、执规必严的党规实践不断增强党内法规权威性的现实进路。一方面，通过各级党组织及党的专责监督机关对部分党员的违规行为进行严肃认真的监督问责，不仅可以“治病救人”，还可以对全体党员起到预防教育作用。另一方面，依据党内法规进行党内监督包括进行执规监督，显然是党内监督法治化在“法”和“治”两个层面的实践呈现②。而法治的核心要义是“制定的良好的法律得到普遍的服从”③，党内监督法治化显然蕴含着党内法规执行力获得权威性的内在机理。

从实际调研情况来看，苏南农村基层党员领导干部对党内监督问责的“四种形态”和与党纪处分相关党内法规较为熟悉，基层党组织针对普通党员的党内监督最为常用的是第一种形态，而针对领导干部的党内监督前两种形态的适用频率都很高。如 Z 市下辖 JR 市下蜀镇五星村成立了村纪委，设有纪委书记 1 名，纪委委员 2 名，纪委书记由村党委副书记兼任。每年村纪委会对问题党员（至少 10 余人）进行谈心谈话，真正让其“红红脸、出出汗”，切实给思想“开小差”的党员戴上“紧箍咒”④。但从所解决的问题来看，却又非常集中且单一。据调研资料的统计来看，“问题党员”往往主要是流动党员，“问题”也主要是“参会率低”。然而，普通党员及领导干部面临第二种问责形态的情形又时有发生，调研中比较集中的事由是赌博与酒驾，还有个别是因交通肇事违法行为被党内问责。这说明苏南农村基层党内监督存在“不严肃”“不到位”的情况，这也得到了后续访谈的证实，比如某位村书记坦言，之所以不对所属党员进行严肃问责，主要原因就是，如对党员采取严重警告、留党察看、开除党籍等强硬措施，势必会影响村党委整体形象，断送申报优秀基层党组织等荣誉资格的机会。此外，也有很多村书记承认，村党委内部都是熟人，“不忍心也不方便出手”。可见，党内法规的

① 中共中央纪律检查委员会，中共中央文献研究室．习近平关于严明党的纪律和规矩论述摘编［M］．北京：中国方正出版社，2016：90.

② 张树剑，张正良．监督法治化背景下的党内法规执行监督机制探析［J］．党政研究，2021（3）：31-38.

③ 亚里士多德．政治学［M］．吴寿彭，译．北京：商务印书馆，1965：199.

④ 参见调研资料二十四：五星村情况。

执行力在苏南农村基层社会中可能依然面临着“熟人社会”的困扰。

另一个值得注意的问题是，基层党组织负责人普遍反映，经常会“不清楚原因就被问责”。比如脱贫攻坚专项工作中，仓头村一个会计被问责，原因是两次上交的数据有出入，问责依据就是工作不负责，最后采用的形态是约谈。再比如有两个村想做集中的安息堂，A 村在设计时占了 180 平方米基本农田，国土部门不允许，就没有建；B 村设计时占了约 133 平方米（2 分）基本农田，觉得问题不大就建设了，最后村书记被纪委问责，而建好安息堂可以迁坟 3000 座①。这说明苏南农村基层党组织党内法规执行的过程中存在程序不规范、依据不明确的问题。同时也说明，基层党组织在引领社会治理的进程中，更多依靠的是科层制自上而下的压力传导机制，多数基层负责人都反映的“过度问责”“滥用问责”“压力太大”等情况便是很好的例证。“（党）真正的优势要表现在群众拥护上。把优势建筑在权力上是靠不住的。”② 显然，这种过度依赖监督问责的党内法规执行方式，可能恰好不利于党内法规权威性的确立，还可能引发基层党员干部“怕担当、不作为”的现象。此外，基层党组织在开展党内监督的工作中，普遍反映的另一个制约因素就是“人手不够”。如 Z 市下辖 JR 市某乡镇党组织负责人反映，该乡镇纪委专职工作人员仅有 2~3 人，其工作面广，监督领域多，且对监督的业务工作内容不熟悉不了解，实践中就很难发现存在的问题。

当然，苏南农村基层党组织在思想上均较为重视党内法规的执行，且均对某项重点党建内容的党内法规制定了相应的规范性文件，以增强党内法规的执行效果。如 J 市针对党内组织生活的开展，就曾发布两个较为典型的规范性文件，即《关于切实提高基层党组织生活质量的意见》与《关于进一步推行党支部主题党日活动的通知》。在乡镇（社区）及行政村层面，党内法规执行责任的落实主要是通过对相关党员领导干部进行考核的方式展开监督。如调研区域一个普遍的做法是，将党内法规学习贯彻执行情况纳入村级质量考核，纳入村党组织书记述职评议考核的重要内容，推动村党组织书记切实扛起贯彻落实党内法规的主体责任，并定期对村党组织和党员学习贯彻党内法规情况开展督查，持续传导压力，并且考核成绩与年终奖相关联，这

① 参见调研资料二十五：仓头村情况。

② 邓小平文选：第 1 卷［M］. 北京：人民出版社，1994：10.

显然是对党内法规执行的一种“制度规制激励机制”①。但如果按照《执规责任制规定》的具体要求逐一比较，不难发现，苏南农村基层党组织在党内法规执行监督方面亦存在明显的薄弱环节，尤其是缺乏常态化的监督机制，上述考核标准往往也比较模糊，党内法规执行的评估机制也处于完全缺位的状态。

四、苏南农村基层党组织党内法规执行力的目标指向

党内法规执行力，是党内法规规范力的外在体现，是党内法规政治引领力与制度约束力有机融合的载体。党内法规的权威性深刻影响着党的政治权威，人民群众基于制度认同而生的自觉拥护是党的政治权威的源泉。此种意义上而言，政治层面的权威认同，是党内法规执行力的根本目标。党内法规执行力的实现离不开完善的党内法规制度，而“以党章为代表的党内法规始终贯彻着政党制度的民主价值，并把坚持和完善党内民主视为党的生命，使党内决策、执行、监督等制度实践烙上了社会主义民主的鲜明印记”②。无论是保障权利生成引领力抑或是约束党内权力激发执行力，都离不开党内民主的真正实现，党内民主显然是党内法规执行力的制度目标。党内法规执行力在农村基层实践的主要方式便是基层党建，而“以基层党建引领新时代乡村振兴，既是促进农村基层‘组织振兴’的内在要求，也是以中国农村全面走向现代化为基本内涵的‘乡村振兴战略’落实的有力保证”③，实现乡村振兴是党内法规执行力在农村基层实践的治理目标。

（一）权威认同的政治目标

党内法规执行力能否实现，决定着党内法规制度的生命力，而党内法规的执行力又取决于全体党组织和党员对党内法规的认同与接受。百年依规治党的伟大制度实践表明，科学完备的党内法规是依规治党的制度基础，是维护政治权威并增强权威认同的制度基础，基于政治认同而生的党内法规执行力已经成为党领导社会主义事业发展不可忽视的力量源泉，成为深刻影响党

① 潘博，王立峰．党内法规执行的动力机制研究：基于嵌入性理论的分析视角［J］．河南社会科学，2021（1）：57-67.

② 王立峰．忠诚、法治与民主：论党内法规的基本价值［J］．东岳论丛，2021（6）：138-146.

③ 唐建明．以基层党建引领新时代乡村振兴：逻辑理路与实践进路：基于湘西十八洞村等脱贫与振兴经验的调查［J］．湖南师范大学社会科学学报，2021（4）：31-40.

的执政目标实现的重要因素。作为党内法规执行力的主体力量，各级党组织及全体党员要充分认识自己的政治身份，增强组织意识和政治意识，自觉认同与接受党内法规的引领与约束，自觉遵循党内法规明确规定的政治方向、政治道路，自觉遵守党内法规明确规定的政治义务并积极行使党员权利，坚决维护党中央的权威。此种意义上而言，党内法规执行力又如同一面旗帜，时刻吸引并指引着全部党组织和全体共产党员向党中央看齐、靠拢。

从调研资料来看，苏南农村基层党组织十分重视党内法规执行力的政治引领作用，把党建作为支撑党内法规执行力的主阵地，普遍把“标准化”理念作为党建阵地建设的基本准则，把“体现党的存在、传递党的声音、凝聚党的力量、展示党的作为”作为基层组织建设的重要目标，其所实施的一系列有力举措最终形成了浓厚的政治文化氛围，使党的领导权威获得全体党员及人民群众的自觉拥护。比如 Z 市下辖 JR 市辖区的农村基层，普遍采取统一形象标识的方式强化党组织及党员的权威认同。统一形象标识，即对农村党建活动阵地建筑外观、功能阵地、标识标牌等四大类 20 项党建标识进行统一设计，以此“拨亮党建元素、打造红色地标”，其目标亦非常明确，即“强化党组织的存在感”。其实践效果也得到了后续访谈的有力证明，基层党员普遍表示，“形象醒目、功能完善的服务阵地让农村党员有了‘像样的家’，看到‘党建红’就感受到了党的庄严形象”。此外，苏南农村基层也非常重视对基层党员尤其是村干部的学习培训，并开展了专门针对村干部的党内法规的学习教育，且经常采取“脱产方式”，村干部普遍表示“通过学习切实感受到了党的权威，提升了依法工作的能力”①。

更为难能可贵的是，苏南农村基层党组织亦采取一系列有效举措强化人民群众对党的政治认同。比如 Z 市下辖 JR 市各基层党组织以“全程代办”的理念抓为民服务，通过对村级服务事项进行梳理整合、精简优化，形成“党建服务、民生事业、民生保障、咨询调解、富民惠民、证明开具”六大类 30 项为民服务清单，切实做到服务内容、办事流程、办理时限和申报材料“四个明确”。同时建立健全以村党组织为核心，党员服务员、党员联络员为主体的立体式服务网络，全面推广村级事项全程代办机制，对村民需要办理的事项，由网格内党员志愿者担任联络员、村干部担任服务员，实行全程代办，变“坐等上门”为“主动叩门”服务，其效果在后续的访谈中也

① 参见调研资料十八：句容市：党建引领乡村振兴的地方实践与经验启示。

得到了当地群众的高度认可，受访群众普遍表示“充分感受到了党的领导的温暖”。再比如S市X区所辖农村基层党组织成立“和美先锋联盟”，通过定期开展专题志愿活动，为当地群众解决垃圾分类、老年过渡房（安置非本村村民但居住在此地的老年人）等难题，还把各村重点工程与党建相结合，以提升百姓对党组织的政治认同。

（二）党内民主的制度目标

“始终坚持以党内民主的方式推进党内法规制度建设”，是百年以来中国共产党党内法规建设的基本经验①。党章引领下的党内法规制度体系建设始终坚持民主集中制的根本原则，并把坚持和完善党内民主作为基本价值目标，通过不断完善党内法规体系约束党内权力并保障党员权利，以逐步实现依规治党的治党目标。党内民主建设的核心问题是党员民主权利的保障，“党章及有关党内法规既是党员享有和行使民主权利的根本依据，也是保障党员民主权利的重要武器。发展党内民主，关键在于健全党员民主权利保障制度，用健全的党内法规制度来保障党员的民主权利”②。可以说，没有党内法规制度对党员权利的充分保障，就无从激发党内法规对党员的制度引领力，党内法规的规范力与执行力便无从生成，党内民主作为党内法规执行力的制度目标便也无从实现。

苏南农村基层党组织在党内民主建设方面亦有一些较为突出的创新性实践。比如Z市下辖J市所辖农村基层党组织，在领导干部选育方面尤其突出政治标准，坚持选人用人的制度化与透明化，力争选优育强村干部队伍。其在村干部的选拔上明确规定，必须动态保持老中青人数比例为3∶4∶3，后备队伍储备比例为1∶1。尤其令我们惊讶的是，在Z市下辖JR市村支书专职化制度的推动下，其所属地区农村基层村级党务工作人员的选拔已经开始采用“公开招考”的方式，近几年共公开招考村级工作人员148名，村级储备人才351名，培育“定制村干”25名，每个村还配备了2名乡村振兴特聘岗人员。此外，在党务公开建设方面，其充分借助信息化、大数据技术，设计研发农村基层党建标准化辅助管理系统，建立全过程记录、全流程管控、全方位保障的智慧考评体系，充分发扬党内民主并压实压紧全面从严治党主

---

① 陈家刚．中国共产党党内法规制度建设的百年历程及基本经验［J］．同济大学学报（社会科学版），2021（3）：12-22.

② 邸乘光．党内民主建设：意义、核心及关键［J］．江淮论坛，2020（3）：71-80，193.

体责任。该区域农村基层党组织充分依托互联网、远程教育系统、移动手机三个平台，为基层党内民主建设装上“电子眼”，切实做到了“党建任务一目了然、完成情况一清二楚、工作考核一气呵成，保证监督考核的公平公正和刚性约束”①。

当然，从调研情况来看，苏南农村基层的党内民主也存在诸多薄弱环节，比如较为典型的便是基层普通党员的民主权利并未受到充分重视。正如前文所述，如果将调研资料严格对照《中国共产党党员权利保障条例》的相关规定，会发现农村基层党组织在党员权利保障的党内法规执行上非常薄弱。最典型的就是选举权的实现。虽然苏南农村基层党组织公开选拔负责人的方式在实践中被广大党员认同与接受，但从制度理性的层面上而言，其对参加公开选拔的共产党员的种种资格限制，或许恰好剥夺了许多普通党员的被选举权，况且此种公开选拔亦非选举，其在基层党组织建设中的合法性还有待进一步探讨。尽管有民主推荐的程序，但是最终能够获得推荐的人员可能也早已是基层组织负责人的“目标人选”。如果基层党员选举权与被选举权“落空”的现象长期存在，势必会影响普通党员参与基层党内事务的积极性与主动性。再比如有些区域的基层党组织负责人在进行选举时，可能往往已经通过各种形式进行了“宣传”，普通党员也不便提出反对意见。这说明党内民主在此地存在形式化倾向，再一次证明了苏南农村基层党建依然受到传统“熟人社会”文化的困扰。此外，普通党员的监督权普遍不能充分行使，对于重大敏感的关乎村民经济利益的党内事务有时仅仅是进行形式化公开，公开的内容时常缺乏实质性，因此也就无所谓的普通党员对重大事项的参与。另外，普通党员也存在权利意识缺失的问题，苏南农村基层党组织普遍没有普通党员积极主动主张权利事项的发生，便是一个很好的例证。

（三）乡村振兴的功能目标

乡村振兴仰赖农村基层社会的有效治理。尽管法治被认为是人类社会迄今为止最为理想的社会治理方式，但其对实施条件的理想化要求又生成了诸多局限性，使其并不能将执法与司法的各种功能有效延伸到广袤乡村的每一个角落，乡村社会的治理实践需要法治、自治与德治的有机融合。“自治作为村庄中的内生性治理力量，可以成为村级治理中微观的权力运作方式。德

① 参见调研资料十七：以专职化管理助力“头雁”振翅高飞。

治蕴含的优秀文化与地方传统，可以在村级治理中回应地方性治理需求。”①在中国乡村社会的治理实践中，“三治”融合是迄今为止较为理想的选择。在依规治党与依法治国有机统一的时代背景下，“三治”融合的乡村治理实践，当然离不开中国共产党的领导，亦离不开基层党组织的支撑。实践表明，不断完善基层党组织领导下的自治、德治、法治相结合的乡村基层治理体系，是实现乡村振兴的科学进路。正如前文所述，基层党组织建设是党内法规执行力在农村基层实践中的主要呈现方式，乡村振兴当然亦是党内法规执行力推动乡村有效治理的现实目标。

苏南农村基层党组织充分利用“苏南”的地理区位优势，借助经济领先的发展基础，以产业融合发展为重点，不断强化基层党组织的引领作用，逐步摸索出了“党建+产业”的融合发展模式，走出了一条“党建引领、产业强村、合作富民”的乡村振兴之路。比如Z市下辖JR市在所辖区域的77个农村基层重点推行“党支部+合作社+农户”的发展模式，采取单独组建、联合组建、行业统建等多种形式，动态推进合作社党组织组建工作，先后建立专业合作联社党委等各类型合作社党组织124个，充分将基层党组织的政治势能转化为经济社会发展优势，真正实现村集体增资、合作社发展、村民脱贫致富“三方共赢”。据受访对象描述，仅仅在2020年，该区域的村均集体经营性收入就达120万元。在特色党建引领特色乡村发展的推动下，村级产业发展特色亦逐步彰显，成功培育戴庄大米、丁庄葡萄、唐陵苗木、白兔草莓、西冯草坪等一批本土特色农业金字招牌，累计创成全国一村一品示范村8个，全国乡村特色产业亿元村推介5个，丁庄葡萄合作联社成为江苏唯一入选第二批全国农民合作联社典型案例②。

此外，苏南农村基层党组织还非常重视乡村民生事业的发展。据统计，Z市下辖JR市市财政每年安排村级组织运转经费、公共设施运维经费38万元以上，各镇财政也统筹配套村级运转经费，每个村年运转经费保障不低于30万元。各镇普遍设立了50万元以上镇级党建工作专项经费，着力解决好党员群众最关心、最迫切、最直接的民生问题，进一步提升村级组织为民服务的实力。截至受访前，全市共整合扶贫资金2286万元，争取省级扶持项

---

① 孙冲．村庄“三治”融合的实践与机制［J］．法制与社会发展，2021（4）：5-23.

② 参见调研资料十四：清风护航乡村振兴试点工作简介；调研资料十五：抓党建赋能乡村振兴的句容实践。

目资金2380万元，有力推动了村级经济发展。同时，乡村基层党组织还与乡村企业党组织联合，积极开展“万企联万村、共走振兴路”行动，推动村企要素互换、供求互补、联合发展，实现从“企帮村”到“村企共兴”，有效撬动工商资本下乡。据受访对象统计，该举措自2020年启动以来，所辖69个村落实了联建合作项目，总投资约15.07亿元，联建覆盖率达45.39%①。

第三节　苏南农村基层党组织党内法规执行力的经验样本

长达一年多的调研、访谈、思考、讨论及写作之后，我们对苏南农村基层党组织党内法规执行力的认识也发生了从感性到理性、从量变到质变的飞跃。虽然在写作初期，我们抱着展示“麻雀”的决心，并达成不制造“模式”的共识，但随着调研资料的不断积累与对苏南农村基层党组织党内法规执行实践认识的逐步深入，我们最终还是忍不住想要把这只“麻雀”做成“样本”。“样本”，或许意味着我们对研究对象的深度观察，也或许意味着这只“麻雀”不单单是一只仅供解剖的“麻雀”，其中可能还蕴含着我们研究的意义、过程乃至结果。

一、政治文化建设引领党内法规执行

严格执行党内法规的核心价值追求是努力实现全面从严治党，保障中国共产党的先进性和纯洁性，有效凝聚全体共产党员的价值共识，坚决维护党中央权威和集中统一领导，巩固中国共产党的执政基础与执政地位。“中国共产党在长期革命和建设中所形成的政治意识、政治信仰、政治情感和政治价值观等政治文化因素，以及一系列先进的思想理念，都需要通过制度的形式承载并体现出来。”② 党内政治文化建设，作为一种政治价值系统社会化的重要手段，深刻影响着农村党内政治生活与政治生态，“直接决定着农村党员干部的政治思想、政治观念、政治行为，是农村基层党组织政治建设中

---

① 参见调研资料十五：抓党建赋能乡村振兴的句容实践（修改）。

② 孙成武．新时代背景下党内政治文化建设的制度化探析［J］．理论探讨，2020（4）：126-132.

最稳定、最底蕴的因素”①，是农村基层党组织党内法规执行的价值引领。唯有不断加强党内政治文化建设，“不断培厚良好政治生态的土壤”②，才能为农村基层执行党内法规提供坚实的文化根基。

（一）加强学习教育，营造政治文化氛围

加强党内法规的学习教育，既是党内法规执行的重要形式，也是增强党内法规执行力的重要保障。苏南农村基层党组织通过深入挖掘组织生活“规定动作”与“创新形式”的合力，努力实现党支部堡垒能力和党内法规执行力的“双提升”。首先是严格排好“课程表”。苏南农村基层各级党组织会在年初对组织生活的内容、形式、时间安排（党内法规学习教育是组织生活的一项重要内容）等进行系统谋划，填写“党建活动一览表”，列明“规定动作”并向全体党员公开。其次是编制“工具书”。苏南农村基层党组织都配备有市委组织部编制的《标准化操作规范手册》，其中对“三会一课”“谈心谈话”等党内组织生活制定统一的标准流程和管理规范，变“定性多、难把握”“要求多、难落实”为“凡事有规定、凡事必规定”，帮助党务干部练好“基本功”。最后是拓展学习教育“新载体”。创新开展“主题式、体验式、互动式”组织生活，建好用好“先锋讲学平台”和党员教育实境课堂，施行“党员点单、支部接单”组织生活项目认领制，落实党员“先锋亮绩、积分管理”，强化积分结果运用，提升组织生活吸引力。

在学习教育组织方面，苏南农村基层党组织严格按照“党员走到哪里，党组织就建设到哪里，党内法规学习教育就开展到哪里”的工作原则，把党的组织机构及党内法规的学习教育延伸到各个领域、各个行业及产业链上，进一步加大党组织和党内法规执行工作在农村各个层面的覆盖密度，形成条块结合、覆盖各方的基层法规执行工作新格局。苏南农村基层党组织党内法规学习情况见图 3-3。苏南农村基层党组织在党内法规的学习教育中尤其重视发挥“领头雁”作用，注重强化“第一责任人意识”，由各基层党组织负责人负责常态化开展党内法规知识的学习教育工作。各基层党组织对学习《中国共产党章程》《中国共产党党员权利保障条例》《党组织选举工作手册》尤为重视，不仅仅基层党委换届、村委会换届期间多次宣读，而且在党

---

① 李俊斌，卜桃桃．新时代农村基层党组织政治建设的三重向度［J］．重庆社会科学，2021（5）：17-30.

② 中共中央文献研究室．习近平关于全面从严治党论述摘编［M］．北京：中央文献出版社，2016：74.

员大会、季度党课、每月支委会等会议中也会持续学习。真正做到把学习党内法规融入日常、抓在经常，学深悟透。还有部分基层党组织结合正在开展的“不忘初心、牢记使命”主题教育，邀请党校教授入村讲解，疫情防控期间在支部交流群、空青村微信公众号中发布法规条例，让流动党员采取“掌上授课”方式学习。

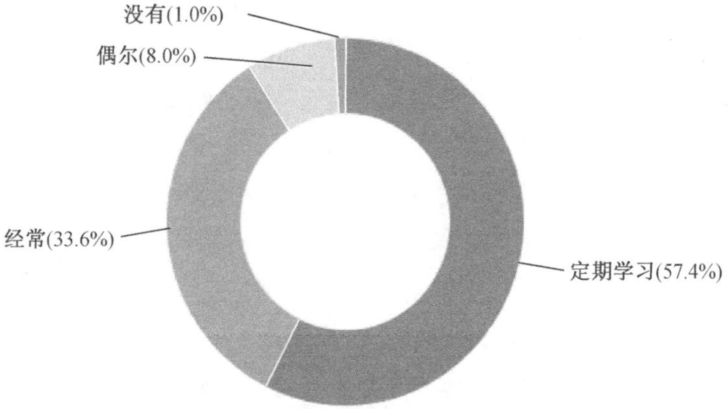

图 3-3　苏南农村基层党组织党内法规学习情况

（二）强化党规约束，提升政治意识

充分发挥党内法规的制度规范功能，有利于把党内法规的核心价值落实到党员个体的具体行动中，有利于把先进的党内政治文化具体化。农村基层党组织加强党内法规执行的重心在于抓住“关键少数”，唯其以身作则地遵规守规，才能让良好的党内政治文化真正发挥价值引领的作用。

一方面，苏南农村基层党组织非常重视对基层党组织负责人的考核监督，制定全市统一的专职村书记考核评价实施细则，引入监测指标、素能评价、“一述三评”等考核形式，落实实绩市镇统考、素质能力联考、作风评议会考、满意度年末终考“一年四考”制度，画出村书记履职能力和现实表现的“高清图”，其中党内法规执行情况是一项重要的考核指标。同时强化考核结果运用，对基层党组织负责人实行全市“大排名”，将年度考核结果与“位子”“票子”“板子”挂钩，推动比学赶超、争先进位，切实激发村书记队伍推动基层党建及党内法规执行的能力。

另一方面，苏南农村基层党组织积极推动负责人尤其是专职书记考核的公开化、信息化，开发考核信息化管理平台，通过构建数据模型，强化考核结果监测校验和数据分析功能，推动村书记队伍管理由经验决策向“经验+

数据”决策转变。其创新性做法主要有三点，第一是“三级网络”让大数据动起来。根据P（计划）—D（实施）—C（检查）—A（调整）质量管理理念，建立起党建工作市级线上发布、村级遵照执行、镇级审核把关、市级调整提高的闭环管理模式，实现党内组织生活任务的流程再造，变“说教要求基层”为“帮助指导基层”，变“干部跑腿”为“数据跑路”。第二是“三个平台”让党建工作实起来。辅助管理系统依托互联网、远程教育系统、移动手机三个平台，为基层党建工作装上“电子眼”，做到党建任务一目了然、完成情况一清二楚、工作考核一气呵成，保证监督考核的公平公正和刚性约束，推动党建考核由“软”变“硬”。第三是“一键操作”让台账资料简单起来。围绕农村基层实际，简化操作流程，实现自动记实，村级只需要一键下载会议附件、一键开关纪实功能，同步生成台账记录，给“痕迹管理”减负，为“用心干事”增效。

（三）健全党内民主，促进政治文化发展

全体党员作为党的权利主体，充分享有党员权利是党内民主制度的前提和基础，也是党内政治文化的根基所在。党内政治文化是党内民主制度的内在支撑，党内民主制度是党内政治文化的外在制度体现，健全的党内民主制度和完善的党内民主制度执行机制有利于推进党内政治文化的健康发展。苏南农村基层社会党组织通过不断完善党务公开制度，切实保障党员的民主权利；完善并不断强化党内监督机制，确保党内政治生活始终充满活力。其切实让党内民主制度在基层社会落地生根的创新性实践，充分发挥了党内优良政治文化的引领作用，切实在党内民主的广泛实践中培育了党员的民主意识与民主认知，从而为党内法规在基层社会的有效执行积蓄了强大的政治势能。

阳光是最好的防腐剂，亦是党内民主健康发展的保鲜剂。苏南农村基层在党内民主建设方面较为突出的做法便是彻底的党务公开实践，除了公开一些党内法规明确规定的事项，苏南农村基层党组织还针对党务公开及村务公开采取了一系列创新性举措。比如苏南农村基层党组织结合党务公开，普遍建立村级“小微权力”清单，将群众关切、群众身边的，以及事关群众利益的权力事项纳入清单管理，明确承办部门、办理要求、职责任务、界定范围等内容，及时将群众关心的热点难点问题公开，这可以充分调动群众参与监督的积极性和自觉性，让群众看得见、融得进、评判得了，以消除村民对党员干部的猜疑和误解。再比如，苏南农村基层党组织把党建与村级治理紧密结合，在严格村级事务准入制的基础上梳理制定“为民服务清单”，切实做到服务内容、办事流程、办理时限和申报材料“四个明确”，逐步构建起了以党员服务员、党员联络员为主体的立体式服务网络，每个联络员联系到网格、到农户，全面推广村级事项“全程代办”机制，变“坐等上门”为“主动叩门”服务，切实打通了服务群众的最后一公里。

除此之外，苏南农村基层在制度保障与文化建设上同向发力，采取线上线下双轮驱动模式，切实强化党内监督实践，不断优化党内民主政治生态。比如建立清风护航专项监督机制，实行市、镇、村三级联动督查，发挥“乡镇主体监督+乡镇职能部门主管监督、乡镇纪委专责监督、巡察监督、村务监督委员会一线监督”的“1+4”叠加效应。确保情况在一线掌握、办法在一线研究、问题在一线解决、工作在一线落实，让监督触角真正延伸到群众身边。在基层治理过程中，灵活运用大数据技术，在涉及权力事项公开制度实施过程中，建立信息化管理系统和相关数据库，实现数据自动碰撞比对，不断增强监督实效。依托农村“三资”监管、征地拆迁阳光监管等线上平台，通过数字赋能有效提升排查问题线索的效率和精准度，严防基层小微权力越界运行，让群众随时能参与监督，让监督更加及时灵敏，促使基层监督效果“立竿见影”。苏南农村基层党组织还将推进小微权力清单制度工作情况纳入全面从严治党主体责任清单并与党建考核挂钩，并依托本土清廉文化阵地，充分运用村级文化广场、艺术长廊等载体，塑造“清风亭”“观莲亭”“思廉路”“莲池”等文化景观，使廉洁景观集思想性、观赏性于一体并与自然景观有机融合，切实发挥其润物细无声、移风易俗的作用。

二、人才队伍建设保障党内法规执行

徒法不足以自行。完善的党内法规制度体系的落地生根，归根结底要依靠高素质的党内法规执行队伍。农村基层党组织党内法规的执行队伍就是基层党员领导干部和全体共产党员，其执行素质与执行能力的建设水平，直接决定着党内法规执行力的大小。苏南农村基层党组织非常重视党内法规执行人才队伍建设，着重在干部选育与日常培训两个方面下功夫，逐步走出了一条坚实的党内法规执行人才队伍建设之路。

（一）明确选育标准

欲保障党内法规在农村基层社会的有效执行，农村基层党员干部需要具备坚定的理想信念、公道正派的政治作风和过硬高强的政治本领，这亦是农村基层“关键少数”必须具备的政治素质。苏南农村基层党组织建设始终坚持突出选人育人的政治标准，实施村干部“专职化”人才工程，切实发挥党员干部的“领头雁”作用，其中尤为典型的便是Z市下辖JR市关于农村基层党组织负责人人才队伍建设的“专职化”选育模式。近年来，Z市下辖JR市委组织部构建起了以“编制化设定岗位、多元化选拔配备、专业化教育培训、规范化管理考核、制度化激励保障、有序化调整退出”为主要内容的农村基层党组织负责人专职化管理体系，充分释放“头雁领航、强雁齐飞、雏雁展翅”的“雁阵效应”。一是建立村级党组织负责人人才公开选拔和管理制度，落实每村1名专职组织员；二是制定村干部激励保障标准，建立村干部报酬增长机制，完善“一般村干部、村主职干部、进编、进领导班子”梯次培养机制，充分拓展村干部发展空间，激发村干部干事创业热情；三是落实村党组织书记县乡共管制度，用好“鼓励激励、容错纠错、能上能下”三项机制，健全“坐值班、档案管理、目标管理、双责联审、绩效考核”五项制度，形成村干部调整有序有效、履职有为有位、退出有理有据的良好局面。

（二）强化日常培训

从行动者的视角考量，提升党内法规执行力首先要将党内法规执行纳入干部教育培训体系①。苏南农村基层党组织始终坚持供需结合、产教融合的基本策略，把提升农村基层党组织负责人的治理能力和党内法规执行能力紧密结合，建立起了村书记精准培育体系，打造“师资建设、课程研发、基地支撑”三位一体的教研学平台，研发“乡村振兴+党内法规执行”系列专题课程，分级分类设置任前培训、专题点训、集中轮训、先锋调训、转化集训5种培训，切实提升培训实效。同时特别突出农村基层党组织负责人的示范引领作用，强化“名书记工作室”效应，搭建“雁之声”论坛，通过书记干给书记看、书记领着书记干，以最强头雁引领最强雁阵。

此外，针对村书记素质能力跟不上、教育培训赶不上的问题，苏南农村基层党组织还建立村书记“点线面体”培训模式，推行“套餐式”定制培训，全力打造村书记教育培训“升级版”。具体而言，一是“点”上开花，

---

① 宋雄伟．行动者“漏斗效应”：党内法规执行问题的解释框架［J］．甘肃行政学院学报，2021（1）：104-114.

打造精品课程。组建“乡村振兴名师库”“党内法规人才库”，强化培训专题设计与开发，对照村书记素能短板，组织力量研发专题课程，把好质量审核、课程使用、评价反馈“三关”，开发了党性教育、产业发展、文化振兴、农村人居环境整治等一批高质量培训专题。二是串点成“线”，推出培训套餐。依托市委党校成立专职村书记培训学院，有效整合分散零碎的教育资源。建立“70%实操实践+20%导师帮带+10%课堂学习”的培训模式，推出“1 个培训专题+1 支师资队伍+1 份本土教材+N 个实训基地”的培训套餐，推动要素最优配置、供需精准对接，切实提升教育培训质效。三是全“面”覆盖，分级分类轮训。针对不同类型、不同职级村书记，精细化设置任前培训、专题点训、集中轮训、先锋调训、转化集训 5 种培训类型，注重精准培育、推动全员覆盖。四是建立“体”系，强化建章立制。建立健全涵盖组织领导、经费管理、纪律执行、成果测试、档案管理、年度述学等内容的专职村书记教育培训制度体系，将村书记培训成绩与个人报酬、发展晋升挂钩，逐步解决“主动培训难”问题，基本实现“培训效果优”的目标。苏南农村基层党员领导干部培训情况见图 3-4。

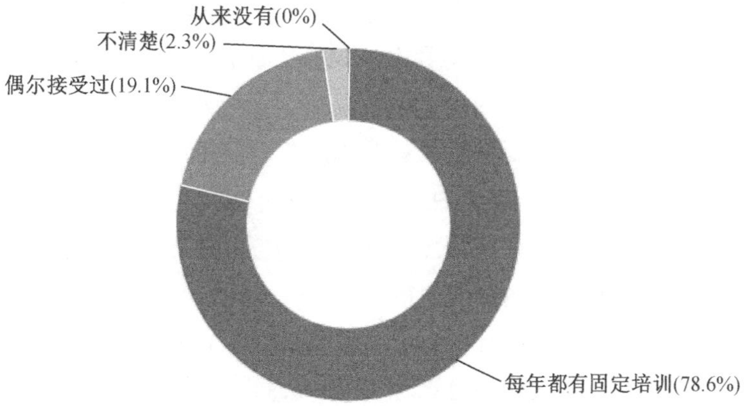

图 3-4 苏南农村基层党员领导干部培训情况

三、政治势能转化驱动党内法规执行

就本质而言，党内法规是中国共产党“通过制度规范来整合党内资源、增强制度性政治势能的一种基本形式”①。同时，党内法规的执行实践也深

① 郑智航．党内法规执行过程中的政治势能［J］．行政论坛，2021（3）：23-29.

受政治势能的影响，尤其是政治势能传递到基层党组织时，会很快为基层党员领导干部所察觉和识别，进而激发他们的政治“看齐意识”，并借助“讲政治”为触媒来推动党内法规的执行①。在党建引领“三治融合”的新时代乡村治理实践中，“不同地区乡村政治势能效能的高低分化显著影响着乡村治理现代化转型的方向、动力与效率”②。农村基层党组织是基层党组织党内法规执行的主阵地，农村基层党建作为农村基层党组织党内法规执行的主要方式，其执行动力当然受到基层党组织传递政治势能强弱的影响。在某种意义上而言，农村基层党组织传递政治势能的强弱，决定着农村基层党组织党内法规执行力的大小。

（一）政治势能塑造执行意识

苏南农村基层党组织党内法规执行的过程是党内法规在农村基层党组织及全体党员中发生内化的过程，亦是党内法规借助政治势能将其基本理念与具体制度传导至各类执行主体的过程。在这一过程中，苏南农村基层社会依靠健全的党组织架构和制度化的政治学习体系，将地方服从中央的党内政治势能有效转化为党内法规的现实执行力。

一方面，苏南农村基层党组织建立的日常政治学习制度，将政治势能所蕴含的“服从意识”有效转化为党内法规的“认同意识”。苏南农村基层党组织普遍明确要求全体党员对于党内法规要“熟练掌握并严格遵循”，把党内法规学习融入“两学一做”的常态化制度化学习和党史学习教育中去，把“旗帜鲜明讲政治”体现在党内法规学习的全过程。党内法规学习教育与政治学习教育的融合，展示出强大的政治“宣传性势能”③。在这一过程中，苏南农村基层党组织对党内法规的精神理念、主要制度等内容进行宣讲、学习、交流的过程，既引导了社会舆论，又使各执行主体的思想意识和行动策略通过环境情势的熏陶内化为对党内法规的认同，切实起到了严格执行党内法规的集中动员作用。此外，部分优秀党员领导干部的模范带头作用，其自身拥有的“身份性政治势能”也会在学习宣传的过程中充分发挥，引发普通党员及人民群众对党的领导的认同意识。

---

① 贺东航．“政治势能”：中国共产党治理之道的内在图式［J］．行政论坛，2021（3）：5-9.

② 高佳红．从“枫桥经验”到“桐乡经验”：乡村治理转型的政治势能研究：基于四十年乡村治理现代化转型的分析［J］．广西社会科学，2020（8）：38-43.

③ 贺东航，高佳红．政治势能：党的全面领导提升社会治理效能的一个分析框架［J］．治理研究，2021（5）：82-83.

另一方面，苏南农村基层党组织健全的党内法规执行机制将政治势能所蕴含的“看齐意识”有效塑造为基层党内法规的“执行意识”。从当前党内法规执行的构成层级来看，其政治势能驱动的内在机理是各级党组织层层向上的“看齐意识”。具体而言，在中央层面重视党内法规执行力建设的示范作用下，各个地方党委也纷纷重点部署党内法规执行工作的各项任务，确保全面依规治党的中央决策部署能够在基层落到实处。各级党委“能够迅速地将某一具体党内法规的执行工作上升为党委的一项中心工作，并以目标责任制的形式下发给下级党政部门，将党的政治势能下沉到各级党组织，从而将党内法规的执行问题上升到‘政治站位’‘思想认识’‘组织意识’等政治性问题的高度”①。苏南农村基层党组织强调党内法规执行“第一责任人意识”，其在强化“执行意识”的过程中，特别强调“第一责任人”要“站在对党的事业、对班子成员建设和对党员同志负责的政治高度，承担起常态化开展党内法规执行的任务”，同时“上级党组织也会定期要求基层党组织开展党内法规的学习并对执行情况进行监督检查”，通过政治势能转化把基层组织负责人的“看齐意识”塑造为党内法规的“执行意识”。

（二）政治势能聚合执行力量

党内法规除了涉及思想作风、组织建设等党内治理的范畴外，还涉及诸如农村工作等国家治理的内容，还会涉及党内法规与国家法律的协调，而这些层面的党内法规执行工作往往需要多个部门的配合才能得以顺利实施。中国共产党恰好能够借助党的全面领导的强大政治势能，整合多方力量将党内法规的执行落到实处。政治势能的这种“聚合效应”，能够突破程序僵化和形式主义的顽疾，从而有效解决选择性执行、执行偏差及变通执行等问题。此种聚合效应是党的“结构性政治势能”的典型体现，在具体的社会治理事项中，党处于全面领导的地位，党委的态度在很大程度上会影响到某一社会治理事项的推进程度。“在社会治理中，如果各级党委将某些治理问题重点抓取，用心组织、跟踪监督，则社会治理绩效就能得到明显提升。”②

另一具有典型意义的例证是，在苏南农村实施乡村振兴战略的过程中，党内法规的执行正是发挥了政治势能的“聚合效应”，在坚持党对农村工作

① 郑智航．党内法规执行过程中的政治势能［J］．行政论坛，2021（3）：23-29.

② 贺东航，高佳红．政治势能：党的全面领导提升社会治理效能的一个分析框架［J］．治理研究，2021（5）：79-85.

的全面领导下整合了各种社会力量，从而为脱贫攻坚、乡村振兴工作的顺利开展奠定了组织基础。比如在脱贫攻坚方面，苏南农村基层党组织在全体党员尤其是领导干部中广泛开展“牵手特困户，携手奔小康”主题实践活动，按照支部“一对二”、党员干部“一对一”方式，建立特困家庭帮扶对子，通过“结对认亲、结对帮亲、结对暖亲、结对访亲”开展一对一精准帮扶。针对经济薄弱村、省定重点村、软弱后进村，共选派290余名市级机关干部到村任“第一书记”，帮助“软、弱、散、穷”村找“病因”、开“药方”、挖“穷根”。截至2019年年底，全市79个经济薄弱村、6447户建档立卡低收入户12098人全部脱贫，104个达新标项目、62个市领导帮扶项目（其中有9个和达新标项目重复）和43个富民强村项目全部验收通过。按照“四不摘”要求，坚持政策多维发力，形成立体帮扶、长效帮扶的良好格局。对新致贫返贫户、脱贫监测户和边缘户实行严格的动态监测，在基本医疗保障的基础上新增“扶贫保”，将低收入群体医疗费用报结率提高至90%，特别困难群体达100%，对135户建档立卡户进行农村危房改造，提升脱贫质效，确保脱贫攻坚经得起历史的考验。

（三）政治势能强化执行激励

监督检查既是党内法规执行的重要内容之一，同时也蕴含着政治势能转化的机理。实践中，政治势能通常与激励机制结合，把党的领导的政治势能转化为党内法规作用于基层社会治理的治理效能。“在长时段的过程中，由于政治势能和激励机制发生演化，且政策目标的复杂程度和政策过程中相关行动者的互动与博弈，公共政策的变现品质是根据‘情势’而不断处在变动之中，体现了政治势能和激励机制两者间的耦合度，特别是政治势能的变化对公共政策变现品质度的影响。”① 在实践中，党内法规执行的客观规律也符合此种政治势能与激励机制的演化趋势，无论是职务晋升的正向激励还是监督问责的负向激励，都将在政治势能的作用下强化对党内法规执行的激励效能。

一方面，苏南农村基层党组织在党内法规执行的过程中，非常注重政治势能对正向激励机制的效能强化功能，具体表现为设置“激励性政治势

① 贺东航，孔繁斌．中国公共政策执行中的政治势能：基于近20年农村林改政策的分析[J]．中国社会科学，2019（4）：4-25.

能”①，将物质奖励等有形激励与职务提升、荣誉表彰、典型宣传等无形激励结合起来，形成对党内法规执行主体的经济激励、政治激励和精神激励的有机融合。如前述Z市下辖JR市开展的村支书专职化工作就是典型的正向激励机制，其突出工作评价、物质待遇奖励、职务晋升的实绩导向，从任职年限、素能评价、年度考核、综合表彰4个维度确定评定标准，注重把村书记在疫情防控、复工复产、脱贫攻坚、防汛抗旱等急难险重任务中的表现作为晋级的重要依据。在评价结果的运用上采用“薪”随“级”动的策略，建立差异薪酬体系，一至五级分别按照1.0~1.4的系数确定月度报酬，同时采取“一提二扩三补充”的方式，即将社保缴费基数提高为个人实际报酬收入、社保扩面扩类全额缴纳“五险一金”、购买商业补充养老保险，在正向激励的同时还解决了广大专职村支书的后顾之忧。

另一方面，党内法规更注重各级党组织与全体党员的行为约束，苏南农村基层党组织在党内法规执行过程中也会高频次地使用负向激励，并注重政治势能强化作用的充分发挥。首先，苏南农村基层党组织通过自上而下的宣传“声势”，营造党内法规必须严格执行的政治态势。在调研中发现，苏南农村基层不但要求各级党组织和全体党员要把党内法规的学习教育和执行当成一项政治任务常抓不懈，还会对党内法规的执行情况进行常规性监督检查与定期专项巡查。同时借助信息化、大数据技术，建立健全党内法规的执行监督机制，切实压实压紧党内法规执行的政治责任。其次，苏南农村基层上级党组织会通过查阅资料、听取汇报及个别谈话等方式定期对党内法规的执行情况进行专项检查，把定期检查的情况与党内法规执行“第一责任人”的考核成绩密切关联，在严肃的监督考核中让每一位基层组织负责人感受到政治势能的压力。最后，上级党组织通过监督问责压实党内法规的执行责任。苏南农村基层党组织普遍实行书记、主任一肩挑，每年都会由纪委和组织部门对其进行党内法规执行的监督巡查，并设有专门的网络化、数据化纪检监察平台，会定期把违规违纪及党内法规执行不力的情况予以通报并对相关责任人进行问责，在执行责任的落实中充分借助政治势能强化负向激励效能。

---

① 贺东航，孔繁斌．重大公共政策“政治势能”优劣利弊分析：兼论“政治势能”研究的拓展［J］．公共管理与政策评论，2020（4）：52-59.

第四章

苏南农村基层党组织党内法规执行力的困境分析

第一节　苏南农村基层党组织党内法规执行力的制度困境

毋庸讳言，苏南农村基层党组织党内法规的执行力还存在着较大的提升空间。苏南农村基层党组织党内法规执行力提升首先要考量其制度困境。

一、党内法规制度的系统化程度不足

（一）系统化是党内法规的内在逻辑

所谓党内法规制度体系，是用系统化思维观察党内法规的结果，指“构成党内法规各个组成部分及其所呈现的结构和样式的总称”①。党内法规制度体系这一概念显然存在一个没有言明的理论预设，即党内法规应当是符合逻辑顺序的文本集合体。在这一体系中，作为集合概念的党内法规不是各项法规、条文的简单叠加，而是按照特定的顺序和逻辑，通过有机排列组合建构起来的制度体系，其本质是不同领域、不同层级、不同效力的党内法规相互衔接，进而在整体上形成内容科学、程序严密、配套完备、运行有效的结构化制度安排。需要强调的是，在理想的党内法规制度体系中，各项具有差异性的党内法规应当结成体系化的结构，既要分工协作，又要上下联动，呈现出协调配合的内在关联性，从而形成制度合力。

实际上，近年来党内法规建设始终沿着党内法规制度体系的内在逻辑进行。党的十八大以来，以习近平同志为核心的党中央逐步加快推进党内法规制度体系构建，提出要有计划、有重点地稳步提高党内法规质量和水平。党的十九大报告中进一步指明党内法规制度建设的方向，强调要“加快形成覆

---

① 施新州．中国共产党党内法规体系的内涵、特征与功能论析［J］．中共中央党校学报，2015（3）：30-35.

盖党的领导和党的建设各方面的党内法规制度体系”①。

2017 年，中共中央出台《关于加强党内法规制度建设的意见》，提出建立并完善以“1+4”为基本框架的党内法规体系。“1+4”的基本框架指党内法规制度体系在位阶上呈现为金字塔形的等级结构：“1”指党章，居于党内法规体系的金字塔顶端，“4”自上而下依次为党中央制定的其他党内法规制度、中央部委制定的党内法规制度、省级地方党委制定的党内法规制度、经中央授权的副省级城市和省会城市党委制定的有关党内法规制度。应当说，经过这些年的建设，党内法规制度体系建设已经取得了显著进步。

（二）系统化不足的表现

尽管比较完善的党内法规制度体系已经形成，但比照党内法规制度的效能目标，还需不断提升其系统化程度。建立在理论研究和走访调研的基础上，我们将党内法规系统化程度不足的表现总结如下。

第一，中央层面的党内法规内容相对不均衡。从党中央及中央部委制定的党内法规涉及内容来看，我们可以将党内法规分为党的领导法规制度、党的组织法规制度、党的自身建设法规制度、党的监督保障法规制度。在这些不同类型的党内法规中，都缺少对有关内容的充分观照，故形成了党内法规内容相对不均衡的局面。具体而言：一是在党的领导法规制度中，在执政党领导权的界定、行使、监督等方面缺少足够的边界约束与程序规范；二是在党的组织法规制度中，缺少对各级党组织机构的运行程序和组织机构之间职能归属、权责界定事项的明确规范；三是在党的自身建设法规部分，有关党的基层建设的监督和程序性约束的内容占比不高；四是在党的监督保障法规部分，有关党员权利保障、惩戒追责等方面的制度保障内容相对缺乏。

第二，地方层级的党内法规与中央层面的党内法规匹配度不够。与中央层面的党内法规相比，地方党委（省级、副省级城市及省会城市党委）制定的党内法规缺乏足够的匹配度。一是存在着重复立规的现象，即中央制定了党内法规，地方党委原样照搬条文内容或者仅略作改动，这造成党内法规立规资源的严重浪费。二是存在着滞后立规的现象，即中央出台某部党内法规，并要求地方党委及时制定配套的规定，以便贯彻落实，但出于种种原因，地方党委未能及时制定并颁行。三是存在着个别的越权立规现象，个别地方党委超越自身权限或者突破上位的党内法规框定的权力边界，违规制定

① 习近平．习近平谈治国理政：第 3 卷［M］．北京：外文出版社，2020：53.

并颁行党内法规。

第三，党内法规中程序性规定占比不高。习近平总书记曾强调制度建设“既要有实体性制度又要有程序性制度，既要明确规定应该怎么办又要明确规定违反规定怎么处理”①。这一指示深刻阐明，兼顾实体性和程序性是保证制度严密性和科学性的内在要求。因此，作为党内法规体系的必要组成部分，党内法规中的程序性规定是实体性规范顺利实施的有力保障。但通过梳理不难发现，现行党内法规中程序性规定占比偏少，我们不得不承认，这是现行党内法规制度体系建设中不容忽视的短板。例如有些党内法规条文中仅提出“不准”“反对”“禁止”的规定，但缺乏具体处置的程序性规定，导致难以贯彻落实，损害了党内法规的权威性。

第四，党内法规的清理工作不及时。我们知道，建设党内法规体系，不仅要适时“出新”，还需要及时“推陈”，即借助集中清理、定期清理和专项清理完成党内法规的“新陈代谢”，通过动态调整保持党内法规体系旺盛的生命力。但遗憾的是，党内法规的清理工作一直处于相对滞后的状态。《中国共产党党内法规制定条例》中明确规定制定机关应当组织开展党内法规清理工作，并提出了集中清理、专项清理和即时清理三种清理方式，这为推动党内法规清理工作有序化和常态化指明了方向。按照《中国共产党党内法规制定条例》的要求，党中央陆续部署开展了对党内法规的集中清理和专项清理工作，并且要求中央纪委、中央各部门和各省区市党委组织实施好对本单位、本部门、本地区党内法规和相关文件的清理工作。

但是，我们在调研中发现，一些地方的党委对本地区的党内法规清理并不及时，缺乏完善的党内法规清理机制，对清理工作的责任主体、制度流程、方式方法和清理期限等问题都欠缺明确的规定。通过查阅涉及苏南农村基层党组织的党内法规，我们发现部分地方层级党组织的党内法规文件存在着“试行”时间过长、明显落后于时代但未清理等现象。

（三）系统化不足的影响

在上文中，我们论述了党内法规文本方面存在的系统化不足的问题。需要指出的是，这些问题影响了党内法规在（苏南）农村基层的执行力。在调研中我们发现，农村基层干部反映较多的是：党内法规数量太多，内容过于庞杂，难以全面掌握。他们较为熟悉的党内法规是《中国共产党章程》，其

---

① 习近平．加强和改进新形势下党的建设的纲领性文献［N］．人民日报，2009-10-09（2）．

次是《中国共产党纪律处分条例》《中国共产党农村工作条例》等；有些农村基层干部表示，他们希望有关部门能够编纂一部专门适用于农村基层党组织的党内法规汇编①。我们认为，这些现象是由党内法规制度系统化水平不足造成的。具体而言，党内法规制定部门多，涉及领域广，清理或更新不及时，使得其无法像国家法律那样形成一个体系完善的规则综合体，难以利用逻辑顺序快速查询、迅速定位。当然，这里也有党内法规制定基层参与度不高、学习不深入的问题。在调研中发现，一些农村基层党员对于部分党内法规的形成过程和内容，甚至对于法规的名称都不知道、不了解，这严重影响了党内法规的执行力，这些现象是非常值得警惕的。

图 4-1 所示为针对苏南农村基层干部进行的关于党内法规执行力影响因素调查的统计结果。

问题：您认为影响党内法规执行力的主要因素有哪些？（限选 4 项）

问题对象：苏南农村基层干部。

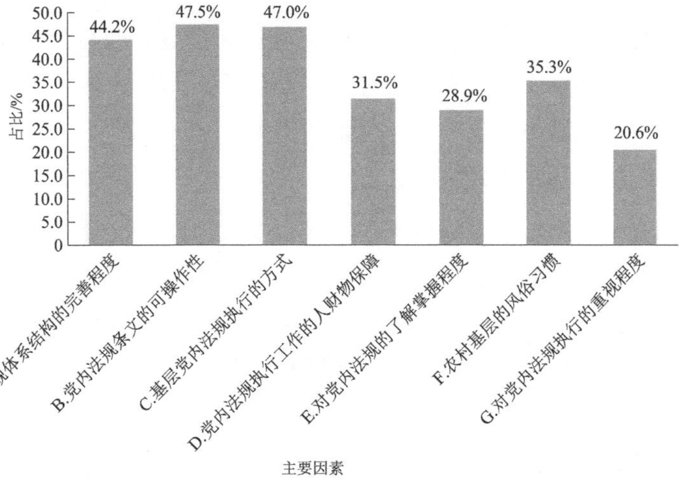

图 4-1　苏南农村基层干部关于影响党内法规执行力的主要因素的认识

二、党内法规制度与相应配套政策的衔接不到位

（一）配套政策关乎党内法规执行力

党内法规制度的配套政策是指与党内法规相配合的具体规范，是执行党

① 参见调研资料十二：无锡江阴座谈调研记录。

内法规的具体化规则，可以表现为文件、条例、规则等。党内法规的配套政策虽然层级和效力相对不高，但作用十分重要，是党内法规执行不可或缺的重要组成部分。

在过去相当长的一段时间内，有关方面对党内法规的配套政策重视程度不够，导致许多必备的配套政策缺失，制约了党内法规执行力的有效提升。这里需要说明的是，此处所说的配套政策，并不是配套性的党内法规。《中国共产党党内法规制定条例》第 14 条规定："上位党内法规明确要求制定配套党内法规的，应当及时制定；没有要求的，一般不再制定。制定配套党内法规，不得超出上位党内法规规定的范围，作出的规定应当明确、具体，具有针对性、可操作性。除非必要情况，对上位党内法规已经明确规定的内容不作重复性规定。"由此可见，配套性党内法规是与上位党内法规相对应的一个概念，是党内法规的一个子类。本书在这里所说的配套政策，是有关方面为了提高党内法规的执行力出台的文件、条例或规则，其制定和出台部门不仅限于党组织。

我们之所以提出党内法规制度的配套政策问题，是因为在调研中发现，对于苏南农村基层而言，党内法规的配套政策，尤其是县、乡二级党政出台的配套政策，与党内法规的执行力密切相关。

（二）配套政策的表现形式

我们在调研中与很多基层干部座谈，发现他们谈及最多的就是县、乡两级出台的各种各样的政策。他们最为熟悉的，并非中央和省级党委出台的党内法规，而是县、乡、村三级党政及相关部门出台的各种各样的政策。在基层干部看来，能够推动党内法规在农村基层落地生根的，并非党内法规本身，而是基层出台的与之配套的政策。

配套政策可以表现为公共的规范性文件，也可以表现为事项通知、考核指标，甚至不以文字的形式表现出来。

例如：苏南 L 市（县级市）出台了《锻造基层治理铁军的实施意见》（以下简称《实施意见》），旨在"努力建设一支政治意识强、担当作为强、队伍管理强、发展本领强、治理能力强、作风纪律强的六强型基层干部队伍，为奋力实现长三角生态创新示范城市建设的新开局提供坚强组织保证和人才支撑"。《实施意见》规定：村（社区）党的支部委员会一般设委员 3 至 5 名，党的总支委员会一般设委员 5 至 7 名，党的委员会一般设委员 5 至 7 名，最多不超过 9 名；村民委员会由主任、副主任和委员由 3 至 7 人组成，居民委员会由主任、副主任和委员由5至9人组成；村务监督委员会一般由3至5人组成。全面推动村党组织书记通过法定程序担任村民委员会主任，兼任村级集体经济组织、合作经济组织等各类组织负责人，逐步提高村“两委”成员交叉任职比例，村务监督委员会主任原则上由非村民委员会成员的村党组织班子成员兼任①。从内容上看，这是一份有关村级党政组织设置的政策性文件，直接规定了村级组织的人事安排，对党内法规在（苏南）农村基层的落地生根有着重要的作用。在基层干部看来，他们更看重的是《实施意见》的具体内容和贯彻执行情况。

再如：苏南J市（县级市）J村出台了《党员积分制管理考核实施办法》（以下简称《实施办法》）。《实施办法》规定：全村正式党员和预备党员都要适用党员管理积分制。全村党员分为A、B两个类别：组织关系在支部，且常住党组织管辖范围内的党员为A类党员；组织关系在支部，但工作生活超过半年长期在外的为B类党员。积分考核分为政治合格、执行纪律合格、品德合格、发挥作用合格、民主评议合格等几个部分。《实施办法》最为关键的内容是：对被评为“差”等次的党员，村党委书记进行约谈，限期整改。是预备党员的，延长预备期。其中若当年积分低于60分，是正式党员的，启动不合格党员处置程序进行处置；是预备党员的，取消预备党员资格。当年积分低于60分的党员，不可以享受走访、慰问、补助等各项党内关怀帮扶。对A类党员，积分等次与年终绩效报酬发放挂钩，同时与干部管理任用挂钩，对被评为“差”等次的及时调整岗位。对积分在80分以下的，进行约谈，安排专人跟踪指导，如不能限期改进，也要及时调整。对于B类党员，评定结果要体现在“流动党员证”上，方便流入地党组织如实掌握该党员的情况，安排其参加适当的组织活动②。从上述内容不难看出，这是一份与普通党员具体的权利和义务密切挂钩的政策文本，对党内法规能否落实到党员个人有着重要的影响。可以说，在J村，普通党员最关心和最熟悉的可能不是党内法规，而是这份《实施办法》。

（三）配套政策“不配套”

如上所述，党内法规制度与配套政策的匹配程度，在相当程度上决定了党内法规在（苏南）农村基层的执行情况。现在的问题是，由于种种原因，

---

① 参见调研资料二十七：村书记专职化细则。

② 参见调研资料七十一：江阴市抓基层党建工作情况。

一些配套政策与党内法规制度之间存在“不配套”的地方。

第一，一些政策存在着超越权限的现象。如上文所指的苏南J市（县级市）J村出台的《实施办法》，其中有不少与党员基本权利和义务相关的内容。一个村级党组织是否有权力作出这样的规定？是否有权力自行认定某个党员不合格，并取消其转正与享受走访、慰问、补助等党内关怀帮扶的资格？2019年修订并出台的《中国共产党党内法规制定条例》第4条规定，“凡是涉及创设党组织职权职责、党员义务权利、党的纪律处分和组织处理的，只能由党内法规作出规定”，而党内法规的制定主体仅包括党中央和省、授权副省省会市级党委。所以，非常明显，J村的规定超越了其权限，需要进行整改。我们认为，提高党内法规在农村基层的执行力，并不意味着一味地提高农村基层党组织及其负责人对普通党员的管控能力。超越组织权限的简单的积分制可能会使党组织在党内法规执行的过程中走向形式主义，背离党组织的初心使命，最终反而阻碍党内法规执行力的提高。

第二，一些政策存在着一刀切的现象。例如，我们在调研中发现，苏南农村基层党组织在发展党员时，往往受制于发展指标问题。指标由县委组织部或者乡党委组织部门统一分配，一般每个村党组织分配到的名额大致相同。但实际情况是，农村基层党组织的具体情况千差万别，面对同样的指标，有的“吃不饱”，有的“吃不掉”，在有的地方，发展党员是为了完成指标任务，而不是真正地按照党章的规定选拔“先锋队”中的优秀分子到党组织中来。政策一刀切，方便了管理，但归根结底是一种懒政，属于形式主义和官僚主义的表现。

第三，一些政策存在着回避问题的现象。如有关基层党员参加组织活动是否发放误工费的问题。我们在调研中发现，在农村基层，相当一部分普通党员并不在体制内工作，他们或者打零工、做小本生意，或者承揽一些维修、安装的业务，他们没有双休日，工作时间也不固定。要求他们定时定点地参加组织活动，确实存在着一定困难，可能会给他们造成经济损失。对此，一些基层党组织采取了发放误工费的办法，对这些基层普通党员参加组织活动进行一些经济补贴①。不过，一些县乡组织部门严令禁止发放误工费，认为参加组织活动是党员的义务，不可以进行经济补贴。针对这个问题，我们认为，参加组织活动确实是党员的义务，对此发放误工费显然是不妥当

① 参见调研资料七：镇江句容访谈三组调研记录。

的，问题的根本在于如何根据不同情况的党员出台相应的配套措施，而不是出现问题都以“给钱”这种经济手段解决。但到目前为止，有关部门尚未出台相关政策来保证或支持普通党员履行党员义务，依党章参加党组织活动。农村基层党组织普通党员参加组织活动困难的现象还没有得到根本解决。

总之，党内法规大多在条款的表述上体现出高度的原则性，需要政策予以充分配套，如果配套政策缺失，党内法规很大程度上只体现于纸面，这一点对于农村基层尤为重要。因此，我们在努力建立起党内法规的制度体系后，要依据一定的制度原理和立法技术，制定相关配套政策加以落实，使党内法规和配套政策形成有机整体，为党内法规的执行提供操作依据。

三、党内法规与苏南农村基层实际的匹配程度有待提升

（一）与农村基层的匹配程度有待提升

我们在苏南农村基层调研时经常遇到如下现象：当被问及“哪些党内法规与日常工作紧密相连”时，包括一些领导干部在内的农村基层党员较难顺利、准确地予以回答，有些甚至只能说出党章而已。这不禁让我们产生疑惑：为什么农村基层党员乃至基层领导干部对党内法规如此缺乏了解？

通过文献梳理与调研，我们发现，直接针对农村基层的党内法规相对缺乏，是造成上述现象的重要原因之一。经检索发现，在现行的党内法规体系中，中央层面直接针对农村的党内法规主要包括《农村基层干部廉洁履行职责若干规定（试行）》（2011 年）、《中国共产党农村基层组织工作条例》（2018 年），以及《中国共产党农村工作条例》（2019 年），相较于庞大的党内法规体系而言，数量明显相对较少。在省级党委层面，针对农村基层的党内法规数量占比也很小。因此，一些农村基层干部和党员持有“党内法规与农村基层党员没有多大关系”“规矩是用来约束大领导的”等观点也就不足为奇了。

基于此，我们建议有关部门可以考虑制定更多的针对农村基层的党内法规及配套政策，或者在党内法规中设计针对农村基层的章节条款。当下的农村基层党组织、农村基层党员，确确实实因为“农村基层”，在工作内容、程序、方式手段等多方面与其他党支部、其他党员存在很大差异：一方面，他们肩负着发展经济、维护稳定、推进乡村振兴等重任；另一方面，他们面临着组织空心化、人员老龄化等结构性困境。调研中我们无数次听到村书记

说“感觉所有的事务都在自己肩上”“很难调动其他支委的工作积极性”①，这是不是在提示需要制定针对农村基层党员领导干部的激励与考核制度（不是上文所提及的配套政策）？当我们看到很多村书记都年龄偏大，村里急缺年轻有为又能扎根基层的青年力量时，这是不是在提示需要制定针对农村基层党员领导干部的选拔用人机制？当我们发现不少村书记反映“基层压力大、考核多、台账多”时，当考核台账要求与日益老龄化的党员结构之间发生矛盾时，一些村书记甚至需要帮老年党员写学习心得以应对考核，这是不是在提示需要创新针对农村基层的党内法规执行工作制度？

以上种种情况无不在说明党内法规“直接针对”农村基层的重要性。中央层面或许无法过多制定“大而全”的直接面向农村基层的党内法规，但省级党委是不是可以比照地方立法，结合本地实际，设置出“小而精”、更具当地特色且更具操作性的党内法规？有关部门是不是需要进一步出台配套政策？

图 4-2 所示为针对苏南农村基层干部进行的关于基层考核任务的评价的调查结果。

问题：您认为当下基层考核任务程度如何？

调查对象：苏南农村基层干部。

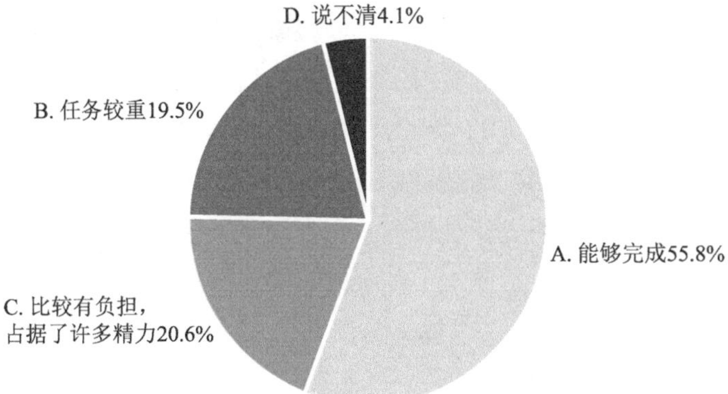

图 4-2　苏南农村基层干部关于基层考核任务的评价

（二）与苏南农村基层的匹配程度有待提升

改革开放 40 多年来，苏南农村基层的经济基础、社会面貌发生了深刻的变化。但是，目前的党内法规并没有充分观照苏南农村基层的变化，针对

① 参见调研资料三：苏州相城社区一组调研记录。

性不强。

第一，城镇化转型导致农村传统乡村聚落转变为现代楼宇小区，其给党内法规的执行带来了相当大的影响和挑战。众所周知，传统乡村聚落是以村、庄为主要聚集方式的，居住相对聚集，每家相对开放，有利于提高农村基层党组织的向心力，有利于农村基层党组织深入群众开展工作。但是随着近几年苏南农村大规模的拆迁，相当一部分传统的乡村聚落已经转变为现代楼宇小区。例如Z市新区兴建的平昌新城，是在丁岗、大路、姚桥三个乡镇拆迁的基础上建立起来的。平昌新城占地105.5公顷，总建筑面积160万平方米，共有299幢住宅（其中多层住宅174幢，小高层住宅125幢）和10幢公共建筑，总共有10万人居住。平昌新城按照新加坡“邻里中心”模式建设，配套菜场、超市、餐饮、娱乐、学校、医院等设施。应当说，平昌新城居民的居住方式和现代都市无异。但是，我们在调研中发现，平昌新城的党组织仍然按照拆迁前的方式设置，原来相对集中居住的同一支部的党员，现在却分散在不同的楼宇或小区里，联系、管理、开展组织生活皆不方便，这制约了党内法规执行力的提升。

第二，农业经济、现代工业、“后工业”时代的服务经济共同存在于苏南农村，多样经济形态给党内法规的执行带来了巨大影响和挑战。我们在调研中发现，苏南五市农村基层情况各有不同：在镇江句容，农业经济如火如荼；在苏州的昆山、无锡的江阴等地，现代工业欣欣向荣；在常州溧阳、苏州相城等地，旅游、民宿等服务型经济蓬勃发展。如何能够照顾到多样的经济形态，这是党内法规制定者需要深入思考的。例如，在苏南的很多乡镇，企业特别是民营企业的影响力巨大，民营企业里汇聚了数量众多的党员（包括流动党员），如何对民营企业中的党员进行管理、如何在民营企业中提高党内法规的执行力等一系列问题考验着党内法规制定者的智慧。

第三，苏南农村基层正在从传统的熟人社会逐步转向现代的陌生人社会，传统的维系乡村的“宗族”“宗法”“乡规”“民约”“面子”“人情”等逐渐发生转型或退出乡村舞台，其给党内法规的执行带来了新的影响或挑战。在苏南农村基层，当上述因素的影响力逐渐消退后，会不会仅剩下经济因素或权力因素影响党内法规的执行？基层党组织如何管理普通党员？基层党组织如何发动群众、如何能保持自身与群众的血肉联系？这些问题值得党内法规的制定者深入思考。

（三）几个突出问题

通过调研我们发现，苏南农村基层党组织适用党内法规及其配套政策时，因为与苏南农村基层实际的匹配程度不够，导致如下两个突出问题。

一是《中国共产党纪律处分条例》第 134 条的执行问题。该条规定："生活奢靡、贪图享乐、追求低级趣味，造成不良影响的，给予警告或者严重警告处分；情节严重的，给予撤销党内职务处分。"什么是"生活奢靡"？什么是"贪图享乐"？什么是"追求低级趣味"？在苏南农村基层，要准确判定上述三个概念并不容易。对在苏南板块中经济优势相对不明显的句容和经济最为发达的昆山，是不是应该有所区别？对党员领导干部和作为民营企业家的普通党员，是不是也应该有所区别？

二是《中国共产党党员领导干部廉洁从政若干准则》第 8 条的执行问题。此条规定中包含两项禁止性要求：一是不得"大办婚丧喜庆事宜，造成不良影响"；二是不得"借机敛财"。其一，"大办婚丧喜庆事宜"中"大办"的标准值得量化，苏南应确定何种标准？例如，2018 年 2 月 14 日，咸阳市礼泉县新时学校校长杜某在母亲丧葬期间在家中先后设宴 103 桌，被认定为"大办"。苏南农村基层的党员领导干部可以设宴多少桌？其二，"借机敛财"的标准应该明确。例如，2017 年 8 月，徐州市投资项目代建中心主任田某柱在其女婚宴期间，违规邀请代建中心下属 21 人，并收受每人礼金 1000 元，共计 21000 元。礼金 1000 元，在苏南农村基层是高还是低？是正常的人情交往还是不正常的敛财行为？我们认为，党内法规及其配套政策的某一具体规定，会由于不同地区的贫富差距、风俗习惯差异而产生不同的效果。有的条文过于简化，使得在操作上存在障碍，有的条文过于僵硬，在实际操作中效果会不尽如人意。

在苏南农村调研中，对于上述两个突出问题，不同的地方有着不同的标准。有的地方只是笼统地喊口号：移风易俗，喜事新办，丧事从俭，破除陈规旧俗，反对铺张浪费，反对大操大办，支持殡葬改革，服从殡葬管理。部分村干部表示农村建房、婚丧嫁娶是传统大事，都是正常的礼尚往来，没有发现有什么不良影响，也不存在借机敛财行为。有的地方明确规定：党员干部办酒原则上仅限于亲朋好友，单方不超 20 桌，婚嫁双方不超 30 桌，严禁收受下级工作人员、业务单位、代办事务人员等非亲友的礼金。总体而言，在经济社会发展水平不等的苏南农村基层，对于同一问题的判断可能会大相径庭，党内法规及其配套政策的解释和自由裁量的空间过大，不利于有效维护党内法规的权威，在某种程度上降低了党内法规的执行力。

第二节　苏南农村基层党组织党内法规执行力的主体困境

一、乡镇主体“分身乏术”

（一）乡镇主体执行困境的表现

乡镇党政主体是农村基层最具主导性的力量，从根本意义上决定着党内法规在农村基层的执行力。我们通过调研发现，苏南农村基层的乡镇主体在提升党内法规执行力方面还面临着不少困境。

第一，乡镇党委任务较多，聚焦不足。按照《中国共产党农村基层组织工作条例》第 9 条的相关规定，乡镇党委的主要职责包括认真贯彻上级决议、集体讨论决定本乡镇的重大事项问题、领导乡镇组织开展工作，以及开展基层监督、决定干部选拔。在政治层面，乡镇党委需要管理基层党组织和党员、维护社会稳定等；在经济层面，乡镇党委肩负着乡村振兴战略实施者的任务；在社会层面，乡镇党委还承担着提供基本社会服务的工作。很明显，乡镇党委需要承担的是综合性任务，面对如此繁重的任务，乡镇党委编制有限、人员有限、水平有限、统筹能力有限、资源调动能力有限，故在工作中容易出现顾此失彼的情况，影响到党内法规的执行力。

第二，乡镇忙于应付考核做台账。众所周知，乡镇处于压力型体制的末端，需要承接上级所有的考核任务。所谓压力型体制，指上级部门为了更好地控制和管理下级部门，在具体的工作中量化规定一些硬性指标并且作出时间限制①。在这种体制下，乡镇干部为了完成上级下达的指标，面临的压力较大②，故而也会影响党内法规的执行力。

在实地调研中，某乡镇干部坦言，在其实际工作中，党内问责机制就存在过分严格的特点。例如，乡镇干部都要兼任河长，某干部从其他乡镇调任，履职不到一个星期，对当地的情况尚不熟悉，河长工作出现问题也要担责③。在这种压力机制下，学习贯彻党内法规的精力和时间不足也就在所难免。

除了问责的压力外，乡镇干部还要应对来自上级各个部门或条线的各类

---

① 荣敬本，崔之元，王拴正，等．从压力型体制向民主合作体制的转变：县乡两级政治体制改革［M］．北京：中央编译出版社，1998：28.

② 陈潭．乡镇公共服务供给的体制困境与转轨路向［J］．中国行政管理，2008（4）：107-111.

③ 参见调研资料五：镇江句容访谈一组调研记录。

评比活动或检查等，如基层党建“五聚焦五落实”三年行动计划、社会主义现代化建设试点、城乡融合发展试验区、乡村治理体系建设试点、新时代文明实践中心试点、基层党建工作示范市试点等的评比或检查。这些不同层级、不同部门发起的评比、检查，皆需要“海量”的台账材料。我们在苏南农村基层观察到的情况是：不少乡镇干部都困于台账材料中，有些部门今天发通知，明天就要求上交材料，有时乡镇干部还没有时间去贯彻落实，就已经要总结经验、接受考核了，所以只得拼凑材料，应付检查。

第三，乡镇财力有限，对执行党内法规的支持有限。就全国范围看，乡镇机关的财政现状是“权小事大”，即乡镇虽然有一定的经济权力，但是在履行职责时时常捉襟见肘。针对该现象，也有学者以 P 乡为例做过调查①，调查结果显示，乡镇“权小事大”的体现在于：（1）作为调研背景的 P 乡是以农业为主的乡镇，收入来源较窄，经济基础薄弱，增收途径匮乏，结果造成财源短缺，基层职能无法正常有效运转；（2）现行的财政体制是乡级财政由县级掌管，造成乡级财政进一步弱化，也影响了乡机关正常的工作，削弱了其服务“三农”的能力。

在传统印象中，苏南农村基层是非常富裕的，但我们经过调研后发现，情况并非完全如此，即苏南农村的富裕并没有有效地转化为乡镇财政。在苏州、无锡、常州等地的农村，虽然存在很多企业，且经济规模非常可观，但经过近年来的改革，这些企业大多已经转化为县属/市属企业，实行了园区化，乡镇丧失了财权，乡镇财政只能靠上级拨款，缺乏动力②。

第四，乡镇纪委力量不足，难以常态化地对党内法规执行加以监督。有人曾聚焦石家庄 H 县乡镇纪委的实际工作情形③，撰文指出乡镇纪委的工作目前存在的问题包括纪委监委的干部存在兼职的情况、编制缺口问题、违纪案件积压问题、信访的压力及后勤保障的不足等，文章中也对这些问题的缘由进行了简单的解释。以苏南农村基层纪委干部兼职为例，部分干部兼职包村包干干部，有的在党建办公室兼职，有的在社会事务办公室和党政办公室兼职，还有在退役军人服务站和农业综合服务中心等部门兼职的。纪委干部

① 李纯．乡村振兴战略背景下加强农村基层政权建设的路径研究［D］．湘潭：湘潭大学，2020：1.

② 参见调研资料三：苏州相城社区一组调研记录。

③ 曹岩．石家庄市 H 县乡镇纪检监察工作现状及效能提升［D］．石家庄：河北科技大学，2020：1.

兼职可能导致工作效率的降低，一些纪委干部因为兼职工作的过失被问责，本职工作也因此受到了很大的影响。农村纪委在适用党内法规方面存在的困扰，妨碍了对党内法规执行力常态化监督的实现。

（二）困境产生的原因

我们认为，乡镇主体之所以在提高党内法规执行力方面面临着诸多困境，关键在于在当下的考核体系中，乡镇党政承担的是综合性任务。乡镇党政需要面临的考核任务主要有党建、财税征收、招商引资、工业生产、品牌创建、交通建设、乡镇规划及建设、农业生产、水利建设、国土管理、环境保护、民政帮扶、合作医疗、惠农资金的发放、安全生产、应急管理、社会治安等。在上述诸多考核任务中，提高党内法规的执行力被浓缩于党建之中。众所周知，在中国的科层制体制下，考核指标就是指挥棒，从最根本的意义上决定了乡镇主体的精力投入程度和精力分配比例。党内法规执行情况在考核体系中占比较小，是乡镇主体党内法规执行力困境产生的根本性因素。

在党建考核体系中，党建任务被分解成若干具体的指标，乡镇主体需要按照指标的要求完成规定的工作任务。需要深入思考的是，完成这些党建指标是否就等于贯彻执行党内法规呢？我们以苏南某市的乡镇党建考核指标为例进行分析，详见表4-1。

表4-1 苏南某市乡镇党建考核指标

序号	责任项目	主要内容
1	抓谋划部署	主持制定本镇（街道）党建工作五年规划和年度计划；每年初主持召开一次党建工作会议，与所属基层党组织书记签订党建工作目标责任书；每季度至少主持召开一次党委会，对党建工作重要问题进行研究讨论、作出决定；每年制定党建工作调研课题，带头领题调研
2	抓指导推动	带头学习党建工作制度文件，熟悉、掌握政策业务，对各领域党建工作进行分类指导；指导基层党组织按期换届；加强村级事务规范化建设，督促落实好党务村务财务公开、村务联席会议、村务监督委员会等规定，推动乡村治理精细化；实行党建工作项目化管理，主动认领项目，逐项抓好党建实事落实
3	抓组织覆盖	顺应农村经济社会发展变化，及时建立和优化调整党组织设置，加大农民合作社、家庭农场、乡镇社区等的党组织的组建力度，做到应建尽建；创新党组织设置，探索建立中心村联合党委、农民工聚居地党组织等；定期对党组织运行情况进行摸排、分析研判，理顺党组织隶属关系

续表

序号	责任项目	主要内容
4	抓干部队伍	坚持党委中心组学习制度，每年至少为党员干部上一次专题党课；落实谈心谈话制度，与班子成员每年至少谈心谈话一次；坚持“双强”标准，从严选拔、从严教育、从严管理镇村两级干部，尤其是村党组织带头人；普遍推行村党组织书记晋档升级管理机制，加强镇村两级干部队伍建设和后备人才培养，每个村保持2~3名后备干部常量，有针对性地培养使用
5	抓党员教育管理	抓好学习教育，严格执行发展党员工作细则和“六项制度”，做到程序规范、材料完备、审批及时；坚持和完善农村党员冬训和远程教育“固定学习日”等制度，每名党员集中学习时间不少于32学时；每年组织开展民主评议党员工作，稳妥处置不合格党员；加强流动党员服务和管理工作
6	抓党内生活	严格执行党内政治生活准则和党内各项规定，落实好“三会一课”、民主生活会、组织生活会等基本制度，推行基层党组织统一活动日制度；严格执行民主集中制，加强集体领导，坚持“三重一大”事项科学决策、民主决策、依法决策
7	抓基础保障	明确专职副书记分管党建工作，集中主要精力抓党建；配齐镇（街道）组织委员、组织员和组织干事，保证力量不少于3人，实现专人专职；探索建立党建工作专项资金，有条件的地方设立为民服务专项资金；对农村软弱后进党组织进行销号式整顿，每年整顿对象不低于总数的5%
8	抓典型示范	总结推广农村党建工作行之有效的新鲜做法，强化党建示范点建设，培育形成“一村一品、一镇一特色”党建品牌；定期召开现场会、观摩交流会等，放大典型的示范带动效应；注重选树一批先进典型，学习宣传群众身边的好党员、好干部，营造学赶先进的浓厚氛围
9	抓正风肃纪	持续反“四风”转作风，带头执行中央八项规定、省委十项规定和市委三十条实施意见，定期向上级党委、纪委报告党风廉政建设情况；每年组织村干部开展勤廉述职评议；严格执行《农村基层干部廉洁履行职责若干规定（试行）》
10	抓督查考核	每半年对所辖基层党组织开展党建工作情况进行一次集中督查并通报；每年年底组织村党组织书记抓党建工作述职评议考核，开展镇党代会、年会村书记述职试点工作；加大对督查考评结果的综合运用，建立问题清单、整改清单，认真抓好跟踪落实

通过表4-1我们可以看到，党建考核中的指标大多是可量化的具体指标。完成这些指标有两种方式：一种是形式主义的、浮于表面的，通过台账材料即可完成；另一种是务实的，要通过扎扎实实的工作完成，材料是自动生成的。党内法规中有不少内容是难以量化的，甚至是难以考核的，但其作用至

关重要，是决定党内法规在农村基层执行力的根本性因素①。如果乡镇主体始终困于考核之中，如果上级始终以量化考核（客观数据）的方式评估乡镇主体的工作，或者始终不能找到更科学、合理的评估党内法规执行力的方式，那么乡镇主体将难有提高党内法规执行力的空间，党内法规执行力自然难以提升。

二、村级主体“人微力弱”

（一）村级主体执行困境的表现

村级党组织是保证党内法规在农村基层落地生根的直接主体，在党内法规执行中处于关键地位。我们通过在苏南农村基层的调研发现，村级主体在执行党内法规时也存在着诸多问题，主要表现在以下几个方面。

第一，部分村级执规主体的主体意识相对缺失。《执规责任制规定》第8条规定：“街道、乡镇党的基层委员会和村、社区党组织，国有企业党委，实行党委领导下的行政领导人负责制的事业单位党组织，对本地区本单位执行有关党内法规负主体责任，领导、组织、推进本地区本单位党内法规执行工作。”我们在调研中发现，一些村级党组织干部未能准确理解“党内法规执行”的内容与属性，甚至片面地将党内法规执行直接与监督执纪画等号，认为党内法规执行工作应当归口纪检部门，单纯地将执规当作纪检监察机关的责任，认为其与自身关系不大，如此则忽略了基层党组织和全体党员的守规义务及基层党组织和党员领导干部的执规政治责任。另外，在经济相对发达的苏南农村基层有大量非公有制企业存在，虽然企业党建已经愈发得到重视，但企业的关注点仍主要聚焦于生产经营，在党组织建设、党内法规执行方面存在着整体重视程度不高、效果参差不齐的状况。

第二，部分村级主体责任分工不够明确。责任分工不够明确导致难以明晰主体责任、领导责任、集体责任和个人责任等各种不同的“责任”，从而很容易导致农村基层部分党组织执规时存在行为随意化、执规底气不足的状

① 《中国共产党农村基层组织工作条例》第30条：“党的农村基层组织领导班子应当贯彻党的群众路线。决定重大事项要同群众商量，布置工作任务要向群众讲清道理；经常听取群众意见，不断改进工作；关心群众生产生活，维护群众的合法权益，切实减轻群众负担。”第31条：“党的农村基层组织领导班子应当贯彻党的民主集中制，认真执行集体领导和个人分工负责相结合的制度。凡属重要问题，必须经过集体讨论决定，不允许个人或者少数人说了算。书记应当有民主作风，善于发挥每个委员的作用，敢于负责。委员应当积极参与和维护集体领导，主动做好分工负责的工作。”

况。比如，实践中存在强调一把手主体责任，而对基层党组织其他成员的领导责任界定不明晰的情况。《执规责任制规定》第 9 条明确要求："党委（党组）书记应当认真履行本地区本单位党内法规执行第一责任人职责，分管党内法规工作的班子成员承担党内法规执行直接责任，其他班子成员按照'一岗双责'要求抓好分管领域党内法规执行工作。"但通过调研我们发现，全面从严治党主体责任、意识形态工作责任、党内法规执行责任、普法依法治理责任、业务工作主要领导责任均由村书记承担，对于班子成员承担或者分管党内法规执行工作普遍没有形成统一规范的做法：有的直接将党内法规执行工作划归"负责党建"的支委，有的根本没有关于党内法规执行的领导分工，我们认为，事实上，在强调农村基层党组织书记党内法规执行第一责任人职责的同时，如果分管领导责任的职责分工不明，就可能带来职责履行不力或对履行不力责任追究的"真空"，从而导致村书记经常抱怨"所有的板子都打在我身上"，其他成员的责任缺失很容易导致领导合力难以形成，最终降低党内法规在农村基层的执行力。

第三，村级主体学习党内法规的力度不够。苏南农村基层一些村级主体的党员领导干部还没有牢固树立起执行党内法规的意识。由于现行党内法规数量庞大，加之相较于法律法规的普及宣传，党内法规宣传教育力度有限，重点宣传教育的内容大多局限于党章、纪律处分条例、廉洁自律条例等党内重点法规，党员干部全面系统地了解并掌握党内法规的意识和环境没有形成。由于缺乏认知，部分农村基层党员领导干部对党内法规的学习不够重视，没有真正把握党内法规的法律属性、政治属性和道德属性，难以带头学习和执行党内法规。同时，部分党员干部还存在主观上不愿学习党内法规、碎片化认知党内法规、轻视甚至抵触对党内法规的学习等问题。

以我们对 J 市下辖的相关村主体的调研为例，虽然各村开展党内法规学习教育活动"已经呈现常态化"状态，但通过深入访谈我们发现，不少村支书仍表示党内法规大多与自己的生活和工作没有关系。某村支书坦言：对于党内法规的学习只限于领导干部，且领导干部也只是被动式学习，普通党员大多对学习党内法规没有兴趣；另一村支书表示：除了积极分子入党程序、支部的选举程序、党费的交纳要求之外，自己对其他党内法规都不甚了解。而当我们问及是否了解《中国共产党农村基层组织工作条例》《中国共产党农村工作条例》此类直接针对农村的党内法规时，被访者大多表示不是太了解①。由以下问卷调查的情况可见，各农村基层党组织是有党内法规的“常态化”培训学习的，但现实中仍出现以上不了解党内法规的情况，可以推论：一些学习培训还是流于了形式，基层党员领导干部培训学习的实际效果欠佳。

图 4-3 所示为针对苏南农村基层领导干部进行的关于接受党内法规执行方面培训的调查结果。

问题：您是否接受过有关党内法规执行方面的培训？

调查对象：苏南农村基层领导干部。

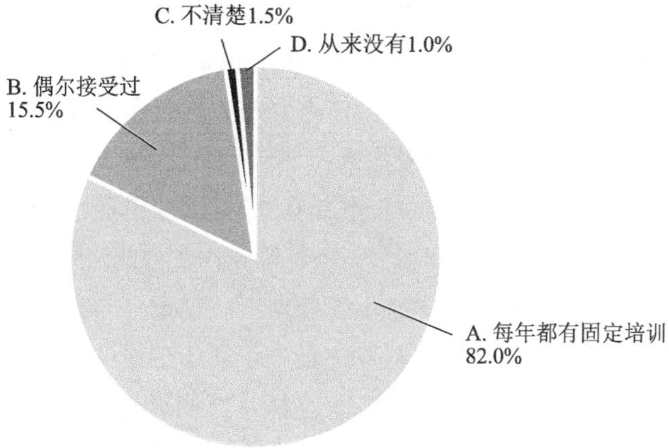

图 4-3　苏南农村基层领导干部接受有关党内法规执行方面培训的情况

第四，村级主体干部的专业化水平与党内法规执行要求存在差距。显而易见，党内法规执行者既需要有政治理念和政治意识，也需要有专业知识。专业知识能够迅速使党内法规执行者确定、勾连、筛选、分析党内法规执行中遇到的法规概念，处理好法规之间的关系，进而找准知识定位，找出解决问题的办法。随着信息技术的高速发展，科技产品和互联网的结合让违规违法行为复杂多变，海量的数据资料给执行主体提出了更高的专业要求，因此，基层党员领导干部需要越来越多地利用现代信息技术搜集资料、整理资料、分析资料，在理论上掌握党内法规的实质和核心的基础上，更好地指导实践，推进工作，真正实现政治、专业知识和技术的有机融合。

但在调研中我们发现，除去部分大学生村干部，大部分苏南农村基层党

① 参见调研资料九：常州溧阳访谈一组调研记录。

员领导干部的学历水平在大专或者大专以下，少部分老支书可能只具有小学文化程度。虽然不应以学历的高低作为衡量专业水平的唯一标准，但是学历在一定程度上也体现了专业能力。在互联网时代背景下，随着党内法规执行的制度化、专业化要求愈发提高，如果不能及时提高专业化水平，极有可能直接导致党内法规执行中的缺位和不规范。

（二）困境产生的原因

造成村级主体在提高党内法规执行力方面困境的原因是复杂多样的，与基层干部的来源构成、乡村治理现状等密切相关。总体而言，存在着以下几个方面的原因。

第一，村干部本身面临着角色冲突。一是繁重的工作要求村干部作为一个理性人全身心地为人民服务，但村干部在现实中是个感性人，有着自己的利益诉求。二是村干部面临晋升的困扰。村干部的工作任务繁重，但他们始终是“编外人员”，不能像公务员、事业编人员那样有稳定的收入和地位，这是很多村干部的心结。三是繁重的工作与村干部有限的精力之间存在冲突。多重角色使得村干部很难有足够的时间和精力有效保障党内法规的实际执行。

第二，苏南农村的村支书中有不少外地人，他们与本地人之间的融合面临困难。根据中组部《关于加强村党支部书记队伍建设的意见》的规定，村支书是可以由上级党委指派的。在苏南农村基层调研走访中发现，目前越来越多的村支书，特别是50岁以下的村支书是由上级委派的，而上级委派的村支书基本上不是本地人，这在一定程度上也影响了党内法规在农村基层的执行力。因为外地村支书（特别是大学生“村官”）中相当一部分来自苏南以外的地区，他们不懂苏南本地方言，无法顺畅地与当地人进行直接有效的交流，文化认同上也有很大的差异①。我们知道，党内法规的执行，归根结底需要领导干部动员普通党员，进而发动广大群众予以实现，而“动员”“发动”则离不开语言和文化的相通。农村居民对那些操着普通话、不会本地方言的干部，较难产生亲近感，有时甚至会产生强烈的疏远感。外来干部不懂本地风俗，不谙本地人情，走入群众、赢得群众的拥护和爱戴难度较大。较之本地干部，外来干部的融入需要付出更多的努力。

第三，乡镇主体和村级主体面临较为繁重的财政压力。乡镇主体的财政收入主要依靠行政拨款，村级主体的资金来源成分则较为复杂。但不论其来

① 参见调研资料二：苏州相城企业组调研记录。

源或构成情况如何，苏南农村基层村级主体经费保障不足是一个普遍存在的现象。苏南农村村级主体执行党内法规的经费基本都是以“打包”的形式，由上级党组织以党组织活动经费或者党建经费的名义进行下拨。以J市下辖各村为例，J市设有“为民服务专项资金”，每村每年最高可获得20万元，其中包含约30%的党建活动经费。但这项资金并不是在年初以预拨的方式下发的，各村党支部需要在第一年开展各项工作、第二年验收并接受第三方审计的情况下才能获得，且每村获得的金额有高有低。调研中被访谈的三个村均表示，只有第一年拿到了20万元，后面的年份有的拿到9万元，有的拿到3万元，有的村后续并未拿到①。再加上党建经费需要考虑场所建设、党日活动、党员慰问等多项支出，实际能够分配到党内法规专项执行保障上的数额可能寥寥无几。

第四，日常工作较琐碎，且工作压力大。我们在农村基层调研时发现，几乎所有村干部都表示，在日常的工作当中，存在着会议过多、上级指派任务过重、形式主义考核不同程度的存在等问题，这些都阻碍了党内法规在农村基层的执行。

一般情况下，村干部的工作内容包括：（1）文字处理：撰写计划、总结、报告等，采集相关信息，完成相关规定任务等；（2）服务群众：包括但不限于电脑知识培训、英语培训、实用技术培训、辅导孩子学习等；（3）宣传工作：开办广播站，制作宣传栏，完成上级宣传部门交代的任务；（4）发展经济，包括帮扶农业生产、促进农产品销售、为在村企业服务等；（5）调解村民纠纷；（6）接待村民来访，处理村民上访事宜等；（7）学习交流：参与上级组织的各种形式的座谈会、讨论会，陪同参加各种各样的调研等；（8）临时被上级借调，参与其他工作；（9）利用社会关系，吸引社会力量参与村庄建设；（10）配合上级要求，举办文体、义诊等活动等。除此之外，上级会经常性地增加临时性工作安排，如维稳、疫情防控等，一些突发情况等也需要村干部处理，绝对是“头上千根线，底下一根针”。在这种情况下，村干部往往是忙于应对各种考核，穿梭于各种会场，在村时间较短，根本没有时间静下心来深入思考工作，更遑论提高党内法规的执行力。

第五，基层党员年龄结构日趋老化，令人担忧。近年来，随着国家人口结构的重大变化及城市化进程的加快，苏南农村基层党员结构亦发生了重要

---

① 参见调研资料十二：无锡江阴座谈调研记录。

变化，呈现出日趋老化的不利趋势，严重地影响到了基层党组织的运行。苏南农村基层存在基层党员年龄结构失衡的问题，60 岁以上的党员占较大比重，年轻党员的占比越来越小。更为严重的是，为数不多的年轻党员中还以流动党员居多，他们多是毕业的大学生、退伍军人等，仅仅是为了履行组织手续，把组织关系放在了农村基层党组织。一般而言，对于党建活动的积极性并不高。如 L 市 D 村，其村支部党员人数共有 106 人，其中 70 岁及以上党员占比 21%，60~69 岁的党员占比 50%，而 60 岁以下的中青年党员占比只有 29%。基层党员年龄结构的老化，使得一些村干部面临着无人可用的窘境，党内法规的执行失去了新鲜血液的支持。

图 4-4 所示为针对苏南农村基层党员领导干部进行的关于党内法规执行情况的调查统计结果。

问题：您认为您所在的党组织党内法规执行存在哪些主要问题?

调查对象：苏南农村基层党员领导干部。

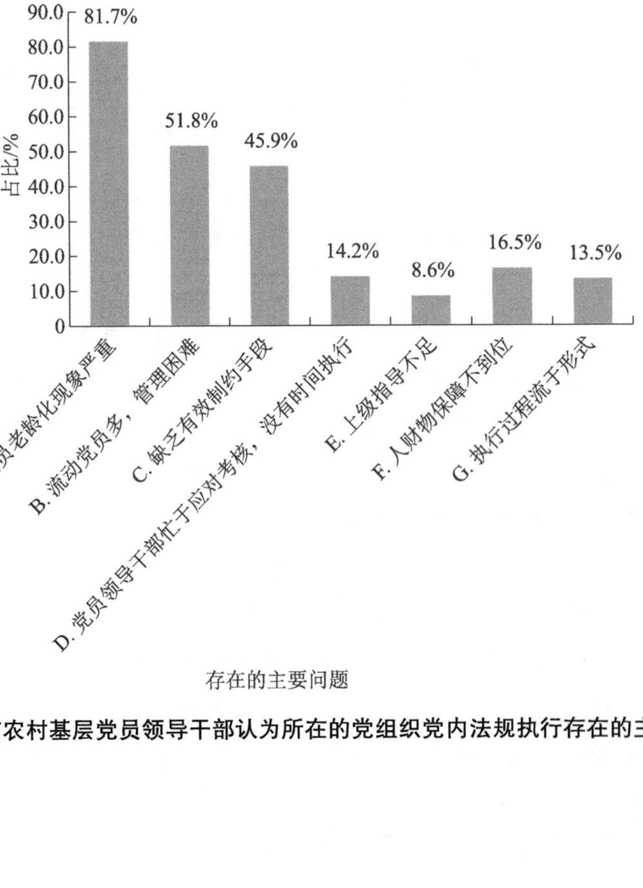

图 4-4　苏南农村基层党员领导干部认为所在的党组织党内法规执行存在的主要问题

三、民营企业主体“机制不畅”

较之于其他地区，苏南农村的一个重要特征就是存在着大量的民营企业。民营企业是苏南县域经济的重要基石，是苏南模式得以形成的重要因素。这些地处苏南农村的民营企业，吸纳了来自全国各地的务工人员。近年来，苏南农村的民营企业纷纷积极建立党组织，它们亦成为执行党内法规的重要主体。因此，企业主体也是苏南农村基层执行党内法规的主体之一，其执行困境自然也是苏南农村基层党组织党内法规执行困境的组成部分。

（一）民营企业主体执行困境的表现

苏南农村基层民营企业党组织在提高党内法规执行力方面，主要存在着如下困境。

第一，民营企业党员的挂名问题。在苏南农村基层，由于一些民营企业特别是规模较小的民营企业没有设立党组织，所以企业内的党员需要挂靠到企业所在地的村级党组织中，党员挂名问题由此产生。此现象在苏南农村较为突出。挂名党员，仅为挂名，实际并不参加组织生活，长期游离在党组织之外，他们对党内法规的执行难免成为空谈。

第二，流动党员的管理问题。不同于机关、事业单位或国企，苏南农村基层民营企业的人员流动性较强，流动党员管理问题由此产生。流动党员的居住地、工作地经常变化，但其组织关系难以随之变动，因此他们有可能长期不参加组织活动，成为“口袋”党员。另外，网络信息化及远程办公系统的完善，使得就业形式更加灵活，网商、微商、网络直播等新型就业形式不断兴起，这也加大了流动党员管理的难度。

第三，党内法规在民营企业中适用较难。在与苏南农村的民营企业进行访谈时发现，在民营企业中实施党内法规存在着诸多困难。(1) 党内法规执行机关的缺位。一般情况下，民营企业中没有专门执行党规的部门。在实践中，民营企业党组织几乎没有对党员作出过党纪处罚，都是根据企业规章制度，以企业的名义对党员作出企业内部处罚。(2) 就党内法规的内容层面来说，与企业相关的规定很少，所以党内法规在企业特别是民营企业中的存在感较低。(3) 企业内部关于党内法规的学习教育比较缺乏①。据了解，民营企业中的党组织一般不组织党员学习党内法规，即使组织，也就是发发相关书籍，偶尔在微信群里发一些相关信息而已。

① 参见调研资料六十二：布勒事迹材料。

常州、无锡一些民营企业反映，上级给的入党名额较少，每年 1 个，5 年前就积压了 15 份入党申请，消化这些就得 15 年时间，所以公司也就不再接受新的入党申请了。苏州 S 市有企业反映，上交的党费没有按规定返还给企业。W 市有企业反映，上级要求企业党组织准备的党务材料过多，占用太多精力；党员关系的转入和转出存在一些问题，有些员工的党员关系在社区，社区为了满足名额要求，不让这部分党员把党组织关系转到工作单位，这与党员管理规定不符；有些员工离职、去外企等，不把党组织关系转走；等等。

第四，民营企业对党内法规执行的重视程度不够。在苏南农村，民营企业往往以功利化的态度对待党建工作。如果党建对于企业品牌建设有促进作用，会提升企业的软实力，特别是与国企合作时，民营企业就会较为重视党建工作。否则，通常情况下民营企业看重的是员工业绩是否突出，而非员工的党员身份。目前，苏南农村大部分民营企业领导层对党支部建设工作的态度是不支持也不反对。

（二）困境产生的原因

在民营企业中发展党组织，是党建工作面临的新问题。正是因为其是新问题，所以目前在民营企业中有关党内法规的执行机制尚不顺畅。

一方面，有关部门没有建立起适应民营企业特点的组织运行管理方式。改革开放以来我国非公有制经济发展迅猛。2018 年，习近平总书记在民营企业座谈会上的讲话中指出："民营经济具有'五六七八九'的特征，即贡献了 50%以上的税收，60%以上的国内生产总值，70%以上的技术创新成果，80%以上的城镇劳动就业，90%以上的企业数量。"①但是需要注意的是，与民营企业蓬勃发展局面不相适应的是，适应民营企业特点的基层党组织运行管理方式始终没有建立起来。我们在实地调研的过程中发现，绝大部分民营企业负责人均理解并认同企业党建的积极意义，但也提出了现实的困难：企业里面已有的党组织形式上健全，该有的委员都有，但党组织实际运行起来不像机关、事业单位那样正式，一定要全员参加"三会一课"不现实，毕竟企业的主要任务是生产；企业内党员发展的名额较少；等等。

另一方面，流动党员管理问题始终没有得到有效解决。流动党员管理是

---

① 新华社．习近平：在民营企业座谈会上的讲话［EB/OL］．（2018-11-01）［2021-01-25］．http：//www. gov. cn/xinwen/2018-11/01/content_ 5336616. htm.

从严治党的题中之义。党员只有在其工作单位党组织的领导下才能更好地发挥先锋模范作用①。关于流动党员的管理，《中国共产党支部工作条例》明确规定：流动党员 3 人以上要成立党支部；流动党员党支部的基本任务是开展流动党员教育、管理、监督、服务；党支部要组织流动党员开展政治学习，过好组织生活，进行民主评议，引导党员履行党员义务，行使党员权利，充分发挥作用②。对照这一规定我们发现，目前苏南农村在涉企流动党员的管理上还存在一些问题，如基层流动党员的党组织建立难、党员流动性强的特点使得一些企业的党支部有名无实，在没有强制约束力的前提下，组织活动的时间、地点、形式等，落实起来往往都是问题。

要特别强调的是，不能把企业流动党员问题交给企业所在地的村级主体解决。我们在调研中发现，村级主体自身运行已相当吃力，再把企业流动党员交给他们管理，只能流于形式。有些村委会采取的办法就是建立一个流动党员群，收发一些材料，但“三会一课”基本无法展开。很多流动党员无法在规定的时间段交纳党费，村级主体往往束手无策。总的来说，村委对流动党员的管理较为松散，较之企业而言，其管理条件则更为优越。因此，必须清除企业主体执行党内法规的机制障碍，使企业成为党内法规执行力提升的主阵地之一。

第三节　苏南农村基层党组织党内法规执行力提升的过程困境

一、执行基础不足

（一）部分党员对党内法规缺乏认同

认同不等于认知，它更侧重强调党员内心中对党内法规的确信及行为上对党内法规的选择。认同度的高低决定了执行党内法规的主观态度是积极主动还是消极配合。党内法规的直接作用对象就是各级党组织、党员干部和广大党员。部分党员消极配合的态度是影响农村基层党内法规执行效果的重要因素。这种主观态度产生的原因包括：

1. 农村“熟人社会”的传统文化影响

当下的苏南农村依旧无法完全摆脱“熟人社会”的框架。我们每次调研

---

① 韩强．论加强新时代流动党员队伍管理［J］．学习论坛，2020（3）：23-28.

② 中共中央．中国共产党支部工作条例（试行）［EB/OL］．（2018-11-25）［2021-01-25］．https：//www．12371．cn/2018/11/25/ARTI1543146320637564．shtml.

都会向基层询问“宗族、人情等因素是否会影响党内法规执行”，绝大部分被访者认为，当下的苏南农村在现代化治理背景下基本不存在宗族、人情等因素影响党内法规执行的情况。但当我们在后续问卷调查中询问“影响党内法规执行的具体原因”时，又有很多之前给出否定回答的被访者回答“村里的人情往来会直接影响党内法规的执行”。这种前后矛盾的割裂感在隐隐传递一个信息：当下的苏南农村基层，绝大部分党员领导干部与普通党员都能够认识到党内法规执行不应受到宗族、人情等因素的干扰，但当实务中两者发生矛盾时，人们内心对于“人情”的认同依然严重影响着对“法纪法规”的认同和执行。

我国的大部分农村依旧是人情社会、熟人社会，乡里乡亲之间的“人情”是联系村民的纽带。由于经济的高速发展，苏南农村存在大量的非公有制经济主体，大量非公有制企业的入驻带来了人员的流动。可以说，苏南农村已经从传统的“熟人社会”逐渐转型为“半熟人社会”。长久以来在农村的旧传统虽已式微，却无法彻底消失。当农村传统文化与党纪党规之间发生矛盾时，一些基层党员往往本能地从内心选择传统观念或一些非理性的方式。比如，受“人情往来”或“法不责众”等从众心理的影响，有的农村基层领导干部对普遍性的违规和失职失责行为往往习以为常，加上部分领导干部的法治意识欠缺，致使有规不依、执规不严的现象时有发生。

2. 部分党员对党内法规的漠视

从主观意识层次上讲，党内法规各项制度的执行来自广大党员对党内法规发自内心的信仰和拥护。但现实中，一些党员并不是基于认同和信仰而踏踏实实地执行党内法规，有时还会打着执行党内法规的幌子，目的只是满足其自身利益甚至是一些不当诉求。以拆迁征地为例，在相对封闭的基层农村，党员特别是党员领导干部在拆迁中的言论、行为均会成为群众的“聚焦点”。当党员发生违法违纪行为时，其行为本身及后续处理程序、处理结果是否遵纪依规，都会对区域内党员、群众的党内法规认同度产生一定影响。

不少年纪较大的普通党员对党内法规所知甚少，也无法区分党内法规与国家法律法规，更谈不上对党内法规的“认同”。究其原因，不少农村普通党员都认为“党内法规是用来约束领导干部的”，与自身没有关系。这样的“漠视”会直接影响党内法规的执行效果。因此，很多被访基层党员领导干部表示“党内法规对普通党员没用”，实践中发生的某项具体党内法规执行效果不佳的情形，往往都会伴随党员漠视党规、怠于执行的问题。

（二）对党内法规的宣传力度不够

现在不是"刑不可知，则威不可测"的时代，加强对党内法规的宣传，便于全体党员了解党规、认知党规、熟悉党规，是提高党内法规执行力的坚实基础。在苏南农村的走访过程中不难发现，各农村社区的宣传栏中的内容大多是国家政策、经济发展动向与村内的通知和公告。除宣传栏外，没有其他的宣传途径，缺乏形式多样的立体宣传网络。同时，宣传在一定程度上还存在"重形式、轻实效"的现象。

我们面向普通党员进行的问卷调查结果显示，农村基层组织生活存在形式较为单一、内容相对匮乏的现状。近八成被访者表示，组织生活的主要形式是"读报纸、念文件、学习领导讲话"；近六成的被访者选择"讨论业务知识或培训"（见图 4-5）①。而针对 394 名苏南农村基层党员领导干部的问卷调查显示，在党内法规的宣传教育中，通过网络学习、开会学习及发书本、资料等自学占据绝对主力地位（见图 4-6）②。由此可以看出，当前苏南农村基层宣传普及党内法规依然存在简单的灌输和形式主义问题。

问卷题：您参加组织生活的主要形式是（　　）？

A. 读报纸、念文件、领导讲话　　B. 文化娱乐活动

C. 讨论业务知识或培训　　D. 志愿者服务类活动

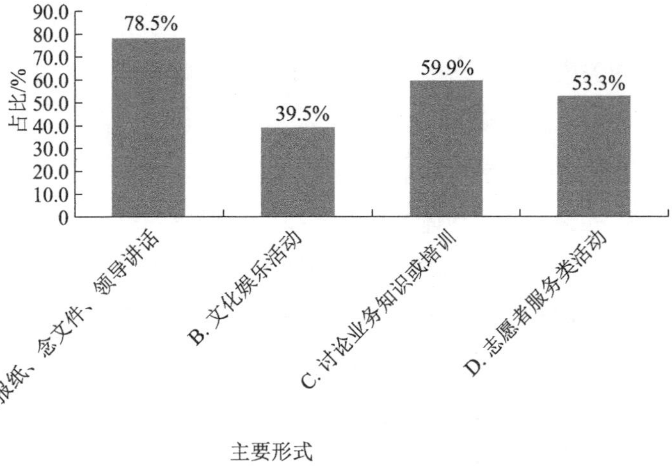

图 4-5　组织生活主要形式问卷统计图

① 参见针对苏南五市普通党员的问卷调查，调查共回收有效问卷 1328 份。

② 参见针对苏南五市基层党员领导干部的问卷调查，调查共回收有效问卷 394 份。

问卷题：您所在单位对党内法规如何宣传学习？

A. 通过微信群、QQ 群等开展学习　　B. 开会学习

C. 发书本、资料等自学　　D. 没有专门学习

E. 其他学习方式

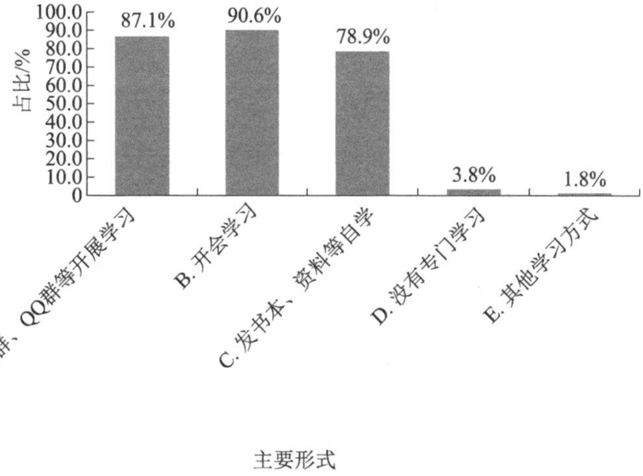

图 4-6　党内法规宣传学习主要形式问卷统计图

例如，根据 L 市某村党支部反映的情况，党组织对党内法规的宣传形式是“线上+线下”相结合的方式。线下集中开展学习教育主要是邀请领导和“第一书记”带头讲党课、发放宣传册等。线上学习主要是在微信群内转发党内法规的相关内容，要求、督促党员学习。由此看来，党内法规的宣传形式单一，宣传力度是不够的。

（三）党内法规的学习内容不完整

中国特色社会主义法治体系的性质和法治形成的路径决定了党内法规宣传与国家法律宣传需衔接协调。在法治的形成路径上，我国的法治建设是由中国共产党领导和推动的，这是我们的法治不同于其他国家法治的根本特征。党内法规和国家法律在规范内容、形式体现、实施保障等方面具有差异性，但在核心价值、逻辑前提、出发点和落脚点等要素上具有一致性①。因此，普通党员在学习党内法规的时候，要兼顾国家法律的学习，并学会统筹协调处理二者运行中出现的冲突和问题。即便是单纯的党内法规学习，也要

① 魏艳．中国共产党百年党内法规建设经验与展望［J］．思想教育研究，2021（7）：83-88.

根据学习对象、当时的形势、针对的问题等，选择不同的学习内容，让党内法规发挥培养党员干部遵纪守法的意识、增强服务群众的能力、惩治违法违纪行为的作用。

L 市某村书记在反思党内法规的学习情况时谈到自己的感受：党内法规的宣讲学习主要是抽象地谈其“先进性”“重要性”，“高大上”但不“接地气”，不能“以案说法”“切中要害”，没有达到党内法规的立规目标，没有解决实际问题，一些普通党员参加学习只是觉得可以满足高人一等的优越感。他认为，党内法规宣传的对象不应仅仅是党员，也要扩大到广大人民群众。在对人民群众进行宣传时，要做到有的放矢，采用人民群众喜闻乐见的文化宣传方式，列出“解惑清单”“重点明细”，这样可以使人民群众依照党内法规的要求监督党员，同时感受到党内法规管党治党的规范性和力度，提升党内法规执行的接受度和效能。

问卷调研中也问及普通党员希望了解哪些党内法规，结果显示，选择各项的比例相对均衡。选择“有关党员的权利、义务和责任方面的法规”的人数算是最多的，占比为 23.7%；总体来说，问卷的选项是一些基础性党内法规方向的内容，选择比例的分散说明大家不是很明确自己的需求，党内法规的内容中没有大家非常熟悉的部分可以剔除①。由此可知，党内法规的学习内容的全面性和效果亟待增强。

问卷题：就您目前的情况而言，您感觉最希望了解哪方面的党内法规?

A. 有关党的各级各类组织如何产生、怎样组成及相关职权职责方面的法规

B. 有关党的领导和党的建设的体制机制、标准要求、方式方法方面的法规

C. 有关党组织工作、活动和党员行为的监督、考核、奖惩、保障方面的法规

D. 有关党的干部的选拔、教育、管理、监督方面的法规

E. 有关党员的权利、义务和责任方面的法规

① 参见针对苏南五市普通党员的问卷调查，调查共回收有效问卷 1328 份。

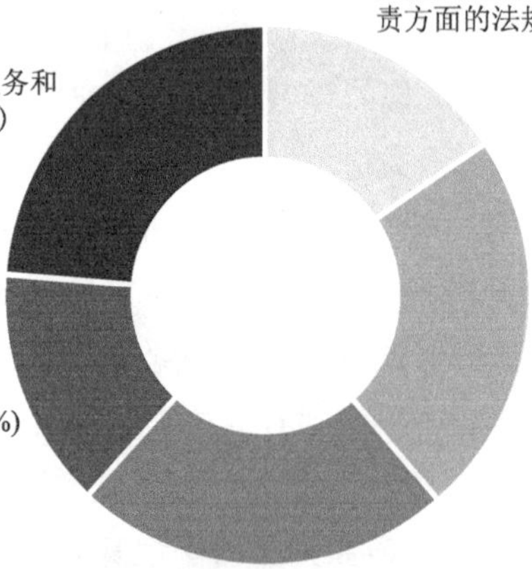

图 4-7　希望了解哪些方面的党内法规问卷统计图

二、执行规范欠缺

（一）执行内容欠规范

习近平总书记明确指出“决不允许有令不行、有禁不止，决不允许在贯彻执行中央决策部署上打折扣、做选择、搞变通”①。但从调研情况来看，种种“上有政策、下有对策”的假变通、真违规情形依然存在。在执行党内法规时，还存在以下不规范性表现。

1. 选择执行

从规范性文本制定角度来看，科学立规技术要考虑实际操作的不同变量，制定党内法规要给执行留有一定的自由裁量权。也就是说，一些党内法规执行规则会设置一些可选择项，对是否执行、执行的程序及执行的程度留有一定的自主选择权。但必须要认识到，这不意味着可以任意选择，党内法规执行者的选择权也应当受到党内法规本身的规制。部分农村基层党组织的领导干部从私人利益、执行难易度等功利主义的角度出发，对党内法规的执行进行不当的“选择”，显然造成了与执行规范要求相去甚远的后果。比如，

① 中央文献研究室．十八大以来重要文献选编：上［M］．北京：中央文献出版社，2014：132.

有的农村基层党支部会选择相对容易执行、规范性要求比较少的党内法规进行积极执行，而对执行难度较大或者规范性要求较高的党内法规避之不及。

2. 变通执行

基层有基层的难处，基层有基层的实情。在一系列调研中，几乎所有的被访者都表达了这样的观点：当遇到很多难以解决的棘手问题时，基层只能搞变通。以交纳党费为例，《关于中国共产党党费收缴、使用和管理的规定》中明确规定："党员应当增强党员意识，主动按月交纳党费。遇到特殊情况，经党支部同意，可以每季度交纳一次党费。"但很多被访基层党支部都对不在本地生活的非公有制企业挂靠党员"束手无策"，数位被访者告知：这样的党员几乎不参加组织生活，也无法按月交纳党费，基层党组织也拿他们"没办法"。于是基层党支部变通管理：以"理解"为由对此类党员不参加组织生活的情况"睁一只眼，闭一只眼"，允许他们一次性交纳全年党费。站在村书记的角度，我们似乎可以理解这种变通做法的"苦衷"，其中不仅包含了乡里乡亲之间朴素的人情味，也有些许"多一事不如少一事"的畏难情绪。但很显然，这样的变通使得党内法规的执行"打了折扣"，"折扣"越多，执行不力的情况就越严重。

3. 错误执行

一项党内法规能在多大程度上得到贯彻，通常的决定性因素包括实施者的认知理解、态度、目标和方法。从主观角度划分，错误执行党内法规大概可分为过失、被动和故意几种情况。过失是因为知识水平、理解能力有限，党内法规如果规定得原则性过强，缺乏可操作性，执行时就可能出现错误。被动是基层党组织正确执行党内法规，但上级党组织或领导因为种种原因阻碍了执行的情况。如 L 市某村支书向我们介绍了一个案例：流动党员的管理一直是基层党组织面临的难题，当地某名挂靠关系的流动党员长时间不参加组织生活、不交纳党费，基层党支部无法对其进行管理。基层党支部"鼓足勇气"，按照党章要求主动申请依照党内法规严格执行，即按照自动脱党处理。但基层党组织上报之后，上级组织部门回复"无此先例，慎重处理"，该村委会只得作罢。故意是最恶劣的错误执行的情况，表现为有的执行主体身披"结合实际""特色创新"的外衣，大打擦边球，钻党内法规的漏洞，甚至对党内法规的本意进行曲解，造成违规违纪的后果。

（二）党内问责执行欠规范

中国共产党的百年光辉成就离不开全面从严治党，全面从严治党是完善党的领导制度体系的基本要求，也是提升国家治理效能的基础性工程。落实全面从严治党主体责任，需要充分发挥问责制的重要作用，进而倒逼相关主体责任的有效落实。随着《中国共产党问责条例》的出台、修订，党内问责制的有效实施不仅有助于推动各级党政领导干部规范个人行为，实现履职尽责，还有助于提升国家治理效能。就农村基层党组织而言，只有坚持党内问责中的问题导向、精准问责，才有助于全面从严治党在农村基层的实现。在调研的过程中，我们听到了一些不一样的“声音”，一些基层党员领导干部反映“板子打得很冤枉”，并且认为农村基层党组织的党内问责执行存在着不规范的现象，严重者会打击基层党员领导干部的工作积极性。针对这种反映，我们进行了深入调研，发现党内问责制度在苏南农村基层存在某种程度的执行异化的现象，并在一定程度上影响了《中国共产党问责条例》的执行效果。

1. 谁来问责

“谁来问责”这一问题的实质是问责主体的规范化。党内问责主体是依据干部管理权限对触犯问责情形的党组织和党员干部实施问责的组织和个人的统称，问责主体直接掌握着问责程序的启动权及对问责对象的调查与处置权。《中国共产党问责条例》第 4 条规定了党内问责的主体。具体而言，党委（党组）负责对本地区本部门本单位问责工作的领导；纪委履行监督专责，协同同级党委开展问责工作；党的工作机关实施本机关本系统本领域的问责工作。但在实践中，问责主体操作中可能存在异化的现象。

一是问责主体的“被动式减少”。调研发现，启动党内问责程序的绝大多数还是各级纪检监察机关，基层党委和工作部门启动的问责比较少。调研结果显示，苏南农村部分基层党委主体责任履行不到位，对问责工作不重视，习惯于把问责当成纪检监察机关的事情，甚至有些村书记在被问及“党组织是否能够主动积极进行党内问责”时，直接给出了否定回答，并认为“这是纪检监察部门应该履行的职责，和我们没有关系”。我们对苏南五市农村基层党员领导干部进行的问卷调查结果显示，近五成的被访者所在单位由纪检监察部门负责党内法规执行（见图 4-8）①。

问卷题：您所在单位主要负责党内法规执行的部门是（　　）？

A. 纪检监察部门　　B. 组织部门

C. 宣传部门　　D. 其他部门

① 参见针对苏南五市基层党员领导干部的问卷调查，该调查共回收有效问卷 394 份。

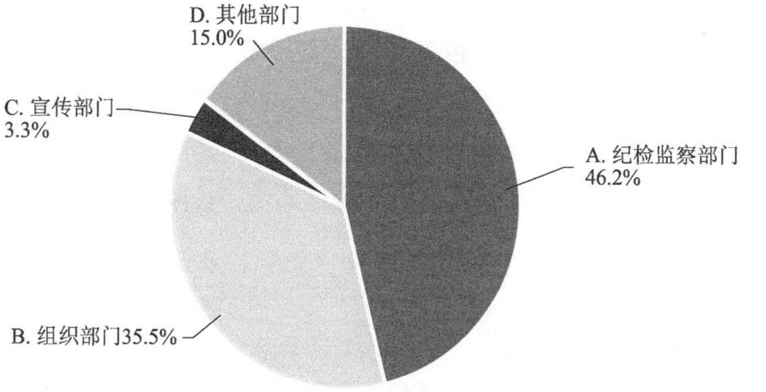

图 4-8　党内法规执行负责主体问卷统计图表

二是问责主体的“主动式增加”。十八大以来，随着全面从严治党向纵深化发展，党的监督检查方式也不断拓展创新，因此也出现了督导组、检查组等各种各样非常设性机构。在苏南农村基层一般多会针对某项具体工作开展专项检查，比如溧阳市开展的“党费收缴工作专项督查”、苏州市相城区开展的“人居环境专项检查”等。而此类非常设性检查机构是否具有党内问责程序的启动权限，目前依然存在一定的争议。如果严格按照《中国共产党问责条例》第 4 条的规定，“督察组”“检查组”并非法定的党内问责启动主体，但在工作实践中，此类非常设性机构基于其在特定工作任务中的权威，可以在督察检查过程中直接将问责处理意见乃至问责处理决定交给法定的问责启动主体，这就可能会对问责启动主体依法行使问责权造成一定的干扰，而这也无疑会给问责对象带来“谁都可以启动问责”的错觉。

2. 对谁问责

“对谁问责”这一问题的实质是问责对象认定的精准化。问责对象是因导致问责情形的发生而接受问责主体制裁的组织和个人，是各种问责方式施加的具体对象。问责对象范围的大小影响问责活动的广度和深度，是判断各类问责对象是否存在权责不对等现象的一个重要指标①。可以说，问责对象的规范准确是实现党内问责精准化的前提。但在调研中我们发现，问责对象的确定同样存在一定程度的任意性。

一是问责对象的范围存在一定程度“扩大”的可能性。在实践中，有时

① 吕永祥，王立峰．防止党内问责泛化的有效路径探析［J］．中州学刊，2020（2）：11–17.

会出现问责对象的范围大小与上级问责主体的“决心”大小正相关的现象。当上级问责主体认为问责事项很重要、社会反响大，需要加大问责力度时，可能就会不自觉地扩大问责范围。比如，在调研中S市X区某镇某村支书告知我们，上级在对该村河长制落实情况的检查中发现该村河流存在污染问题，决定狠抓生态环境工作，因此虽然该村某位河长刚调来本地十余天，依然被纳入了问责对象范围。

二是问责对象数量与问责工作成效两者关系的解读存在困惑。党内问责过程中，被问责对象数量的多少与问责工作的成效实际并不存在当然的正向比例关系。但在实践中，针对问责对象数量的变化，却往往存在正反双向解读的可能。具体而言，如果问责的人数减少，这种现象既可以被解释为全面从严治党取得实效，党内失职事件减少，也可以被解释为从严治党不力，未能发现工作中存在的问题。如果问责对象数量增加，这种现象既可能被解释为全面从严治党得到加强，也可能被解释为基层政治生态有所恶化。上述这些正反双向解释的可能，意味着基层党组织在问责实践中，既不能泛化问责对象，又要尽可能地深度发掘存在的问题，但其中的尺度却并不容易把握，这给基层党组织评价工作成效时带来一定程度的困惑。

三是问责对象的确定存在一定程度的“选择空间”。在对S市H镇的调研中，一名村支书表示该村因为某项工作不力，面临被党内问责的境况，但该项工作的直接负责人年纪较轻，村委中不少人觉得让其接受党内问责会影响他未来升迁，于是出于对年轻干部的保护之心，由已经年迈的老支书出面“背锅”，并接受第一种形态问责。事实上，由于村务管理民主集中制的落实，村民自治中的绝大部分事项都由集体领导与个人分工负责相结合，村务当中的重大事项决定权在基层领导干部和村委会之间的分配通常是比较复杂的。而当出现需要被问责的事项时，由于集体责任与个人责任、领导的主体责任与相关人员的直接责任并没有被明确划分，就很容易出现问责对象可以进行“选择”的状况。

3. 因何问责

“因何问责”这一问题的实质涉及问责程序事由的法定化。《中国共产党问责条例》在第7条中列举了引发党内问责程序启动的11种法定情形，涉及党的领导、政治建设、思想建设、组织建设等党建工作中的各项重点环节。从规范意义上来说，问责事由的范围应当设置得标准、科学、合理、可操作，且符合权责相统一的原则，这样才能保证党内问责程序启动的规范。

但恰恰是因为当前《中国共产党问责条例》中对于问责事由的设定几乎涉及了党建工作的方方面面，且有“其他事项”这一兜底条款，因此实践操作中启动党内问责的事由存在一定程度的随意性。

一是党内问责事由的泛化。在调研中，我们面向村委层面询问“党内问责”启动事由这一问题时，很多被访者反映党内问责启动事由较多。如 A 村会计被问责是因为两次呈报的财务数据不一致，B 村村支书被问责是因为将基本农田改为村组的安息堂，C 村村支书被问责是因为村内人居环境建设未达到要求，D 村村支书被问责是因为村内老有上访户①。以上种种事由涉及村委会日常工作的点点滴滴，有将党内问责泛化为“口袋”的倾向。不仅是《中国共产党问责条例》第 7 条中涉及的情形，即使是一些日常工作中的一般事务性工作，也同样可能成为党内问责的启动事由。

二是对“属地管理原则”的错误执行。在调研中，部分被访者也反映属地管理原则被错误执行，导致自身被党内问责的情形。党内问责启动的前提是问责对象有责而失责，就村一级层面来说，村“两委”对诸如信访、国土、生态环保等领域并不具备履行职责的相应权限，但根据属地管理原则，如果相应领域发生的失责事件发生在本村，那么农村基层领导干部几乎不能免责。

三、执行队伍后继乏力

众所周知，在任何制度的执行过程中人都是决定性因素，干部是决定性因素中的重要因素，党员和领导干部队伍是党组织永葆青春活力的力量源泉。无论党内法规体系多么健全，党内法规执行方法多么创新，没有一支高素质、有潜力的后备人才队伍为党内法规制度建设提供长效支持，确保各项纪律和党内法规落实到位，一切都是“纸上谈兵”。目前农村基层党组织党员队伍的现状令人非常担忧。

（一）老年党员占比过大

国家统计局 2021 年 5 月发布的数据显示：“60 岁及以上人口占 18.70%，其中 65 岁及以上人口占 13.50%。与 2010 年第六次全国人口普查相比，60 岁及以上人口的比重上升 5.44 个百分点，65 岁及以上人口的比重上升 4.63

① 参见本研究调研访谈资料——S 市某镇村基层组访谈资料，2021 年 7 月 2 日。

个百分点。”① 江苏省卫生健康委员会的统计数据显示，截至2019年年底，全省户籍人口中60岁及以上老年人达1834.16万，江苏省进入深度老龄化社会②。农村的党员构成也显示出了这一特点，普遍存在党员老龄化严重、男党员多、女党员偏少的情况。通过走访S市和询问L市的各村村书记发现，被访者在总结情况时都不约而同地反映了这一事实，尤其是其中的某社区，一共有党员169名，60岁以上的党员有80人，占比47.3%。女党员只有39人。年轻人很少，30岁以下者只有9人。

（二）新生党员数量偏少

《中国共产党发展党员工作细则》第3条规定：“发展党员工作应当贯彻党的基本理论、基本路线、基本纲领、基本经验、基本要求，按照控制总量、优化结构、提高质量、发挥作用的总要求，坚持党章规定的党员标准，始终把政治标准放在首位；坚持慎重发展、均衡发展，有领导、有计划地进行；坚持入党自愿原则和个别吸收原则，成熟一个，发展一个。禁止突击发展，反对‘关门主义’。”③ 党的十八大报告也明确指出，要重视从青年工人、农民、知识分子中发展党员。发展优秀的新生党员是党的事业代代相传的重要保证，是使我们党成为一个吸纳更多优秀人才和善于凝聚各类人才的马克思主义政党的必然要求，能不断提高党的创造力、凝聚力和战斗力④。然而，目前苏南农村发展年轻党员相对困难，在企业工作或者从事自由职业的年轻人入党积极性较低，新生党员数量偏少。通过走访，我们大概总结了以下三个原因。

1. 入党门槛比较高

有能力、有文化的青壮年不愿意留在村内。村内的人口主要是老人和未成年人，这一部分群体的文化水平和政治素养相对偏低，没有发展成党员的“好苗子”，这直接导致了新生党员的数量极度萎缩，有的村中连续几年没有青壮年加入。如某市黄桥街道方浜村是一个拆迁村，本地人少，党组织凝聚

---

① 国家统计局，国务院第七次全国人口普查领导小组办公室．第七次全国人口普查公报（第五号）：人口年龄构成情况［J］．中国统计，2021（5）：10-11.

② 江苏省老龄工作委员会办公室．江苏老龄工作简报［R］．江苏省卫生健康委员会，2021（1）.

③ 本书编写组．《中国共产党发展党员工作细则》学习读本［M］．北京：红旗出版社，2014：17.

④ 樊宪雷．新中国成立以来关于发展新党员的思路透视［J］．党的文献，2013（4）：20-27.

力相对较弱，党员数量少导致村里没有专职的党务人员，党务工作由组织委员兼任。村里发展党员时，够条件的以暂时留村的毕业学生和退伍军人为主，少数留在村里的年轻人一般不符合条件。

2. 入党意愿不强烈

在党组织有意向发展的符合条件的成员中，存在抬高对物质利益和经济利益的追求、降低自身政治追求的现象。还有一些人认为，党员除了多交党费，与群众没有什么差别，遇到困难，党员还要吃苦在前、无私奉献。他们片面地认为党员只有义务没有权利，功利地考量入党问题，认为入党不仅不能带来“好处”，还增加了约束和负担，因而入党意愿不强。

3. 责任落实不到位

治国安邦，重在基础；管党治党，重在基层。若党组织缺乏凝聚力，入党的工作机制不健全，农村基层难以发展具有先进性的党员，党内法规的执行也将成为空谈。有的党组织相关负责人对如何坚持党的领导、如何使党的领导成为农村工作中的核心和战斗堡垒的认识不深刻，对发展党员工作指导不够、重视程度不高，对发展新党员不积极，害怕“培养了苗子，丢掉了位子”。同时，“重经济、轻党建”也是苏南农村中一个较为普遍的问题。一些地方经济效益上去了，发展党员的工作却落下了。

（三）流动党员难以管理

流动党员是指由于就业或居住地变化等原因，在较长时间内无法正常参加正式组织关系所在党组织活动的党员①。流动党员管理处于相对缺失的状态，流动党员中很少有主动报备者。目前，对这部分流动党员该如何管理的问题还没有得到根本解决。对于造成这一状况的原因，可以从以下两个方面进行分析。

1. 滞后的流动党员管理体制

流动党员是改革开放后才出现的新群体，现行的党员管理体制是根据人户结合的行政区域设置的。而苏南地区流动党员多，流向的城市杂②，流动党员的流出地和流入地党组织配合与衔接度不够，缺乏流动党员信息库，不

---

① 中共中央办公厅．关于加强和改进流动党员管理工作的意见［EB/OL］．（2015-10-29）［2022-03-11］．https：//news. 12371. cn/2015/10/29/ARTI1446105801044726. shtml.

② 于红．关于流动党员问题的思考［J］．求实，2007（7）：20-23.

能及时掌握流出和流入党员的基本情况，管理不精细、不精确、不精准①。党的基层组织建设呈现“纵向为主、横向为辅”的格局，这种格局面对新经济组织、中介组织、社团组织的大量涌现，企业兼并、破产、重组，以及各类党政机关的精简所形成的流动党员群体，管理机制具有明显的滞后性。

2. 窒碍多而畏难的思想情绪

其一，从党组织的角度来看，某些相关负责人对于流动党员的管理工作不够重视，认为该项工作繁杂琐碎，进而产生畏难的排斥心理和情绪；其二，流动党员多为外出务工人员，基层党组织负责人不熟悉且不愿意去熟悉流动党员管理的相关规定和程序。这些因素导致流动党员组织观念在平常的生活和工作中渐渐淡薄。

第四节　苏南农村基层党组织党内法规执行力效果提升的困境

一、激励制度相对缺失导致动力不足

激励是一种内生动力机制，是通过规则、制度、文化实现对组织成员的方向引导、动机激发与行为强化，持续调动人的主动性、积极性和创造性。制度激励失灵或不同的激励组合使得行动者行为选择不同，进而影响政策预期的实现程度。激励可以分为政治激励、经济激励、社会激励和道德激励等②。党内法规的实施效果好坏无法摆脱人的因素，合理有效的党内激励可以显著提高党内法规执行者的积极性，而激励制度的相对缺失则会导致党内法规执行效果的降低。早在2013年，习近平同志主持中央政治局会议时就明确指出：“要强化党员管理，严格党内组织生活，严明党的纪律，及时处置不合格党员，改进对流动党员的管理，健全党内激励关怀帮扶机制，构建党员联系和服务群众工作体系，增强党员队伍生机活力。”只有构建完善的党内关怀激励制度，才能促进党内法规执行效果的有效提升。

（一）农村基层党员领导干部：缺乏有效的正向激励

1. 党内法规更侧重于对党员领导干部的负向规制

学者基本认为广义的激励包括“正向激励”与“负向激励”，但在实践

---

① 魏传光．破解新时代党员教育管理工作难题：基于《中国共产党党员教育管理工作条例》的探讨［J］．人民论坛，2020（8）：90-91．

② 丁利．制度激励、博弈均衡与社会正义［J］．中国社会科学，2016（4）：135-158．

中，广大的基层党员更倾向于将“负向激励”表述为“负向规制”。而这种“负向规制”在当前的大部分党内法规文件中，通过对要求做、提倡做、禁止做等行为模式进行表述，对党组织及党员的各类行为进行了规范，并对违反党内法规的行为进行规制。

毋庸置疑，“负向规制”作为正向激励的合理补充，是党内法规激励制度不可缺少的重要组成部分。以警示教育、党内问责等形式为主的“负向规制”，对提高党员领导干部的党内法规意识、规范党员领导干部的各类行为起到了极其重要的作用。有效的“负向规制”同样也能够将实践中的各类消极因素转化为积极因素，从而提高党员领导干部的党性意识。

但另一方面，“负向规制”毕竟是“负向”的，其带来的后果也是以惩戒式为主的。如前所述，不当地使用负面问责不仅会影响党内法规执行效果，更会影响党员领导干部的积极主动性。完整的激励制度应当是正向与负向相结合，再完备的负向规制都无法替代正向激励。但在实践中来看，党内法规的执行将注意力更多聚焦于“约束”“规制”，而在挖掘党员执规执纪主动性、激励其学规护规方面的规定明显偏少。

2. 经济激励、福利待遇的相对缺失

学界普遍认为党内正向激励应当主要是政治激励，但应当认识到正向激励的方式是多种多样的，以物质的形式给农村基层党员领导干部以一定的激励，满足他们对物质上的合理需求，能够有效地调动他们的工作热情，使他们积极谋求工作上的进步。因此，即使是党内激励，也完全不需要“谈物色变”，毕竟“又想马儿跑得快，又想马儿不吃草”很显然违背了人对物质的基本需求。

经过这么多年的农村建设，特别是经历了 2020 年以来新冠肺炎疫情的考验，苏南农村基层涌现出一批积极向上、担当有为、恪尽职守、业绩突出、甘于奉献的党员领导干部。为了激励党员领导干部进一步发挥其主观能动性，在工作中创造更好的实绩，应当采用提拔晋升、提高工资待遇、解决编制等具体的激励措施。

但在调研中我们发现，苏南农村基层党组织普遍缺乏有效的经济、福利激励措施。除了句容市实施的“专职化村支书”大幅度地提高了村支书的工资待遇，从而有效解决了村支书的后顾之忧，其余的被访者均表示“没有激励措施”。W 市、S 市等多地农村基层虽然经济条件远超苏南其他农村地区，但依然没有设置合理的基层党员领导经济激励机制。在对 S 市某镇村支书的访谈中我们了解到，由于几乎不存在政治上的晋升可能，很多老支书干了一辈子的期望只是“在退休时能解决个编制待遇”，而这个愿望是以工作满足相当长年限并获得一定荣誉称号为前置条件的。

3. 精神激励的规范性相对欠缺

精神激励同样是正向激励中的重要组成部分，当党员领导干部在农村基层党组织的各项日常工作中作出实绩、取得进步时，他们必定对党组织的认可充满渴望，通过规范的精神激励可以满足党员领导干部的精神需求。实践中，精神激励大多体现为称号激励、荣誉奖励等形式。遗憾的是，我们在调研中发现，苏南农村基层党组织对精神激励措施的实施一定程度上缺乏规范性。

一方面，常规性精神激励与非常规性精神激励配置不尽合理。常规性精神激励多体现为定期表彰，比如党员年度考核评比、年度优秀党员评比等。但精神激励中只有这种定期表彰激励是远远不够的。农村基层党员领导干部承担了基层治理方方面面的繁重事务，也可能面临各种突发的重大事件，当他们在此类工作中表现出色时，及时对他们进行精神激励可以有效保护基层党员领导干部的工作积极性。目前，党内精神激励更偏向于定期的常规性精神激励，缺乏规范的不定期精神激励。应当认识到，只要设置好激励的启动原因、激励原则、评选标准、激励程序，不定期精神激励就是规范合理的，并且充分发挥它的灵活性，可以作为定期激励的有效补充。

另一方面，精神激励的程序性规范还不尽完善，在非常规性精神激励上表现得更加突出。不论是哪种精神激励，都应当事先制定规范化程序，遵循“公开信息、公开评选、公开表彰”的原则。也只有对精神激励的全流程进行规范，才能真正起到“表彰一个、激励一片”的良好效果。如何规范此类不定期激励，统一激励标准、完善激励程序，应当是今后一段时间的工作内容之一。

（二）普通党员：缺乏普遍覆盖的正向激励

普通党员同样也需要激励。当他们积极参加基层治理，在成为“新乡贤”后或在各项村务中发光发热时，他们不仅需要一句“不愧是一名共产党员”，更需要形式更为广泛的正向激励。

1. 是否该有合理的经济激励

调研中有一个现象值得深入探讨，那就是苏南农村基层中不少中青年党员不愿意参加支部组织的党日活动、学习培训，主要是因为他们认为参加活动会耽误自己的工作，且没有任何“误工费补贴”；甚至有一些普通党员抱怨“党员领导干部参加这些活动不影响他们正常拿工资，我们参加这些活动要请假、要耽误农活，谁来补贴这些费用”。这个问题就如同基层人大代表履行职责是否应当给予一定的经济补贴一样，站在不同的角度势必会听到不同的声音。诚然，参加组织生活是每个党员应尽的义务，但当履行义务会对自身正常的工作和生活产生不利影响时，适当地给予一些补贴，不仅能体现党组织的关怀，也能体现出党组织从基层出发，为基层考量的温度。

2. 对非公有制企业内部党员应给予平等的关注

如前所述，由于苏南经济发展的特性，苏南农村基层存在大量的非公有制企业，部分符合条件的非公有制企业在其内部设立了党支部。但一些非公有制企业领导特别是外商独资企业领导，对党组织的活动采取“不支持、不干涉”的态度，导致部分党员处于相对被忽视的状态，只有当他们在企业内部的工作业务上作出较大贡献时，才会被企业领导发现其作为党员的政治身份。这样鲜活的事例实际上说明，非公有制企业内部的党组织要更加关注党建工作，不能因为大环境的相对忽视就放松对自身建设的要求。对非公有制企业内部的先进党员事迹更要加强党外宣传，让党员在非公有制企业中凸显其先进性，反过来促进企业领导对党建工作的重视。

3. 应将对普通党员的正向激励与农村基层社会治理相结合

党的十九大报告中，对新时代的社会治理提出了更高的要求，当下的社会治理需要“打造共建共治共享的社会治理格局”。在“共建共治共享”的大背景下，基层村民自治需要激发起更多普通村民对基层社会治理的热情与积极性，“新乡贤”就在其中发挥了不可或缺的重要作用。而当“新乡贤”与“优秀共产党员”两种身份合二为一时，典型模范的激励引导、宣传教育作用就会在农村基层产生“1+1>2”的效用。因此，对于农村基层的普通党员也应给予足够的关注，深入挖掘，并积极运用典型模范的激励方式对普通党员进行正向激励，从而强化普通党员对党员身份的认同，并在基层社会形成优良的榜样效应。

二、执行监督有待加强导致约束不足

党内法规的执行监督制度是党内法规的下位概念，其核心是解决如何保障执行效果的问题，它的“目的在于预防和纠正执行活动中可能发生或者已经发生的不执行、错误执行、偏差执行等行为”①。习近平总书记在中国共产党第十九届中央纪律检查委员会第四次全体会议上指出：“要完善全覆盖的制度执行监督机制，强化日常督察和专项检查。”② 在全面从严治党和全面依法治国战略布局的指导下，推动构建党内法规执行监督机制，以监督促执行，是维护党内法规权威性与提高党内法规执行力的关键所在。

事实上，针对党内法规的监督涉及从制定到执行的全过程，其主要监督方式有以下几种：（1）诫勉谈话和函询；（2）调查与检查；（3）询问和质询；（4）巡视巡察；（5）执行督促与情况备案；（6）考核评估与整改。但在实践中可以发现，针对党内法规执行情况开展的各项监督仍存在一些不足之处。

（一）党内法规执行监督尚未形成有效合力

从党内法规执行的监督主体角度来看，完整的监督体系应当是由党委、纪检监察机关、基层党组织、党员、社会等多主体监督共同形成的。其中不仅包括了多主体之间的横向关系，也包括了上下级之间的纵向关系。只有多主体之间在横向关系与纵向层级上形成良性互动，才能构建起有效的党内法规执行监督体系。

1. 纵向层面：上下联动监督不足

从纵向层级上来说，党内法规执行监督不仅包括自上而下的组织监督，也应当包括自下而上的民主监督，还需要在监督中突出上、中、下的层级联动。但从实际调研结果来看，目前苏南农村基层党组织党内法规执行监督实践中更多的是上级对下级的监督，比如上级党委、纪检监察机关开展的巡视巡察、考核评估等。虽然这种上对下的监督具有监督力度强、监督效果好的特点，但如果将监督中的层级关系与上对下完全画等号，监督体系就不完整、不严密。

上对下监督易，下对上监督难。作为最基层的党组织，农村基层党组织在绝大多数时间内都处于一个“被监督”的状态。几乎所有的被访基层党组织领导都坦言：没有进行过下对上的党内法规执行监督，甚至有些被访者希望通过我们来传达对上级一些做法的不同声音。造成这一结果的原因有两

① 欧爱民，何静．党内法规的执行构成及其要素优化［J］．河南社会科学，2020（8）：11-19.

② 习近平．习近平谈治国理政：第3卷［M］．北京：外文出版社，2020：550.

点，一是农村基层党组织领导干部的“畏难”心态，二是党内法规中赋予基层党组织向上监督的手段和方式较少。当前主要的监督手段多用于上对下的监督或者同层级之间的监督，而下对上的监督方式最常用的只有民主测评、检举。种种原因，使得实践中下对上的层级监督存在相对虚置的问题。

2. 横向层面：多主体协作监督缺失

从物理学的角度看，一个物体身上可能会被施加多种不同的“力”，但只有多种力的矢量和向前，才会推动物体向前移动。党内法规执行监督也同样如此，多主体之间如果只是各自为政甚至相互掣肘，就无法形成有效的监督合力。

一方面，苏南农村基层存在部分基层党组织对党内法规执行监督的错误理解。在文献梳理的过程中，我们发现，不少学者都提到党内监督的多主体中存在纪检监察机关不敢监督同级党委的情况。但调研发现，在苏南农村基层存在一些基层党组织不愿履行监督主体职责的情况。目前，农村基层基本都已配备村级纪检监察员，他们在村级履行监督执纪的专项职责，但不少村书记都直接将党内法规执行监督职责完全交给纪检监察部门，从而直接放弃了同级之间的相互监督。一些村书记认为同级之间没必要进行相互监督，因为相互监督“不利于村内团结”。这样一种思想上的认识不到位就直接导致村级层面的监督力度不足。

另一方面，普通党员民主监督与党外监督的不足也在一定层面普遍存在。党员民主监督与党外监督应当是党内法规执行监督的最基础部分，这些群体的广泛积极参与，可以有效拓展党内法规执行监督的广度和深度。然而在苏南农村基层实践中，普通党员与党外人士监督的参与度并不太高。究其原因，一是由于苏南农村社会的“半熟人”状态，村民之间的联系依旧比较紧密，在这种环境下很多人抱着“低头不见抬头见”的心理，不愿意当所谓的“出头鸟”。二是由于苏南农村基层党组织的普通党员结构不合理。过半数普通党员属于老龄群体，很多并不具备科学履行监督职责的能力；而不少中青年党员存在挂靠党组织关系的情况，生产生活并不在本村，或者原本就是流动党员，基本上不具备履行监督职责的客观条件。三是极少部分人员以监督为幌子，不正当地为个人谋求利益。比如L市某村支书反映，村里有少数村民整天将“投诉”“上访”挂在嘴上，只要涉及其利益的事件处理结果不合其意，就会用此方法对村党支部的领导干部进行“威胁”。

（二）监督缺乏常态化

1. 具体表现形式

对党内法规执行情况开展监督，其目的是保障党内法规的贯彻落实与严格执行，因此该项工作应当有一个科学、系统、常态化的机制。但在调研中我们发现，当前农村基层党组织党内法规执行的监督工作产生了两种相对极端的现象，有学者归纳为“激进式监督”和“应付式监督”。所谓“激进式监督”主要体现为部分党组织在监督中呈现一种“运动式”的状态，刻意迎合时政潮流，抓住当下时政热点、热门问题频繁开展专项监督，严重时会影响党员的正常工作和生活；而所谓“应付式监督”主要体现为部分党组织在思想上对监督工作不重视，对党内法规的执行监督抱着“完成台账、走走过场、应付工作”的心态，当上级任务检查工作完成之后，随即回归原样。这两种对待监督的不同态度在上下级的监督中呈现出互为因果的状态。简言之，上对下的“激进式”监督越多，越容易激发起农村基层党组织对待监督的“应付式”心态；反之，农村基层党组织对待监督的“应付式”状态，也更容易催生上级监督部门的不满情绪，从而增加“激进式”监督的频次。很显然，此两种现象的蔓延会产生恶性循环，进而破坏党内法规执行监督的常态化、规范化运行。

2. 破解之道：明确监督内容，拓宽监督渠道

党内法规执行监督的内容主要有日常监督和专题监督两部分。日常监督就要求将监督职责落实在平时，在日常工作中对党内法规执行情况了然于心。而专题监督决不能只围绕一时的热点，需要精准把握党内法规执行中真实存在的难点和关键问题，有的放矢。随着信息技术的不断发展，通过科学技术手段进行信息收集研判同样也是监督内容选定的有效途径。这就要求我们一方面拓宽不同主体参与监督的渠道，一方面充分运用网络、大数据等科技手段，做到对信息的及时收集和准确分析。

（三）四种形态运用不平衡

1. “四种形态”的意义

监督执纪“四种形态”是纪律建设和党风廉政建设的重大理念创新、制度创新。（1）第一种形态：经常开展批评和自我批评、约谈函询、诫勉谈话，让“红红脸、出出汗”成为常态；（2）第二种形态：党纪轻处分、组织调整成为违纪处理的大多数；（3）第三种形态：党纪重处分、重大职务调

整的成为少数；（4）第四种形态：严重违纪涉嫌违法立案审查的成为极少数。监督执纪“四种形态”源于习近平新时代中国特色社会主义思想，是习近平新时代党风廉政建设和反腐败思想的重要内容。“四种形态”坚持马克思主义唯物论和辩证法，针对党员干部作风和腐败问题的演变过程，从防控量变入手，阻断其发生质变。同时，依据不同违纪情形，提出对应“量纪”标准，有效避免监督执纪问责的随意性，为科学执纪提供了制度依据和政策保证①。通过运用监督执纪“四种形态”，对已经作出违纪、违法行为的党员依法予以惩戒，对尚未发生的苗头性、倾向性违纪、违法问题及时地予以遏制，对可能发生违纪、违法问题的人员予以适当的提醒。

2. “四种形态”难以运用的现实困境

监督执纪“四种形态”运用的成效如何，直接关系到党内法规在乡村治理工作中的作用和效果，一定程度上也影响着党内法规的执行力。习近平总书记提出：“充分运用‘四种形态’提供的政策策略，通过有效处置化解存量、强化监督遏制增量，实现政治效果、纪法效果、社会效果有机统一。”②然而，在执行过程中，往往第一种和第二种形态的运用难以落实，一些地方党组织和党员干部对“四种形态”的内涵与要义理解得不深也不透，导致了“四种形态”在实际运用中仍然存在不少偏差。

通过采访 W 市 Y 镇 A 村党总支书记得知，该区域内有很多非公有制企业，由于非公有制企业不设党支部，因此村里很多党员将组织关系放在村内党组织。年轻党员不少在外企工作，企业不理解“组织活动”，但外企设立党组织需要流程，因此很多年轻党员无法参加党支部活动。根据《中国共产党章程》第 9 条的规定：“党员如果没有正当理由，连续六个月不参加党的组织生活，或不交纳党费，或不做党所分配的工作，就被认为是自行脱党。”但是在现实中很多时候不能“一刀切”。对于思想觉悟还欠缺的党员，应提早运用第一种形态，坚持约谈、函询，真诚严肃地和这部分党员进行交流沟通，加强对他们的思想政治教育，将可能引起违反党规党纪行为的种子扼杀在萌芽状态，使“红红脸、出出汗”成为常态。可惜的是，部分党员干部对

---

① 魏晓文，吕新海．监督执纪“四种形态”的内涵、价值与践行路径［J］．当代世界社会主义问题，2019（1）：87.

② 习近平在十九届中央纪委四次全会上发表重要讲话强调　一以贯之全面从严治党强化对权力运行的制约和监督　为决胜全面建成小康社会决战脱贫攻坚提供坚强保障［N］．人民日报，2020-01-14（1）.

“四种形态”的转化运用标准把握不到位，干脆采取越往后规范越严格，就越容易判断，到时候再处理的方法，结果一直等到出现了违法、违纪的问题再一律从严从重处理。

例如，中共溧阳市委组织部在2020年发布的《关于聚力“五大试点”攻坚锻造基层治理铁军的实施意见》中就明确地提出：“实施村（社区）党组织书记‘三色’预警管理机制，由镇（街道）对各村工作任务完成情况进行季度考评和‘红黄蓝’三色预警，保持队伍动态调整。”该实施意见深入贯彻落实了监督执纪“四种形态”的要求，并结合当地具体的实际情况，制定了具有地方特色的监督管理机制。然而，在实际的执行过程中，却可能产生理论与实践脱钩的现象。根据溧阳市L村的某书记反映，针对党员的违法违纪行为（比如违法经营、建造违章建筑、“打小牌”等），党组织采取的措施仅仅是说服教育。这表明在基层单位对“四种形态”仍存在着思想认识误区，没有精确把握政策，没有灵活运用政策，没有综合发挥好惩治震慑、惩戒挽救、教育警醒的功效，这也是“四种形态”难以运用的现实困境产生的重要原因。

“乡土社会是一个熟悉的社会”①，虽然我国的城市化进程加快，但是在农村还是一个“熟人社会”，“熟人社会”的运行规则是“人治”一定程度上制约“法治”，人与人之间关系的生熟程度、感情的深浅程度等容易模糊权和责的界限，会出现热衷于“打招呼”“搞关系”的现象，党员干部之间的诫勉谈话就容易流于形式。这是党员干部不能履行好监督执纪“四种形态”的一个重要的客观因素。主观因素自然就是党员干部对党内法规执行工作相关理论知识学习得不够，对党内法规的条文断章取义，导致未能及时领悟上级所要传达的精神和指示，甚至有的党员干部对“四种形态”的含义一知半解，忽略了对自身思想意识、责任意识的培养和提高。

---

① 费孝通．乡土中国［M］．上海：上海世纪出版社，2019：7.

第五章

苏南农村基层党组织党内法规执行力提升的对策

党内法规具有强烈的政治属性、鲜明的价值导向、科学的治理逻辑和统一的规范功能。党的建设以行之有效的党内法规为基础，对于国家富强、民族复兴具有重要的推动作用。提升党内法规执行力是党内法规效能实现的关键。在党内法规的执行力体系中，基层党组织党内法规执行力的提升对于党内法规的整体效用提升而言，可以起到事半功倍的效果。本章的提升对策虽然以苏南农村为样本，但鉴于苏南农村在全省乃至全国的先导性地位，相关的研究对策对于广大基层党组织提升党内法规执行力亦有充分的借鉴意义。关于可从哪些方面提升党内法规的执行力，我们对党员做了问卷调查，相关统计结果如图 5-1 所示。问卷调查结果显示，党内法规执行力的提升是一个全方位、综合性的系统工程，为此，要多方统筹、一体推进、久久为功。

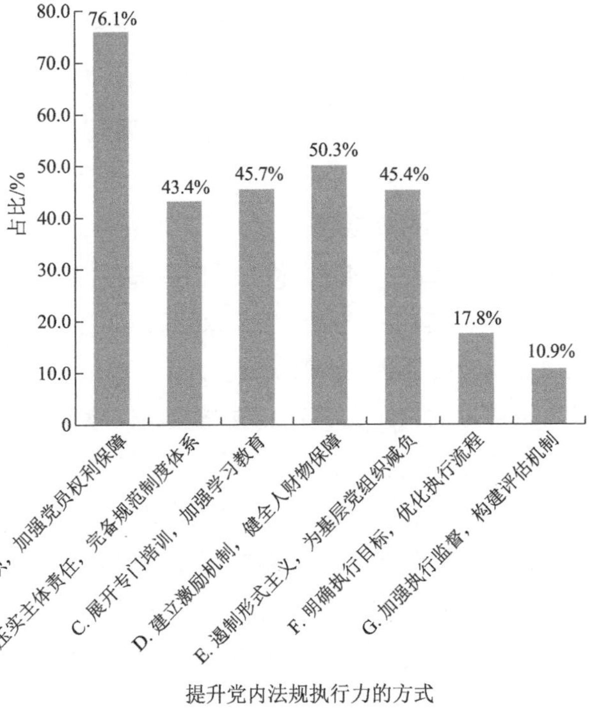

图 5-1　您认为可从哪些方面提升党内法规的执行力

第一节 着手于农村基层党组织党内法规执行力的固本培元

一、加强党员权利保障，创造义务和权利并重的制度环境

法谚有云：“徒法不足以自行。”规则的解释、适用、理解、实施都离不开人这个主体，人类自然语言的不完备性和规则本身的滞后性，要求人在规则执行中发挥主观能动性。处于一定规则效力范围内的人的权利保障是规则能够得到顺利执行的本源性基础。就党内法规执行力提升而言，加强党员权利保障是最根本的措施。只有党员权利获得和党员义务相匹配的地位，党内法规才能够得到更加全面的贯彻实施。苏南农村基层党组织通过健全“干部为事业担当、组织为干部担当”的工作机制，全面构建宽容“无心之过”、理解“担当成过”、允许“将功补过”的工作机制，进一步健全党员权利保障机制。具体而言，可以从以下几个方面着手。

（一）增强党员的权利意识

党员的权利意识是党员权利保障的逻辑起点。权利不同于权力，权利的行使往往是权利主体自主决定的结果，权利可以放弃，而权力则不能放弃。权利的保障离不开权利主体在主观上维护权利的意愿。权利意识需要经过宣传、教育等方式加以培养。只有具备充分的权利意识，权利的保障才能顺利进行，党员权利保障亦是如此。具体可以从以下几个方面着手。

1. 多措并举，加强法规学习

对于法治型政党而言，拥有完备的党内法规是根本，因为党员的权利是党内法规赋予的。目前党内法规中党员权利的集中体现是2004年9月9日经中共中央政治局常委会会议审议批准，并于2020年11月30日经中共中央政治局会议修订通过的《中国共产党党员权利保障条例》（以下简称《条例》）。加强对该《条例》的学习可以分为以下三个步骤。首先是学习现行《条例》的具体内容。这当然不需要一字不漏地背诵下来，而是可以通过提纲挈领式的要点加深领会理解。可以说，“准确把握党员权利的内涵和要求，是贯彻落实好《条例》的前提和基础”①。其次是了解2020年中共中央政治局对上述《条例》进行修订的背景并学习具体修订之处。这是为了让党员

① 刘呈祥．准确把握党员权利的内涵和要求［N］．中国纪检监察报，2021-01-13（64）．

干部深入理解现行党员权利保障的紧迫性和时代性，特别是把握住修订之处所反映出来的现实需求，进而加深印象。最后是学习中央制定上述《条例》的战略意图。例如一个政党为什么要专门制定党员权利保障的有关规定，中国共产党作为世界上最大的执政党，党员权利保障对于党的发展乃至国家的建设、民族的复兴有什么样的重要意义，等等。苏南农村基层部分党组织已经意识到此问题的重要性。苏州市相城区黄埭镇党组织就组织广大党员集中、专项学习，特别是村干部每年都对党员权利保障的相关党内法规展开集中学习。

2. 形式多样，多用案例示范

除了让党员通过法规文本学习外，还可以结合实际，开展有关党员权利的案例示范教育。法规毕竟是抽象的条文，只有转化为现实才具有融会贯通的生命力。案例示范以更为具体形象的方式，展现法规的内容，能够加深党员对自身所享有权利的认知，获得更多党员心理上的认同。案例示范方法的实施首先需要注重典型案例的收集整理工作。在平时的工作中，就要注意收集与维护党员权利相关的案例。收集到一定数量的案例后，可以按照权利类别加以编排，并从中整理出具有代表性的案例。案例重在表达意思，字数不需太多。其次需要在平时的学习中就常见的、难以理解的党内法规辅以案例示范，就常见的党内法规辅以案例示范是为了增加党内法规的公信力，使广大党员知晓其权利实际是受到保护的；就难以理解的党内法规辅以案例示范，是为了使党员加深对其的理解，进而明晰自身权利的边界。比如，江苏省溧阳市天目湖镇党组织灵活运用各种方式加强理论学习，非常注重党课讲师队伍建设，积极建立政治素质高、理论功底深厚、“接地气”的本土讲师团。在讲理论、学党务、明思想的同时，通过身边人讲身边事，拉近干群距离，在农村党员中扩大受众群体，推动党内法规各项工作有序开展。

3. 学深悟透，深化理论宣讲

除了上述两种学习方式外，还要加强以党史为基础的理论学习，从史论结合的角度使党员深刻理解保障党员权利的必要性，提升党员的权利意识。这种宣讲可以邀请两类人来宣讲，一类是专家学者，另一类是农村基层德高望重的老党员。专家学者可以从理论的角度深入浅出地阐释党员权利的理论意义、历史作用和现实需求，这种宣讲可以从更为宏大的视角，使党员认识到党员权利对于现代法治型政党的重要性，认识到权利与义务相统一的必要性。与专家学者不同，农村基层德高望重老党员的现身说法更具有说服力和感染力。老党员平时生活在村里，相同的生活习惯、日常交往形成的威望等因素能够增加其讲课内容的接受度。他们的宣讲虽然与专家学者的风格不同，但是结合实践讲解理论，以亲身体会解读理论，会收到很好的效果，与纯理论讲授相得益彰。根据调查，苏南农村基层党员年龄在 51 岁及以上的占 27.8%（见图 5-2），超过四分之一。充分利用这部分老党员开展宣传工作，会收到事半功倍的效果。

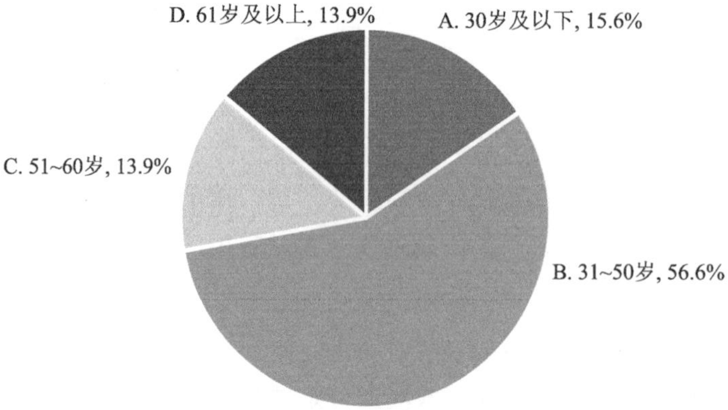

图 5-2　苏南农村基层党员年龄调查统计结果

（二）创造义务权利并重的党内制度环境

要增强党员权利意识，除了专门的学习培训之外，党内日常生活的制度环境培育也至关重要。创造义务和权利并重的党内制度环境，可以对党员权利意识的培育起到潜移默化的作用，进而也为党员权利保障制度的顺利运行奠定基础，可以说，这种制度环境起着承上启下的作用。没有这种义务和权利并重的党内制度环境，党员权利保障机制就难以落到实处。具体可以从以下两个方面着手。

1. 营造农村基层党内民主氛围

习近平总书记曾指出："民主不是装饰品，不是用来做摆设的，而是要用来解决人民要解决的问题的。"党内民主是党的生命。坚持和发展党内民主是加强党的建设、推进全面从严治党的重要内容，也是调动广大党员的积极性、主动性和创造性，激励广大党员干部认真遵守、宣讲、执行党内法规的必然要求。虽然党内民主包括的内容很多，如民主选举、民主决策、民主管理、民主监督等，但党内民主的逻辑起点就是尊重每个党员的各项权利，它是将权利与党员个体相联系的场域。首先，这种氛围的营造包括两个层面，一个是正式层面，一个是非正式层面。就前者而言，在基层党组织的各类正式会议上，逐步树立民主观念、使用民主话语、遵守民主程序；就后者而言，在一些社会生活场合，也要注意发扬民主作风、弘扬民主精神。其次，在民主与集中的关系上，要认真对待经过民主程序形成的意见。民主集中制是中国共产党的根本组织制度和领导制度，集中的决策要建立在民主的基础上，所以基层的一些事项更需要广泛发挥民主的作用。最终决策时最好附带说明对大家的意见是如何考量的，从而不至于让党员误解民主仅仅是个形式。

2. 坚持开展批评与自我批评

利用民主生活会的方式，平等地开展批评与自我批评，这不仅有利于发扬党内民主、增进党的团结，也有利于构建党员义务和权利并重的制度环境。在党内生活中，真诚的批评是具有积极意义的。它的显性功能是指出了他人存在的不足之处，隐性功能即塑造了党员彼此平等的观念，进而凸显其权利主体的地位。党内的批评与自我批评就是党员之间的相互砥砺，通过思想交锋，使党员分清是非，改过向善。民主生活会上，每个人都是平等的，工作上的隶属关系在这里也不再成为批评的壁垒。这一制度的设计就是党内平等的体现，而平等是权利意识得以产生并发展的基石，党员权利平等的观念在这一制度中得到了充分的彰显，所以，这一制度应当在新时代得到更为广泛的实施。除了开展常规的党内民主生活会，在日常工作中，应当常态化开展批评与自我批评，使其成为党内生活的一种方式。

（三）进一步完善农村基层党员权利保障的程序制度

当今社会，程序正义的重要性越来越引起人们的关注，甚至有学者认为程序法乃是实体法之母。实体规则上的权利只有经过有程序的保障才能够落到实处，才能从制度运行层面切实维护党员权利。《中国共产党党员权利保障条例》（以下简称《条例》）这一党内实体法规的出台，可以说是中国共产党自我完善，逐步走向现代型政党、法治型政党的表现，特别是 2020 年修订后，其更加全面地体现了党的建设不断走向科学化，但加强党员权利保障的程序设计还需要进一步完善。其实上述《条例》的部分规定已经隐含着相关程序规定设立的必要性。比如，该《条例》第 18 条指出，“党员有党内申诉权，对于党组织给予本人的处理、处分或者作出的鉴定、审查结论不服的，有权按照规定程序逐级向本人所在党组织、上级党组织直至中央提出申诉”。第 33 条规定，“党组织应当建立健全激励机制，把党员在推进改革中因缺乏经验、先行先试出现的失误、错误，同明知故犯的违纪违法行为区分开来；把尚无明确限制的探索性试验中的失误、错误，同明令禁止后依然我行我素的违纪违法行为区分开来；把为推动发展的无意过失，同为谋取私利的违纪违法行为区分开来。正确把握党员在工作中出现失误错误的性质和影响，给予实事求是、客观公正的处理，保护党员担当作为的积极性”。这些规定的进一步落实，都需要细化相应的程序设计。只有通过健全的程序规范，《条例》确立的各项权利才能够动态化地运行起来，广大基层党员才会真正感受到自身享有的权利。

综上，加强对党员权利的保障，特别是对农村基层党员权利的保障，对于党内法规执行力的提升发挥着先导性作用。通过增强党员的权利意识、创立义务和权利并重的党内制度环境，以及进一步完善党员权利保障的程序设计，可以进一步夯实党内法规执行力的本源性要素。

二、完善党内法规体系，构建科学系统的制度框架

党内法规执行力提升的另一个前提是执行对象具备可执行性。有学者指出，“党内法规制度的运行是一个包括制度、个人、组织、外部环境等要素相互作用的系统。党内法规制度建设要取得成效，需要制定主体、执行主体、执行对象等多方合力促成，一体推进”①。也就是说，党内法规应当具备完整的效力逻辑。作为一个规则体系、一套系统，其内部应该自洽相融，并能够为可能出现的新情况预留一定的制度空间。与此同时，还要针对苏南农村调研所反映出的具体问题作出制度上的安排。具体而言，可以采取以下做法。

（一）以科学性统领党内法规的内容

一套完备的规则体系，首先要做到内容科学。党内法规是中国共产党为自身建章立制，不断实现自我革新的重要法宝。党的历史也充分证明了党内法规的必要性。在我国建设发展进入新时代，国内国外环境发生较大变化的情况下，党内法规的具体内容一定要更加科学。首先，在用词用语上要更加规范。词句是单个法规乃至整个法规体系的基石。所以在法规用词用语上要严谨，不能产生歧义，要兼顾到时代发展过程中所出现的新现象。在苏南农

① 邓小琴．系统思维视域下的党内法规制度运行机制［J］．学习月刊，2020（12）：14-18.

村基层调研中我们意识到，当下党员的情况确实出现了新情况、新问题，除了常见的流动党员、“挂名社区”的党员等情况，定居国外等特殊情况也客观存在。因此，建议党内法规对党员设立不同的类型，分类别加以规范。其次，在规范对象上要更加注重逻辑性。哪些事项可以由党内法规加以规范、应当如何与其他规定相衔接并在逻辑上不冲突，这些问题都需要引起重视。最后，党内法规的内容应当贴近实践，便于执行。比如，从调研中可见：在一些基层乡镇中，大概20%的党员长期不在本地，有的出去务工，有的出国定居，虽然他们还交纳党费，但无法参与组织生活。按照《中国共产党章程》规定，超过6个月不交党费就要按自动脱党处理，但现实中不好操作（前面已经谈到）。另外，没有中国国籍的人是否还具有党员资格、党内组织关系和本人工作单位不一致怎么办、民主选举是否可以线上参加等，对这些问题均需要进一步明确规定。相关规则需要根据情况变化作出调整，制定得更加接地气，不断提升规则的可适用性。我们大胆提出一个设想：是否可以考虑设置党员身份识别码（类似于身份证），一人一码，无论党员走到哪儿，都可以凭党员身份识别码在当地参与日常党组织学习，当地党组织将学习情况记录下来，作为党员履行义务的依据。在网络时代，特别是在处于发达地区的苏南农村，即便不是疫情防控期间，也可以通过规范允许党员采取线上视频形式参与日常组织生活。这样，既可以跟踪党员参加党组织生活的情况，也为特殊情况下仍坚持履行党员义务的党员们提供制度保障，更好地促进党内法规执行效能的提升。

（二）以严密性统领党内法规的规范关系

建党一百余年来，党内法规的数量逐渐增多，党内法规的条文也逐渐细化。这就需要以严谨的态度，周期性地开展对党内法规的立改废释。《中国共产党党内法规制定条例》第37条规定：“制定机关应当组织开展党内法规清理工作，及时开展集中清理，根据需要开展特定内容或者特定范围的专项清理，在制定工作中同步开展即时清理。根据清理情况，作出修改、废止、宣布失效等决定。”同时还要使党内法规的规范效力衔接得更加融洽，进而提升规范的权威性，使其更加严密。例如，在访谈中，不少农村基层党员干部提到党员数据权利保护问题。随着信息化时代的到来，国家相继出台个人信息保护方面的法律法规，而被数据化、电子化的党员信息其实也存在被侵权的风险，党内法规对党员的数据权利保护也应当及时跟上。

（三）以系统性统领党内法规的规则体系

从整体上看，党内法规就是一套规则系统，系统本身具有自我成长的力量。将党内法规系统化，会起到“固根基、扬优势、补短板、强弱项，加快形成完善的党内法规制度体系，提升制度的整体性效应”的作用①。这就需要在党内法规汇编的基础上构建更加系统化的党内法规制定机制。虽然《中国共产党党内法规制定条例》为党内法规的体系化提供了规则依据，中共中央办公厅法规局2021年编辑出版的《中国共产党党内法规汇编》也将现行的党内法规分为了五大类，让我们看到了党内法规体系化的意图和初步成效，但在现实中，党内法规的体系距离科学化仍有一定距离，仍需要进一步完善。比如，其将党员的权利保障和检举人、控告人的权利保障并列，这是不恰当的，因为检举人、控告人不一定都是党员。中国共产党作为执政党的内在要求提示我们，在党内法规制定时，一方面不能与现行的法律法规相抵触；另一方面在党纪严于国法的自我约束下，亦应注意法治原则的体现。比如，为了贯彻上级党组织党内法规，无锡市江阴市先后配套出台澄委发〔2018〕24号《关于“暨阳红色先锋”基层党建质量全面提升三年行动计划的实施意见》、澄委办〔2018〕27号《中共江阴市委办公室印发〈关于“暨阳红色先锋”党支部标准化规范化星级化创建工程的实施意见（试行）〉的通知》、澄组发〔2018〕12号《关于切实提高基层党组织生活质量的意见》、澄组通〔2019〕11号《关于进一步推行党支部主题党日活动的通知》等多部规定，以此保证党内法规执行成体系、可操作。

综上所述，农村基层党组织党内法规执行力的固本培元离不开党员权利的保障和规范体系的完备。在此基础上，进一步分析影响执行力提升的其他要素才会更加深入。

第二节　着重于农村基层党组织党内法规执行主体的能力责任

一、端正心态，科学赋能

农村基层党组织党内法规执行的精准到位，离不开执行主体执行能力的提升。在农村基层党组织党内法规执行力固本培元的基础上，对农村基层党

① 禹竹蕊．系统治理视阈下党内法规执行力问题［J］．社会科学家，2020（7）：106-111.

组织党内法规执行力需展开递进式探讨。固本培元只是解决了执行力的基础问题，执行主体能力提升和责任落实才是党内法规执行的根本保证。苏南农村基层党组织应推动执行者优上、庸下、劣汰的机制，保证党内法规的有效执行，具体可以从主观和客观两个方面展开。

（一）端正对待党内法规的心态

习近平总书记曾说过：“基层干部离群众最近，群众看我们党，首先看基层干部。基层是加强党的执政能力建设的基础，基础不牢，地动山摇。”农村基层党组织的执行人员作为党员的一分子，其对待党内法规的心态对于其日后如何执行党内法规有着重要影响。心态要素一般包括态度、激情和信念。

态度主要是指农村基层党员、干部对党内法规执行相关内容的情感判断。情感判断虽然是一种主观心态，但它对人的行为的推动力却不容小觑。党内法规执行力的提升离不开执行人员对相关要素的正确对待。要使广大基层党员意识到“无规矩，不成方圆”，党的自身发展乃至领导全国人民取得的成绩从根本上都是依靠严明的纪律，所以要认识到党内法规是党自我完善的根基，是党长久发展的根本。只有对党内法规有了清醒的认识和明确的态度，才能自觉地执行党内法规。激情主要是指将态度通过各种组织行为不断表现出来，并在实践中不断自我审视、自我调整的一种状态。虽然激情不如理性那么严谨，但它对人的行为具有重要的激励作用。农村基层党员尤其是党员领导干部往往身兼数职，事务繁杂，如果能够结合农村基层的文化传统或者当地实际展开探索，通过各种方法将执行人员对党组织工作的热爱激发出来，使之转化为能量，从而将他们的潜能充分释放出来，党内法规的执行必将取得更好的效果。信念主要是建立在一定认识基础上的潜意识化的理想。习近平总书记指出：“坚定理想信念，坚守共产党人精神追求，始终是共产党人安身立命的根本。”理想信念是共产党人的精神之“钙”。有信念，农村基层党员、干部才会真诚信服马克思主义思想，才能对共产主义理想抱有坚定不移的憧憬，才会在执行党内法规时有稳定的心态和积极的行动。在苏州市相城区的座谈中，我们就听到这样的事例和感慨：在黄埭镇的党员日常活动中，老党员参加党组织各项活动的积极性明显高于年轻党员。表面上看是因为大部分老党员都已经退休，时间相对充裕，但深究个中原因就会发现，更重要的原因是老党员的身份认同感强，思想觉悟高，对党的信念坚定，对党组织的感情深，对党的事业有激情，他们执行党内法规的自觉性高，党内法规执行的效果好。

（二）培训基本的执行技能

规则的执行既涉及对规则本身认同的主观心态，也涉及规则执行的客观技能。执行技能的掌握乃至提升可以将主观的理想转化为客观的行动，进而实现农村基层党组织党内法规的有效运行。

1. 掌握发现线索的技能

党内法规的执行从某种程度上讲是一个倒溯的过程。因为考察党内法规执行得怎么样，最重要的问题是发现违反党内法规的现象并加以制止。这就需要基层执行人员掌握违反党内法规行为可能发生的领域，摸清违反方式等情况，以此为线索，有针对性地展开检查，这样可以起到事半功倍的效果，维护党内法规的制度性权威。结合党内法规的规制对象分析可知，有的法规重在规制一次性的行为，如是否上交护照等；有的重在规制状态，如是否有违规参办企业的行为等；有的重在规制思想态度，如对党是否忠诚等。就前两者而言，可以充分利用以互联网为依托的大数据手段调查，还可以通过农村“熟人社会”的氛围调查。思想态度方面则需要通过日常的琐事、关键时刻的表现等线索加以观察。总之，要结合法规规定和当地实际，充分利用现代化信息手段，掌握发现线索的方式，进而提升执行党内法规的基本技能。

2. 掌握规则适用的技能

法律有一条准则，即法律非经解释不能适用。党内法规也不例外。当违规事实被发现后，对事实的规范化认知、对规则的社会化涵摄都需要相当专业的技能。基础的词语解释可以分为文义解释、扩大解释、限缩解释、当然解释等多种方式，这些解释方法本身的含义是什么，如何在具体情况下适用，都需要特定的技能培训；条文的解释又可以分为体系解释、历史解释、目的解释等，如何把握法规条文的精神亦需要专门的训练。当然，针对农村基层党员事务繁多的情况，相关训练可以适当简化，但不能忽视，因为法规的执行离不开执行者的解释适用。只有掌握专业的释规理论和方法，党内法规才能得到更为准确的适用。

3. 掌握整理汇编的技能

党内法规的执行并不是一次性的任务，随着新党员的加入、党内法规内容的变化，党内法规的执行也是不断变化的。党内法规的执行是无处不在、无时不在的，为了提高党内法规的执行质效，对党内法规执行案例应当及时进行汇编整理。汇编整理可以由上级党组织负责，但案例材料的报送仍离不开基层党组织。案例汇编所需的材料并不是案卷全部，而是按照一定格式填写加工后的材料。这就需要基层人员掌握基本的汇编技能，将本地区具有代表性的案例以适合的方式报送上去，起到查办一案、警示一片、教育一域的效果。比如，2021 年中央纪委、国家监委案件审理室就制定出台了《关于发布指导性案例的工作办法（试行）》（以下简称《办法》）。该《办法》指出，指导性案例要在性质认定、证据采信、纪法适用、政策把握等方面体现典型性和代表性，对于办理同类案件、处理同类问题发挥指导性作用。这些要求为基层党员在平时办案时总结汇编典型案例指出了具体的方向。应当通过指导性案例等案例汇编的方式，为将来党内法规的执行提供参考性强的有价值的材料，保证党内法规执行的统一、准确和高效。

综上，执规意识和客观技能的加强，不仅能为农村基层党员干部赋能，提升他们执行党内法规的能力，而且是实现农村基层党组织党内法规有效执行的关键环节，是不断提升党内法规执行的原动力。

二、找准定位，压实责任

在党内法规的执行过程中，除了要提升执行主体的执行能力外，从科层制的角度落实相关的责任制度也至关重要，这也是规则的内在含义和灵魂所在。一个完整的规则体系内含着归责问题，这种归责既包括狭义的违反具体规定的责任追究，也包括广义的对规则没有执行的追究。结合苏南农村基层实际，可以从以下几个方面着手。

（一）避免基层执行人员的角色冲突

在调研中发现，虽然苏南农村基层党组织党内职务形式上都很健全，但负责党内法规执行的干部往往身兼多职，行政事务非常繁杂，再加上精力、物力、财力有限等因素，自身角色冲突的问题不容忽视。工作角色决定了一个人受何种职业伦理的约束、实施计划如何拟定等关键问题。如果存在角色冲突，则会让多角色的人员疲于应付，产生职业倦怠感，并从根本上削弱责任感和使命感。农村基层工作人员事务繁杂，需要落实不同上级部门分派的各种任务，由于人手有限，难免会发生行政工作与党内职务所要求的工作角色相冲突的情况。最值得关注的是党员干部的行政职务与党内职务的角色匹配度问题。虽然行政工作与党的工作是两个条线，二者在内容上不发生直接冲突，但是每项工作所要求的职业伦理则会有冲突，这也是角色冲突的根本所在。例如，负责招商的行政职务人员就不适宜承担党内的执纪监督职责。因为招商更讲求效率，讲求对规则的变通，而执纪监督强调的是公平及对规则的坚守，这两个角色由同一人兼任就会发生角色冲突。制度设计不能在伦理上让执行主体自相矛盾。职业伦理方向一致，兼职角色便能够发挥其最大效用，否则，因为工作分配导致执行者面临角色冲突，进而受到责任规制，那就是“强人所难”了，也会出现“多做多错，少做少错”的认识，导致“懒政”的发生。换一个角度看，压实责任首先需要责任人具备清晰的角色定位，执行者不会在被追究责任时，以遵守其他角色的伦理规范为由，免除其相应责任，如此，责任才能够得以落实。句容市党委在农村基层党政负责人实行“一肩挑”后，及时出台了《句容市党组书记专职化管理实施办法》，该文件要求，在培养“五强”书记的同时，要解决相互扯皮、相互推诿的短板问题，对实行“一肩挑”的负责人，加强规范教育，使其知敬畏、守底线，牢固树立权力就是责任的观念，扛起全面从严治党的主体责任。

（二）突出党内法规更为严格的特殊地位

压实责任还需要突出党内法规“严于国法”的特殊地位。在现实中，法律法规、企业内部的规章在一定范围内调整着与党内法规相重叠的领域。就机关事业单位而言，党纪、政纪处分能够分开执行，而且随着《中华人民共和国监察法》《中华人民共和国公职人员政务处分法》等法律法规的出台，二者的运行也会越来越规范。但需要注意的是，以党内法规为主要依据的党纪处分在程序、运行机制上不能成为政务处分的附庸，二者不是从属关系。要突出党内法规的独立性、严肃性、协调性。强化党内法规的执行，就要在事实认定、规则适用等方面按照党内法规的思维处理问题，如果党内法规地位不凸显，责任的落实也难以实现。调研中发现，在苏南农村基层企业党组织中，党内法规地位不突出的现象相对明显些，存在着按照企业规章制度给予党员员工处分，以企业规章代替党内法规执行，而不是给予党纪处分的现象。党内法规会与法律法规和工作单位的规范有交集，但二者不能等同，更不能相互替代，以企业规章代替党内法规实际上弱化了党内法规挺在前面的要求。不将党内法规独立适用，党员责任也就难以压实，就会影响党内法规的执行力。所以，要加强对农村基层各类党组织的培训，增加党内法规刚性和独立性适用，落实挺纪在前、执纪必严的要求。

（三）打通责任链条

压实责任并不是孤立的，而是一个系统性、整体性较强的工作。《党委

（党组）落实全面从严治党主体责任规定》第 6 条第 8 款明确要求地方党委应“严格落实党内法规执行责任制，确保党内法规制度落地见效”。

就纵向责任链条而言，其主要是指科层制下的上下级责任关系。从广义的视角看，党内法规的执行既包括落实党员遵守党内法规责任的直接工作，也包括考察对执行人员的管理、指导、培训等方面责任落实情况的间接工作。如果执行人员没有执行好，这个责任链条并不应就此断裂，而应追溯到上一层面的人员。责任可追溯、压力可传导，这样一种动态化链条的形成，才能使不执行或者乱执行人员无法逃避问责。归责的不可避免性是规则体系真实有效的重要制度因素之一，它一方面落实了一线执行人员执行的责任，另一方面落实了上一层级的管理、培训、监督等责任。二者相结合可以将执行责任层层压实，细化分解，从上至下，从“幕后”到“台前”，形成有事必能问责、追责、穷责的制度体系。有学者曾指出，“党委集体成员对上要配合负责人积极履职，对下要及时准确传达组织的党内法规执行决定”①，从而进一步明确责任主体和责任范围。

就横向责任链条而言，其主要是指在多部门协调下党内法规执行责任的划分。目前，农村基层有“党委职能部门、办事机构、派出机关、直属事业单位等执规主体”②，随着党内法规执行方式的创新和科技的迅速发展，按照纪法衔接的要求，党内法规执行必然需要相关行政部门的配合。为了避免出现问题时各个部门之间相互推诿或“搭便车”，我们的制度设计应将可能涉及的责任固定下来。承担党内法规主要职权职责的部门牵头执行主要责任，其他承担执规责任的相关单位部门，包括权力机关、政协机关、行政机关、司法机关、监察机关、人民团体、经济组织、文化组织和其他非党组织领导机关中的党组（党委）则负有协助配合牵头执规部门共同履行执规责任的规定性义务③。责任链条具有传导性，压实责任必须全部压实，否则就容易在薄弱环节出现漏洞，进而影响到农村基层党组织党内法规的执行工作。打通纵向、横向责任链条，可以最大限度地激发党内法规执行效能，对于提升农村基层党组织党内法规的执行力具有重要的推动作用。

综上所述，要提升农村基层党组织党内法规的执行力，需要通过培养执

---

① 尹曼潼，黄天弘．党内法规执行中存在的问题及其破解［J］．中州学刊，2021（3）：18-21.

② 曾钰诚．党内法规执行责任制研究［J］．学术交流，2021（4）：15-28，191.

③ 曾钰诚．党内法规执行责任制研究［J］．学术交流，2021（4）：15-28，191.

行人员的执行能力，构建纵横交错的责任链条两个维度，使执行主体能执行、愿执行、敢执行。

第三节　着眼于农村基层党组织党内法规执行力效能的实现

一、立足本地文化，强化学习教育机制

优化党内法规执行力要强化学习教育机制，从源头上激发执行动力。党内法规的执行首先是执行主体有意识的活动，苏南农村基层党组织坚持把学习党内法规融入日常、抓在经常、考在平常，学深悟透。党内法规的学习教育是一个由外化到内化的过程，激励着执行者的行动。

（一）选取恰当的学习教育资料

党内法规学习资料的选择和提供是提升学习效果的基础。目前，党内法规学习资料主要有相关内容的单行本，还有中共中央办公厅法规局 2021 年编辑出版的《中国共产党党内法规汇编》。但就党内法规的教育学习来说，相关学习资料需要结合单位、人员和事项的特点选择使用。农村基层的党员、干部因为学历和工作性质等因素，鲜有时间和能力从头至尾翻阅大部头著作。大而全的汇编著作中，对与实际工作关联很小的部分可以略作了解，日常学习中应当根据党内法规的不同类别、不同事项并结合党内法规执行工作实际，将不同种类的党内法规学习资料加以归类整理。比如，以党员应遵守的政治纪律为主题，将相关法规和部分法规的条文加以整理。又如，以某个法规执行为主线，将涉及此条文的相关法规链接汇总等，增加学习资料的实用性和可读性。这样一方面可以提升学习的效果，另一方面可以促进党内法规执行工作的顺利展开。还有一种提升效果的学习资料准备方法是把抽象的党内法规的规范与乡村的现实结合起来学习，比如，句容市下甸村党委将学习党内法规与学习村史和党史结合起来，精心打造了红色文化长廊，让广大党员在重温村史、党史过程中汲取砥砺前行的力量，意识到党内法规对于维护党中央权威和集中统一领导、保障党长期执政和国家长治久安的重大作用。

（二）选择多样的学习教育方式

有了合适的学习教育资料，学习教育方式的选择就至关重要。问卷调查统计结果显示，苏南农村基层党组织的学习方式也丰富起来，特别是互联网

背景下的各种网上学习方式（见图 5-3）。

（您主要从哪些渠道了解党内法规知识?）

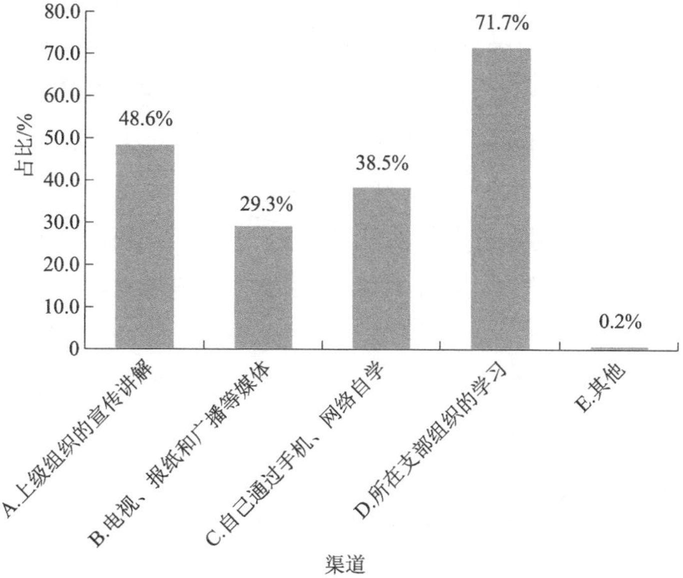

图 5-3　党员了解党内法规知识的渠道情况

如何利用互联网的优势，克服线上学习缺少监督的弊端，全面提升学习效率，成为摆在我们面前的急需解决的问题。首先，为了增强党内法规自学的自觉性和主动性，一方面要设立答疑机制，通过网络、电话、App 等不同平台回答党内法规学习中的疑问；另一方面要通过正向激励的方式对认真学习提问的党员予以奖励，提升党员学习的积极性。其次，善用函授的传播性。通过专门搭建的网络学习平台，通过网课直播、视频回放等方式，深入细致地讲解相关党内法规出台的背景及法规释义，方便党员根据自己的实际情况随时随地地学习。最后，畅通教考结合机制。党内法规的教学要分轻重、分主次，不求面面俱到，但求提纲挈领。除将党内法规讲透讲活外，还要通过多种考核、考试、知识竞赛等方式使广大党员将主要知识点加以深化，加深理解记忆。采用多样化的学习教育方式，使广大党员将党内法规熟稔于心，这样才能在执行时游刃有余。比如句容市下蜀镇空青村党委采取将活动记录通过智慧终端反馈上报的方式，坚持把学习党内法规融入日常、抓在日常，学深悟透。在疫情防控期间该村党组织通过支部交流群、微信公众号等进行流动的“掌上授课”，学习党内法规，倡导党员干部以身作则、率先垂范，时时刻刻用刚性制度规定约束自己、督促他人。

毋庸置疑，结合工作实际创新学习教育方式更能把党内法规的学习引向深入。有一个典型事例可供借鉴，句容市丁庄万亩葡萄园专业合作联社管理党支部开展“葡萄架上党旗红”活动，实行党员“先锋亮绩、积分管理”制度；管理党支部持续发挥示范引领作用，以党建引领产业发展。句容市委在对村书记进行培训时采用多种创新手段。一是“点”上开花，打造精品课程。组建“乡村振兴名师库”，强化培训专题设计与开发，对照村书记素质和能力短板，组织力量研发专题课程，把好质量审核、课程使用、评价反馈“三关”，开发了党性教育、产业发展、文化振兴、农村人居环境整治等一批高质量培训专题。同时，结合镇、村产业发展特色，建设专题实训基地，成功打造了草坪研究院、苗木交易园、草莓课堂等12个“田间地头”教学点，以一个示范基地带动发展一个产业。二是串点成“线”，推出培训套餐。依托市委党校成立专职村书记培训学院，有效整合分散零碎的教育资源。建立“70%实操实践+20%导师帮带+10%课堂学习”的培训模式，推出“1个培训专题+1支师资队伍+1份本土教材+n个实训基地”的培训套餐，推动要素最优配置、供需精准对接，切实提升教育培训质效。三是全“面”覆盖，分级分类轮训。针对不同类型、不同职级村书记，精细化设置任前培训、专题点训、集中轮训、先锋调训、转化集训5种培训类型，注重精准培育，推动全员覆盖。专职化实行以来，已开设各类培训班9期，累计培训村书记220余人次。四是建立“体”系，强化建章立制。建立健全涵盖组织领导、经费管理、纪律执行、成果测试、档案管理、年度述学等内容的专职村书记教育培训制度体系，将村书记培训成绩与个人报酬、发展晋升挂钩，逐步解决“主动培训难”问题，基本实现“培训效果优”目标。

二、破除特权思想，完善执规执纪机制

党内法规的执行是一项严肃的工作，在规则的尺规下衡量党员行为需要严格的机制，这样一方面不会屈枉党员，另一方面也会树立党内法规的威信，从而推进从严治党的不断深化。

（一）坚持平等执纪

习近平总书记曾指出：“有了好的制度，如果不抓落实，只是写在纸上、贴在墙上、锁在抽屉里，制度就会成为稻草人、纸老虎。”党规制度一经形

成，党的各级组织和全体党员必须遵照执行，不能搞特殊、有例外。平等执纪对于党内法规的执行具有重要的意义，如果个别领导干部违反党纪党规却不被问责，其他人也效仿，漏洞就会形成多米诺骨牌效应，就会有越来越多的违纪违规行为逃脱党内法规的约束，进而影响整个党内法规执行的实效。党员领导干部不但不能搞例外、搞特殊化，还应当带头遵守党内法规，一旦有违反党内法规的行为也要一视同仁地接受处理，将党纪党规面前所有党员一律平等的观念落到实处。只有加强平等执纪执规，才能建立严格执纪执规的机制。

（二）保证有责必问

法律的有效性不只来源于它的严格性，更来源于它的不可避免性，也就是对违法行为依照规定进行处罚的不可避免性。对违规行为零容忍是贯彻有责必问的基本前提，要坚决摒弃人情干预、老好人的执纪观念，务必通过执规执纪的方式将“勿以恶小而为之”的观念灌输到全体党员的头脑中。对于违规行为要发现一起，查处一起，不管行为多么轻微，只要符合违规的构成要件，都要依规进行处理，做到有责必问、执纪必严。只有坚持这种零容忍的态度，推动责任层层落实、压力层层传导，才会使广大党员对自己的一言一行心存戒律，才会增强基层党组织的战斗力、凝聚力。需要指出的是，这并不是不给党员干部干事业的机会。正常工作中的容错机制是要得到遵循的，但容错机制和有责必问二者并不矛盾。前者是在面对未知情况的前提下，对党员发挥主观能动性解决问题的一种保护，而后者是对党员心无党纪、纪律散漫、违规违纪的惩治。比如：溧阳市戴埠镇全力推进“两个”责任履职纪实制度，对“四个意识”不强、党的领导弱化等问题严肃问责；句容市实行“专岗”管理，聚焦村书记身份定位不清晰、发展空间不足问题，以“岗位单列、专岗管理”打开村书记角色定位的突破口，将村书记岗位从“单一岗”拓展为“5 级岗”，明确将全市 162 名村书记全部纳入专职村书记管理序列，所有村书记均可参与职级评定。制定全市统一的专职村书记考核评价实施细则，引入监测指标、素质能力评价、“一述三评”等考核形式，落实实绩市镇统考、素质能力联考、作风评议会考、满意度年末终考“一年四考”制度，画出村书记履职能力和现实表现“高清图”。开发考核信息化管理平台，通过构建数据模型，强化考核结果监测校验和数据分析功能，推动村书记队伍管理由经验决策向“经验+数据”决策转变。强化考核结果运用，对 162 名村书记实行全市“大排名”，将年度考核结果与“位子”“票子”“板子”挂钩，既要比学赶超、争先进位，又要加强监督、执纪问责。保证党内法规不再仅仅是一纸空文，而是规范党员行为的标尺。

三、助力党规落地，完善法规解释机制

党内法规的执行离不开解释，这是规则具有抽象性和原则性的特性使然。党内法规体系虽然已经构建起来，但是还存在纪法衔接度不够、原则性较强、可操作性欠缺、立改废不及时等问题，加之党内法规执行人员能力水平参差不齐、对党内法规的理解把握不到位等情况的存在，这些都给党内法规执行带来了较大的困难。解决这些问题的方法之一就是建立党内法规的规则解释机制。科学的党内法规解释机制可以最大限度地发挥党内法规的效用，能够在社会生活发生显著变化的情况下，进一步增加规则执行的空间和弹性。

（一）完善立规解释机制

最有权解释党内法规的主体就是党内法规的制定机关。《中国共产党党内法规制定条例》第 34 条规定：“党内法规需要进一步明确条款具体含义或者适用问题的，应当进行解释。中央党内法规由党中央或者授权有关部委解释，中央纪律检查委员会以及党中央工作机关和省、自治区、直辖市党委制定的党内法规由制定机关解释。党内法规的解释同党内法规具有同等效力。”该条规定确立了“谁制定，谁解释”的原则，这也是党内法规解释的主要原则。首先，完善的立规解释机制要明确党内法规解释的启动程序，应当阐明有权向制定机关提出释义要求的主体范围，即是以主体身份为原则还是以利益涉及者为原则，也就是说，是全体党员都可以提出还是特定的组织机构或者人大、政协等机关也有权提出。其次，要进一步明确解释主体在解释规则时应当遵循哪些原则，实践中还有哪些不清晰的地方。例如，《中国共产党党内法规制定条例》第 14 条和第 27 条均明确了党内法规的效力层级，规定了下级法规不得超越上级法规，而且规定了法规出台的审查程序。但从解释的角度看，既然党内法规的解释与党内法规具有同等效力，那么，立规机关就自身出台的规定在发布前作出的解释，是否仍需要报送上级机关审查呢？这样的问题还需进一步加以明确。

（二）建立执纪解释机制

党内法规执行力的提升离不开精细化的执行体系机制，原则性较强的党

内法规在执行中势必会遇到需要解释的地方。如果遇到无法操作的党内法规都需要由制定机关加以解释，显然是无法实现的。我们建议，可以参考我国司法解释的做法，适当赋予党内法规最高执行机关在具体执行法规过程中一定的法规解释权，其效力只限于党内法规的适用执行。现行的《中国共产党党内法规制定条例》尚未明确执纪解释的地位，但其第10条规定了“中央纪律检查委员会以及党中央工作机关就其职权范围内有关事项制定党内法规：（一）为贯彻执行中央党内法规作出配套规定；（二）履行党章和中央党内法规规定的党的工作相关职责。确有必要的，经党中央批准，有关中央国家机关部门党委可以就特定事项制定党内法规”。该条规定虽然没有明确中纪委可以制定执纪解释，但明确了中纪委可以在工作所需的范围内，为履行职责出台配套规定。随着党内法规执行得愈发严格，对规则的理解和适用必然会遇到更多的困惑，这就需要中纪委在中央层面尽快明确执纪解释的权限，通过执纪解释，保证党内法规执行的统一适用，实现依规治党的战略目标。

强化学习教育可以为党内法规的执行奠定坚实的知识基础，严格执纪执规机制可以促进党内法规在从严治党中的作用实现，完善法规解释机制可以为党内法规执行的顺利运作提供助力。三者的有机结合可以进一步提升农村基层党组织党内法规的执行力。

四、科学评价效能，健全法规执行考核机制

考核机制是执行流程优化的重要环节。根据不同法规执行主体建立法规执行考核机制，可以准确衡量党内法规执行的质效，做到奖惩分明，发挥考核的激励作用，更加顺利地推进党内法规的执行工作。

（一）构建党员干部遵纪守规的全覆盖考核机制

党内法规的执行是党员干部的职责，但正如前文所述，农村基层工作往往更注重经济建设的工作成果，由于农村基层党员干部往往身兼数职，负责多个条线的工作，党内法规执行仅仅是其中一项，因此党内法规的执行有时得不到应有的重视。除了开展学习教育、完善法规立改废释机制外，也应健全法规执行的考核机制，这也是让广大基层负责执行党内法规的干部真正重视党内法规执行工作的有效手段。其中，最主要的措施是在党建考核中增加党内法规执行情况方面的考核，在目标责任考核中增加党内法规执行工作的

考核项目和比重，将党内法规的执行情况作为党建工作的重要考核目标之一，单独作为一级目录列出。在我们查阅各地党建考核指标体系文件时发现，有些问题值得重视，诸如简单地以案件数量来评价监督执纪情况的良莠，有的考核将农村基层党组织负责拆迁等问题的考核分值设置得过高，甚至超过党内法规执行的考核权重。就拿党内法规执纪监督的考核指标而言，不能为了办案而办案，更应注重案件的办理质量，以及案件的编写、归类、总结等后续工作，从而构建完备的党内法规考核机制。比如，作为外商独资企业，布勒（常州）机械有限公司中好多党员不仅仅学习强国在线时间长，而且学习积分高，该公司非常注重学习激励，每年拿出 3 万元左右的奖金对积分排名靠前的党员予以现金奖励，大大提高了党员学习的积极性。

对全体党员在遵纪执规方面的考核也与党内法规执行的效果有着密切的联系。执行党内法规的目的并不是查处、惩治，更重要的是发挥惩前毖后的功能。案件不能一查了之、一处了之，扎实做好警示教育的工作也至关重要。

制定实施操作性强的、覆盖全体党员遵守党内法规情况的考核制度，有利于及时了解党员遵守党规党纪的情况，奖优罚劣，督促和激励广大党员自觉地遵守党内法规，做一名合格的共产党员。从知晓、熟悉党内法规情况入手，定期对量化的指标完成情况进行检查，将考核的结果运用到党员选拔任用、奖励评优中，既要发挥考核的负向激励作用，也要注重正向激励的运用，用好用活考核资源。

（二）建立促进企业重视党内法规执行的考核机制

企业党组织建设和党内法规执行是提升党内法规执行力的重要一环。调研显示，企业负责人的态度对于企业的党建工作非常重要。要找准企业发展的关键点和重要事项，在党建考核中加入党内法规执行的考核要素，通过建立将党建工作和企业发展相结合的考核机制，促进企业加大党内法规的执行力度，保证党内法规的规范引领作用。具体可以从以下几个方面入手。

1. 将包含党内法规执行的党建情况纳入招投标评分

在企业参与政府采购或与政府合作的过程中，可以通过完善评分标准来促进企业提高对党内法规的重视程度。以往的招投标评分标准往往以企业的信誉、实力、有无违法现象等内容为主。为了引领企业加强自身的党组织建设，可以增加党建项目作为评分项。将党组织是否健全、党内法规执行情况等内容一并纳入其中。从调研中发现，在某政府招投标过程中，有企业因为党建突出而在评分时多得了0.5分，结果就把其他公司竞争下去了，知晓情况的其他企业立即加强了企业党建相关内容的建设，以增强自身的竞争实力。这样就会倒逼企业领导重视党组织建设，起到以党建引领企业发展的良好效果。

2. 将包含党内法规执行的党建情况作为分配党员发展名额的考量因素

当下，在企业党员发展要求严、名额分配少的情况下，往往是根据企业规模来分配，大企业名额相对还多些，小企业常常只有一个名额。苏南农村的企业员工入党愿望还是比较强烈的，为了进一步促进企业党建工作的质量提升，可以将党内法规执行情况的考察结果作为分配党员发展名额的重要依据。对企业党内法规执行情况等考核项，不要盲目照抄照搬对机关基层党组织的考核指标，而要结合企业的实际，科学合理设置，动态调整党员发展的名额，发挥制度的激励和导向作用。

3. 将包含党内法规执行的党建情况作为相关企业或企业家荣誉评选的重要依据

企业或企业家常常会参与政府举办的相关评选活动，通过荣誉获得、树立企业的品牌形象，提高企业的信誉度和影响力。查阅资料可以发现，优秀企业或企业家评选多数注重的是企业的业绩、资质、技术成果、生产安全等条件，虽然也有政治要求，诸如贯彻党的路线方针、遵纪守法、服务群众等，但都是很具原则性的规定，权重也很小。我们可以在相关评选标准中增加包含党内法规执行的党建内容，将党内法规执行作为激发党组织活力的重要推手。调研中，有一家企业就表示，抓好党建工作可以促进企业的发展，该企业党组织健全，党内活动丰富，既有学习、培训，也有红色旅游，甚至还设立了延安精神研究会。该企业至今未出现员工违纪违规现象，这也从侧面说明了党建工作不仅不会阻碍企业发展，还会起到凝聚力量、催人奋进的作用。

第四节 着力于农村基层党组织党内法规执行的指导监督

一、保证党内法规执行的公开透明

党内法规的执行是否公开透明，关系到当事人的知情权能否实现，关系到对党内法规执行的监督权的落实，是党内法规执行公正的根本保证。要提高党内法规的公开透明度，让党员群众广为知晓，不要将党内法规束之高阁，藏进“保险柜”。

（一）强化法规执行外部流程的公开透明

党内法规的执行本质上就是规则的执行，其应当遵循规则执行的基本原则，其中最为重要的就是程序公开透明原则。狭义上的党内法规执行对党员干部权利影响最大的是办案。党员群众对执纪办案的关注度关系到党内法规权威能否树立。党内法规的办案流程往往分为三个步骤，一是立案，二是查办，三是结案。现阶段，这三个步骤往往是不加区分地在官网上以发布信息的方式公开，再由各大新闻媒体转载，从而使其被广泛知晓。这种方式虽然在一定程度上提高了党内法规的透明度，但仍需进一步完善。这种方式的不足之处就是各个步骤的公开透明程序缺乏规范。需要明确的是，党内法规的执行虽然是在“党内”，但这并不意味着只能由党内人士甚至党内某级别以上的人知晓。作为执政党，党内事务在某种程度上也要向全党乃至全社会公开。就执行流程而言，其并不涉及秘密，应当以最为广泛的方式进行公开。这可以借助互联网、大数据技术加以解决，可以由省级统筹，建立相关网站入口，建立可查询的链接窗口。在网站设计时，中央层面可以确立与之匹配的数据系统，为将来全国实现党内法规执行流程透明公开打下基础。除了立案阶段相关信息可以查询外，在其他阶段，特别是在结案阶段也可以公开，以供监督。其实结案阶段是最为关键的，这一环节关系到违规行为的定性及处理是否公正，能否经得起检验等重要问题。因为党内法规的结案需要考虑到纪法衔接的问题，所以情况相对复杂。不需要向司法机关移送的，可以直接作出决定。但若涉及向司法机关移送的情况，则相对比较复杂，往往需要司法机关作出结论后才能进一步作出最终决定。如果没有专门的机制，这种情况不公开透明，执纪办案就失去了监督和警示的意义。通过这种专门的发布系统，可以弥补流程公开不畅通、不连续的不足，进一步提高公开透明度，倒逼制度的规范执行，提升党的公信力。

（二）强化法规执行内部事务的公开透明

《中国共产党章程》第 10 条第 4 款规定：“党的上级组织要经常听取下级组织和党员群众的意见，及时解决他们提出的问题。党的下级组织既要向上级组织请示和报告工作，又要独立负责地解决自己职责范围内的问题。上下级组织之间要互通情报、互相支持和互相监督。党的各级组织要按规定实行党务公开，使党员对党内事务有更多的了解和参与。”这明确了党的各级组织之间的关系，也确认了上下级组织的互动和来往是要保持信息畅通共享，公开密切交流，保证全体党员能够了解并参与党内事务。

需要强调的是，就党内法规执行的内部公开而言，执行主体有权保守秘密，即便是更为严格的司法审判，合议庭在评议案件时也是秘密进行的，合议庭的评议笔录也是存档为副卷不予公开的。虽然不是所有内容都要向社会公开，但“公开是原则，保密是特例”，我们重点是要保证具体执行的内部流程做到相对透明，防止权力滥用。首先是操作规则的透明。虽然就个案而言，党内法规如何讨论处理违规行为可以不公开，但是这种讨论的普适规则是应当公开的，规则是反复适用的，这部分规则作为具体行为的指引，规定了应当如何处理案件，其在一定程度上反映出规范理性的要求。其次是档案利用的公开。查处案件的案卷可以根据不同性质分为不同密级，既不宜全部封存，也不宜全部可供查阅。设定密级后，可以根据不同需求予以公开。

综上，从外部流程的全面透明到内部流程的相对透明，这种内外结合的透明化制度可以整体提升党内法规执行的透明度，而提升党内法规执行透明度又有利于进一步优化农村基层党组织党内法规的实施流程，不断深化党内法规的内涵。

一个法治型政党的发展离不开对自身管理、约束机制的提升改进，我们要保证党内法规执行的“四公开”：决策过程公开，办事过程公开，办事结果公开，监督情况公开①。特别是在农村基层党员群众权利意识不断增强、农村基层社会治理转型的关键时期，不断提升党内法规执行的公开透明度，才可以最大限度地实现对执纪执规的监督，让党员、干部心悦诚服地执行党内法规。

二、努力完善执规执纪案例指导制度

完善党内法规执行力在制度上的持续优化方案，可以借鉴司法改革中的案例指导制度。由于现实中的新问题、新矛盾层出不穷，而党内法规为了维护其自身的稳定性、权威性，不可能频繁进行修改，故而必然存在一定程度的滞后性。通过优秀适规案例进行指导，可以弥补法规滞后的漏洞，提高法

① 许耀桐. 完善党内法规　推进党务公开［EB/OL］.（2016-04-29）［2022-05-29］. http：//theory. people. com. cn/n1/2016/0429/c40531-28314352. html.

规适用的效率，保证党内法规执行的统一性。中央纪委国家监委案件审理室 2021 年 8 月制定出台的《关于发布指导性案例的工作办法（试行）》为这一制度的实现提供了顶层设计，其中强调：指导性案例要在重点阐释执纪执法要旨、政策策略把握、定性量纪理由、纪法条规适用等方面发挥重要作用。其实，规则的适用会随着社会的变化遇到许多问题，特别是实践中反映突出、存在不同认识、亟待统一的执纪执法标准。

案例指导制度已经是规则适用过程中的一项相对成熟的制度，而该制度的建立健全离不开高质量案例的报送制度。首先，应当自下而上建立起案例编撰、报送的制度体系。基层人员事务繁杂，可以以报送事实为主，由上级部门与基层人员积极沟通，在确保案件的质量和真实性的前提下，按照指导性案例所要求的体例体系加以修改编撰。其次，确定科学的案例选择标准。在搜集到各个地方的典型案例后，如何进一步遴选、发布也是需要加以科学规范的。我们可以以案件类型为类别，以党规适用的代表性、前瞻性、普适性等为标准，好中选优。最后，建立指导性案例参照适用的识别机制。原则上，在指导性案例发布之后，党内法规执规执纪过程中是应当参照适用的。但从逻辑角度看，这种从个案到个案的类比方式，在规则执行适用方面是不严谨的。故而一个案件能否适用指导性案例，需要一套科学的识别机制。指导性案例在发布时应当明确参照要点、案例识别要点等信息，方便一线执行人员参照。比如，中央纪委国家监委发布的 2021 年指导性案例中的第 6 号指导性案例：“崔某骗领财政惠民惠农补贴资金案”就是一个很好的例子。该指导性案例深刻阐述了执纪执法要点，详细披露了案情及处理结果，深入剖析了指导意义和制度依据，特别是对准确区分个人贪腐与优亲厚友、党纪政务处分匹配、基层群众性自治组织中从事管理的人员受处分的后续处理等问题，形成了处理同类问题的样板标尺，不仅有利于纪检监察干部精准执纪执法，而且有利于防止执纪执法权力滥用。

案例指导制度对于党内法规执行上的指导是全方位的，指导的过程应当遵循一定的框架、步骤和规则，从而确保公正性。建立案例指导制度是新时代党内法规执行追求高质量的生动体现，反映了党内法规执行的科学化、制度化、精准化水平提升。

三、健全法规执行的监督检查机制

健全党内法规监督机制，对于党内法规的自身建设，对于保证党员享有权利、履行义务，尤其对于保持党的先进性，增强党的凝聚力和战斗力，维护中央权威，可以起到至关重要的作用。对党内法规执行的监督是重中之重。农村基层党组织各项工作千头万绪，比较繁杂，要想提升党内法规执行工作重视程度和效能，必须进一步健全法规执行的监督机制，从制度上倒逼农村基层党组织党内法规执行力的优化提升。具体可以从以下两个方面着手。

（一）配置专门人员，开展针对党内法规执行的专门监督

《中国共产党党内法规执行责任制规定（试行）》第 10 条明确指出："党的纪律检查机关应当带头严格执行党内法规，并对其他党组织和党员领导干部履行执规责任进行监督检查，切实维护党章和其他党内法规。"这一规定为党内法规执行的监督检查确立了依据。《中国共产党党内监督条例（试行）》的颁布，标志着党内监督工作进入规范化、制度化的新阶段。然而，要想使党内法规执行落到实处，专门的机构设置和专业人员配置至关重要。在实践中，党组织内部的专门监督检查机构仍存在可改进的空间。调研中发现，农村基层党组织没有接受过专门针对党内法规执行方面的监督考核，党内法规执行监督工作涵盖在党建工作中，重要性没有得到突显。

《中国共产党党内监督条例（试行）》第 8 条规定："党的各级纪律检查委员会是党内监督的专门机关。"根据当下农村基层党组织的实际情况，农村基层党组织需要在依规监督的前提下，抓住重点，创新监督手段和方式。一是将党内监督的着力点放在监督对象行使权利、履行责任和监督主体落实监督责任上，突出指向"关键少数"，"打蛇打七寸"，以上率下，节约力量，提高效率，使党内监督"实"起来、"硬"起来。二是可以在农村基层党的纪检监察人员中，设置党内法规执行的监督检查专员，避免职能泛化、职责不清的问题，整合党建考评、干部考察、组织监督、执纪巡察等方式，充分利用上述工作取得的成果，共同完成党内法规执行监督工作。三是利用党务公开、村务公开平台，发挥互联网"电子政务""微信公众号""村头公告栏"等载体的作用，针对苏南农村基层"半熟人社会"的特点，将党内监督的相关规范和程序，党员干部任前公示、考察考核、评先评优、党纪处分等情况予以明示，织密党内监督的网络，教育监督广大党员守规执纪，提醒告诫违规违纪的后果，间接推动党内法规执行监督落到实处。

（二）打通沟通渠道，推进针对党内法规执行的外部监督

党内监督和党外监督相结合，是中国共产党"管党治党"的优良传统，

也是中国共产党的政治优势之一，是马克思主义政党的一贯要求。十八届六中全会审议通过的《关于新形势下党内政治生活的若干准则》中，开宗明义提出："办好中国的事情，关键在党，关键在党要管党、从严治党。"党内法规执行监督虽然是党组织的一项内部工作，但鉴于中国共产党的执政地位和历史国情，党内法规执行接受人大、政协、人民群众、新闻媒体、网络舆论等主体的外部监督，是提高权力运行的规范性，保证权力运行的公正性，防止权力"幕后交易"被滥用情况的发生，保持党组织廉洁性的必然选择。

加强对党的监督，必须有广泛的党外监督作为补充，使对党内法规执行的监督成为深入的全民监督。目前，来自党外的监督还存在监督主体监督意识不够强，"不懂不会""不愿不敢"监督的现象，当然也存在少数监督客体不能正确对待监督的义务，甚至作出对抗监督行为的情况。对此，首先要确立党内法规执行外部监督的地位。除了要在相关的党内法规中明确外部监督是党接受监督的一种重要方式，还要在实践中立规认可这种方式，并明确监督的程序和方法。其次要确立外部监督与内部监督的链接方式。内部监督是党内法规执行监督的根本，外部监督是辅助，外部监督最终也需要通过内部监督的机构来具体实施。最后要创新外部监督方式，培育监督员队伍。目前的监督方式存在着几个问题：群众监督渠道单一，还是以信访举报为主；舆论监督寄希望于媒体，但媒体担心把握不清政治纪律的界限，怕被问责，所以对于领导干部和重大事项的监督不愿涉猎；人大、政协等的监督又因为与党密不可分的关系，难以深入到位。根据以上分析，党内法规执行的外部监督工作要从强化监督意识、营造监督氛围入手，通过畅通网上监督渠道，设置监督信箱、监督电话和专门的监督办公室等方式，建立通报、发布会等公开回应机制，密切与各界人士的联系，制定监督实施方案，保障党外人士的建议、批评、控告、检举等权利得以实现。苏南农村部分乡镇聘用政治坚定、敢于担当、作风务实的党外监督员的做法尤其值得借鉴。他们通过党外监督员，建立情况通报、沟通协调、问题反馈的有效渠道，集中收集对党内法规执行的意见，及时反馈给相关职能部门并提出处理建议。畅通外部监督的渠道，提升外部监督对党内法规执行的促进作用。

党内法规制度的权威和生命力在于执行。党内法规执行体系是一个系统工程，其建设和完善应在多个方面同步展开，以进一步夯实党内法规执行的制度基础。

结　语

在中国式现代化征程中，党始终重视“三农”问题。党的十九大报告提出实施乡村振兴战略，随后修订《中国共产党农村基层组织工作条例》并施行。2021 年 4 月召开的十三届全国人大常委会第 28 次会议通过并颁布了《中华人民共和国乡村振兴促进法》。其中，第 6 章“组织建设”的第 42 条明文规定“中国共产党农村基层组织，按照中国共产党章程和有关规定发挥全面领导作用”。这些深入实施乡村振兴战略的党内法规和国家法律，也成为支撑我们开展农村基层党组织党内法规执行力研究的制度规范基础。

而将苏南作为观察农村基层党组织党内法规执行力的样本区域，要归因于苏南的独特历史地理区位和历史文化优势。本研究所指“苏南”，涵盖了江苏境内长江以南的南京、镇江、常州、无锡、苏州 5 个市域。苏南，地处长江三角洲中部，气候温和，四季分明，地势平坦，水网纵横，是典型的“鱼米之乡”。历史上，苏南人杰地灵、文化昌明。苏南文化自春秋初育，唐宋以降随经济而渐兴，明清时已盛极全国，后几经历史洗礼积淀，在近代民族工商业崛起中显著发挥引领作用。我们经过文献梳理和实地调研，初步凝练出苏南本土文化的敏察善纳、务实求进、义利并举等特色。

苏南文化的敏察善纳品格，来源于苏南人民的灵活机智，得益于枕水而居，得水滋润，纳水灵气。苏南人民在历史长河中顺势而为，面对外界环境变化，摒弃守旧、封闭、滞重，抢抓机遇、及时转型、开拓创新，逐步形成了敏察善纳、审时度势、勇于探索的群体品格。苏南文化的务实求进精神，来自苏南人民尚文传统与担当敢为时代先精神的结合，也体现为知行合一的务实思想和进取精神。苏南文化的义利并举传统，体现在自春秋时期范蠡富而好义，至明清之时荡口华氏义庄等慈善义学的尚德乐善的历史传承中。近代的苏南工商实业家创办的企业和改革开放之后兴起的苏南民营企业中，也甚少发生劳动者群体性事件。在党领导的共同富裕征程上，苏南基层党组织秉承前述苏南文化传统，在宪法法律和党内法规实施中透映出开放包容、敏于执行的法治文化脉蕴。这是我们在苏南开展农村基层党组织党内法规执行力研究过程中特别关注的历史文化基础。

我们经过定点调研，精准剖析苏南农村基层党组织党内法规执行力的现实困境，全面总结苏南农村基层党组织党内法规执行力的个性经验，尝试凝练苏南农村基层党组织党内法规执行力提升的实践规律和理论逻辑。目前，在共同富裕的目标下，以集体经济为依托，以乡镇工业为主体、以农业为基础、农副工三业协调发展的苏南社会主义新农村高质量发展格局已初步显现。因此，以“苏南农村基层党组织”作为研究党内法规执行力问题的基本限定，对于中国农村基层治理将起到良好的示范引领作用。

苏南农村基层党组织党内法规执行力的个性经验呈现来源于苏南农村基层党组织党内法规执行力的现实状况。研究中，我们亲身进入苏南农村基层治理实践场域，从执行党内法规的力量构成、党内法规执行主体、党内法规执行力的主要内容及党内法规执行力的目标指向四个维度进行田野调查。本研究初步概括出提升苏南农村基层党组织党内法规执行力的基本经验，具体表现为本土文化支撑党内法规执行、人才队伍建设保障党内法规执行、政治势能转化驱动党内法规执行。苏南农村基层党组织充分利用“苏南”的地理区位优势，借助经济领先的发展基础，以产业融合发展为重点，不断强化基层党组织的引领作用，逐步摸索出了“党建+产业”的融合发展模式，走出了一条“党建引领、产业强村、合作富民”的乡村振兴之路。党建，已经成为苏南农村基层党组织乃至全国基层党组织执行党内法规的主要手段和方式，“党建强，执行强；党建弱，执行弱”态势得到生动演绎。

我们通过考察党内法规执行的制度环境、施行主体、过程与效果等发现，苏南农村基层部分地区的党内法规执行呈悬浮之态，实践中遭遇了一定困境。以《中国共产党农村基层组织工作条例》为龙头的农村党内法规体系配套规范还需进一步夯实，党内法规与政策衔接有待进一步契合；各级执行主体或机制不畅、或分身乏术、或人微力弱；执行基础、执行内容、执行规范皆存在较大完善空间；激励、监督、考评等机制也有待加强、优化。

基于上述困境及其生成原因分析，本研究立足苏南农村基层党组织党内法规执行力的提升，着力于农村基层党组织党内法规执行力的固本培元，展开有利于社会主义新农村高质量发展的全局性思考。

首先，进一步落实《中国共产党党员权利保障条例》，创设义务权利动态均衡的党内法规执行环境。尤其是该《条例》第 33 条规定“党组织应当建立健全激励机制，把党员在推进改革中因缺乏经验、先行先试出现的失误错误，同明知故犯的违纪违法行为区分开来；把尚无明确限制的探索性试验中的失误错误，同明令禁止后依然我行我素的违纪违法行为区分开来；把为推动发展的无意过失，同为谋取私利的违纪违法行为区分开来。正确把握党员在工作中出现失误错误的性质和影响，给予实事求是、客观公正的处理，保护党员担当作为的积极性”，对于苏南率先建成现代化有着极其重要的保驾护航意义。为此，我们建议基层党组织进一步精准定位党内法规执行的主体角色，通过教育和培训提升主体执行能力，压实主体责任，注意避免基层执行人员的角色冲突，构建起纵横交错的责任链条，使执行主体能执行、愿执行、敢执行。

其次，进一步优化农村基层党组织党内法规执行力的具体内容，明确党内法规执行力的目标指向。优化农村基层党组织党内法规执行力可以从强化学习教育机制、完善执纪执规机制、规范有权解释机制三个层面不断提升优化。强化学习教育可以为党内法规的执行奠定坚实的知识基础；严完善执纪执规机制可以促进党内法规执行制度化、常态化机制的建立；规范有权解释机制可以为党内法规执行的顺利运作提供助力。三者的有机结合可以进一步提升农村基层党组织党内法规的执行力。通过规范执行程序，强化解释机制，促进乡村振兴战略所欲达至的基层善治目标的实现，同时促进党内法规体系化建设及法治政党建设。功能目标、制度目标等多元目标的有机统一，体现了治国必先治党，治党务必从严，从严必依法度的逻辑机理。功能目标指向自治、德治、法治相结合的乡村治理体系；制度目标指向党内法规的执行流程是否科学、是否完备、是否符合制度执行的基本观念。农村基层党组织党内法规的实施流程优化应从提高法规执行的透明度、建立党员干部个人激励机制、健全执规执纪案例指导制度、健全法规执行的监督检查机制四个方面入手。四位一体的流程优化机制能够进一步夯实党内法规的执行力。

最后，进一步建立健全监督检查机构，尝试建立党内法规执行力实施评估机制。依据《中国共产党党内法规执行责任制规定（试行）》第 10 条，党的纪律检查机关对其他党组织和党员领导干部履行执规责任进行监督检查。实践中，内部的专门监督检查机构仍存在可改进的空间。如有些农村基层党组织表示并没有接受过党内法规执行方面的监督考核。缺乏党内专门的监督检查机构不利于党内法规执行力的提升。这需要统筹安排党内法规执行方面的监督检查工作。同时，《中国共产党党内法规执行责任制规定（试行）》第 15 条规定：“党内法规制定机关可以视情对党内法规执行情况、实施效果开展评估，督促党组织和党员领导干部履行执规责任，推动党内法规实施。开展党内法规实施评估工作应当制定年度计划。”我们认为，准确有效地评估，可以为党内法规的修改、完善、清理提供客观的标准与依据，有利于提高党内法规执行的效率和质量；借助现有党建考核体系，因地制宜加以创造性转化，有利于增强党内法规执行的适应性和科学性。我们建议今后苏南农村在条件允许的情况下可以先行试点，尝试引入民主党派、无党派人士或第三方专家学者评估，将法规实施效果评估和法规执行情况客观地反馈给基层党组织，只评估不评论，可视作对党内监督的一种温和补充，能够避免闭合式自我监督的不足。需要强调的是，评估的主要目的不是奖惩某一组织或党员干部，而是引导党内法规基层执行力健康持续增强。

书行至此，恰逢《中共中央、国务院关于做好 2022 年全面推进乡村振兴重点工作的意见》公布。这份中央一号文件提出制定乡村振兴责任制实施办法，指明了农村基层党组织执行力的系统加强必须在切实履行乡村振兴主体责任中才能充分实现。概言之，苏南农村基层党组织党内法规执行力的提升，一方面应围绕“四议两公开”制度的落实，强化基层监督，建立健全村务监督委员会，并加强与党的基层纪检监察组织协作衔接；一方面应立足苏南经济在国内先行的优越条件，探索打造网格化管理、科技化赋能、精细化服务的全国“乡村振兴样板间”。两方面的经验探索，方能切实增强党内法规执行效能，有效促进党全面领导下的自治、法治、德治相结合，实现以党组织为主轴贯穿始终的乡村治理体系现代化。